清末民初的翻译冲动与症候：精神分析学视角

张洁◎著

南京大学出版社

序
Preface

  从精神分析学的角度研究翻译活动，虽然在国外还比较受关注，但在国内还几乎是一个空白的学术领域。

  中国历史上出现的几大翻译高潮，包括东汉、唐宋的佛经翻译，明末清初传教士的科技译介，鸦片战争及五四时期的西方思想和文学翻译，以及20世纪80年代的所谓"文化热"。国内对这些此起彼伏的翻译浪潮做了很多研究，或是着重宏观上的文化政治的阐释分析，或是重视微观上的史实考证与文本细读，成果颇丰。尽管如此，能够深层解剖文化心理、集体或个人潜意识的研究，还为数不多。

  大学期间，我最喜欢的一本书，是朱光潜先生的《诗论》。里面阐述中国诗歌何以走上"律"的道路，对我的启发尤其深刻。朱老学贯中西，从翻译的角度解释了古典诗的发展走向：通过佛经翻译，中国人接触梵文，第一次与拼音文字见面，才意识到一个字是由声母和韵母组成。起于汉魏之交的反切，无疑承受着梵音的影响。当时读到此段论述，深有感触，可苦于学术造诣尚浅，无法深究。后来在海外求学，读到了法人贝尔曼的名著《异的体验》（*The Experience of the Foreign*），又想到《诗论》里的那段话，才茅塞顿开。汉语和梵文的相遇，跟贝尔曼描述的德法语言文化的相撞，虽然并非同出一辙，但其深层的文化心理和潜意识，却有很多共通之处。我也由此感悟到了精神分析理论对翻译研究的重要性。

闻知朱光潜先生的同乡张洁博士的著作《清末民初的翻译冲动与症候：精神分析学视角》即将在国内出版，我甚感欣慰。这本专著尽管只研究了清末民初的翻译活动，但是我们知道，这段时期是中华文明与西方文明相撞最剧烈、脱胎换骨的阵痛最尖锐的历史阶段。在中国从封建走向现代文化的关键时刻，作为传播国外思想、科学、文学的媒介，翻译起到了至关重要的作用。这本书独辟蹊径，从"翻译冲动"这个概念出发，总结国外迄今从精神分析学的角度研究翻译的重大成果，深入浅出，剖析了在广义和狭义的翻译活动中出现的症候。在广义上讲，废除文言、汉字拼音化、白话文欧化等运动或主张都属于贝尔曼所指的"异的体验"，与外来事物的接触，引发了"自我"固有或者被压抑的成分抛头露面。在狭义上讲，黄遵宪、章士钊、胡适、郭沫若等重要文化人物的翻译实践和理论，都具有极大的代表性，使读者能对这个时期翻译群体和个体的潜意识的流露，得到深刻的了解。而对郭沫若的翻译研究，充分展现了这位新诗号手的浪漫诗意与翻译冲动之间不可分割的纽带。

　　总之，这本书不仅填补了国内学术的一个空白，而且为致力于翻译研究和文化探讨的学者提供了一个崭新的视觉和思维角度。即此本人略作小序，祝贺作者辛勤劳动所取得的可贵成就。

黄运特
于美国加州

目 录
Contents

第一章 引 言 1
    1.1 翻译研究:跨学科的方法 1
    1.2 精神分析学与翻译的不解之缘 6
    1.3 目标与思路 20

第二章 文献综述暨研究新方向 23
    2.1 精神分析学视角在翻译研究中的运用 23
    2.2 新方向:翻译冲动与症候研究 50

第三章 翻译冲动与清末民初的语言运动 69
    3.1 清末民初的翻译高潮与语言运动 69
    3.2 语言运动一:废除文言 75
    3.3 语言运动二:废除汉字 110
    3.4 语言运动三:白话文欧化 140
    3.5 症候的背后 166

第四章　对于《墓畔哀歌》中误译的症候阅读……… 169
　4.1　翻译与梦 ……………………………………… 170
　4.2　写作与翻译中的宣泄 ………………………… 175
　4.3　葛雷的"自我"隐身 ………………………… 183
　4.4　郭沫若的译者自悼 …………………………… 186
　4.5　误译、自我中心主义与翻译冲动 …………… 198

第五章　结　论 …………………………………… 201
　5.1　内容回顾 ……………………………………… 201
　5.2　重要观点 ……………………………………… 204
　5.3　研究意义与未来的路 ………………………… 207

参考文献 …………………………………………… 211

索引 ………………………………………………… 231

第一章 引 言

1.1 翻译研究:跨学科的方法

翻译研究是现代学科中的后起之秀。它始于20世纪70年代的欧洲。1972年,詹姆斯·霍尔姆斯(James Holms)在《翻译研究的名与实》①一文中,构想出未来翻译学科的三大分支——理论研究、描写翻译研究和应用研究,为翻译研究作为独立学科发展勾画了蓝图。80年代以后,翻译学科得到蓬勃发展,这当然得益于其独立地位的确认。80年代末,翻译研究迎来了继语言学转向之后的文化转向,这是翻译研究发展史上的又一个重要的里程碑。翻译研究得以在更加广大的社会文化视域中开展,不再是应用语言学和比较文学的附庸。

翻译学科在起步之时,在世界各地就已经形成多种研究方法并存的局面。德国倾向于语言学和科学的研究模式,苏联、东欧的研究与俄国形式主义密不可分,比利时、荷兰的研究产生于比较文学和历史研

---

① James Holms, "The Name and Nature of Translation Studies," in *The Translation Studies Reader*, ed. Lawrence Venuti (New York: Routledge, 2000), pp.172 - 185.

究,以色列的诞生于文化和系统理论,而法国的则诞生于文学文体学,后期又受到后结构主义、符号学方法的影响[1]。

1988年,玛丽·斯内尔-霍恩比(Mary Snell-Hornby)推出著作《翻译研究:综合法》,她将翻译研究定性为一个"综合"性(integrated)的独立学科,希望借此平息当时语言学派与文化学派之间的争执,做到对各种方法兼容并蓄[2]。

到了20世纪90年代,翻译学科飞速发展,它所使用的研究方法很快超越了翻译学科的边界。多学科的方法渗入,如性别研究、影视研究、后殖民研究等。1992年,维也纳国际翻译研究大会召开,会上成立了欧洲翻译研究学会(European Society for Translation Studies)。斯内尔-霍恩比担任首任主席。她接受以色列学者基迪恩·图里(Gideon Toury)的建议,提议使用"交叉学科"(interdiscipline)一词描述翻译研究,并将大会论文集的标题定为《翻译研究:一门交叉学科》[3]:

> 是基迪恩·图里第一个向我指出(私下交流)如此复杂的领域更应该被描述成一门"交叉学科"而不是一门"学科",该提法于是被采纳为1992年维也纳翻译大会的关键词。[4]

从"综合法"到"交叉学科",两部著作标题措辞的变化,清晰地折射出翻译学科的奠基们关于学科发展的思路。由于"交叉学科"这一提法可能会引起争议,2006年,斯内尔-霍恩比进一步加以阐述,"交叉学

---

[1] Edwin Gentzler, "Translation Studies: Pre-Discipline, Discipline, Interdisicipline, and Post-Discipline," *International Journal of Society, Culture & Language* 2,2(2014):13-24.

[2] Mary Snell-Hornby, *Translation Studies: An Integrated Approach* (Amsterdam: John Benjamins Publishing Company, 1988).

[3] Mary Snell-Hornby, Franz Pöchhacker, and Klaus Kaindl (eds.), *Translation Studies: An Interdiscipline: Selected Papers from the Translation Studies Congress, Vienna, 9-12 September 1992*. (Amsterdam: John Benjamins Publishing Company, 1994).

[4] Mary Snell-Hornby, *The Turns of Translation Studies: New Paradigms or Shifting Viewpoints?* (Amsterdam: John Benjamins Publishing Company, 2006), p.71.

科"并非只是在学科之间的夹缝中找到了一块空白地带,它代表的是全新的研究,与其各组成要素有质的差别[①]。她引用奥地利学者克劳斯·凯恩德尔(Klaus Kaindl)归纳出的跨学科的三个继发阶段:帝国主义式(imperialistic)阶段、输入(importing)阶段、互惠(reciprocal)阶段。在帝国主义式阶段里,一门学科把自己的理论、概念、方法强加给其他学科;在输入阶段,一门学科靠输入来弥补自身的工具和方法的不足;而互惠阶段是各学科之间平等合作共赢的阶段,是跨学科的最高阶段。斯内尔-霍恩比指出,翻译学的研究应该瞄准第三个目标:

> 凯恩德尔的结论是正确的,翻译研究要巩固其作为交叉型研究领域的地位,就必须超越单纯地从其他学科"输入"的阶段,目标要对准建立在互惠合作基础上的项目。[②]

换言之,翻译学不能寄居于语言学、文学之下,也不能满足于只是从其他学科当中借用理论工具,而是应当与符号学、民族学、社会学、心理学等相关学科建立平等的合作关系。尽管20世纪90年代的翻译研究并没有到达这种理想境界,或者按照埃德温·根茨勒(Edwin Gentzler)的观点,这本关于"交叉学科"的论文集并没有对翻译学科的机构改革造成多少影响[③],但是此后跨学科的研究方法带来的成果与日俱增,并日渐成为一种趋势。翻译研究中的各种新转向,如文化转向、社会学转向等都与采用跨学科的研究方法有关。

不仅在发源地欧洲如此,全球亦然。在美国,与欧洲相比,翻译研究起步较晚,但这并不意味着美国的翻译研究落后。相反,美国的翻译

---

① Mary Snell-Hornby, *The Turns of Translation Studies*: *New Paradigms or Shifting Viewpoints*? (Amsterdam: John Benjamins Publishing Company, 2006), p.72.

② Mary Snell-Hornby, *The Turns of Translation Studies*: *New Paradigms or Shifting Viewpoints*? (Amsterdam: John Benjamins Publishing Company, 2006), p.72.

③ Edwin Gentzler, "Translation Studies: Pre-Discipline, Discipline, Interdisicipline, and Post-Discipline," *International Journal of Society*, *Culture & Language* 2,2(2014):18.

研究有着浓郁的跨学科性质。因为美国高校至今很少有专门的翻译研究院系，翻译研究学者往往来自其他学科，比如语言学、比较文学、哲学、心理学、人类学、文化研究、社会学等[1]。埃德温·根茨勒曾经指出欧洲翻译研究存在缺陷。在欧洲部分地区，因为描写翻译研究的大发展，翻译研究的方法反而变得固定单一，从而使翻译研究变成了"一门相当狭隘的学科"[2]，而从其他学科更多地汲取营养，可以改变这种局面。他的著作《美洲的翻译与身份认同：翻译理论的新方向》[3]将人们的注意力从备受关注的欧洲转移到美国，乃至加拿大、巴西等美洲国家，系统地介绍了美洲的多元并存、多学科结合的翻译研究方法，其中包括精神分析学、后殖民主义、女性主义、解构主义、马克思主义等。在他看来，翻译学不能满足于作为一门交叉学科，学科边界应该无限开放，打破各种自设的边界，以更好地包容、接纳其他学科对翻译问题的研究，研究对象上打破原文、译文、改写三大概念的界限，在"前学科""学科""交叉学科"时代之后，翻译学应该进入一个"后学科"（Post-Discipline）时代[4]，或者按照他在2017年的新提法，叫作"后翻译研究"（Post-Translation Studies）[5]时代。英国著名学者苏姗·巴斯内特（Susan Bassnett）据此评论，翻译研究正面临着"向外转"（Outward Turn），它需要重新定位，以便与其他学科展开更多互惠性质的交流[6]。

---

[1] Edwin Gentzler, "An International and Interdisciplinary View: Translation Studies in China," *Journal of Foreign Languages* 4(2005):46-47.

[2] Edwin Gentzler, "An International and Interdisciplinary View: Translation Studies in China," *Journal of Foreign Languages* 4(2005):44.

[3] Edwin Gentzler, *Translation and Identity in the Americas: New Directions in Translation Theory* (London and New York: Routledge, 2008).

[4] Edwin Gentzler, "Translation Studies: Pre-Discipline, Discipline, Interdisicipline, and Post-Discipline," in *International Journal of Society, Culture & Language* 2,2(2014):13-24.

[5] Edwin Gentzler, *Translation and Rewriting in the Age of Post-Translation Studies* (London and New York: Routledge, 2017).

[6] Susan Bassnett "Forward by Susan Bassnett," in *Translation and Rewriting in the Age of Post-Translation Studies*, By Edwin Gentzler (London and New York: Routledge, 2017), p.IX.

实际上，从历年国际翻译学术期刊发表的文字，也不难发现翻译学科与其他学科共同发展的需求。很多知名翻译杂志，如 *Babel*（《巴别塔》）、*Interpreting*（《口译》）等明确表示，欢迎从多学科视角研究翻译问题。不少期刊还邀请知名专家组稿，陆续推出各种专刊、特辑，以集中展现跨学科研究的进展，并激起更多的关注、讨论。*The Translator*（《译者》）杂志 2018 年第 3 期推出由苏姗·巴斯内特等主编的特辑"The Outward Turn"（《向外转》），这是一个直接以翻译学科的跨学科研究为主题的专号。甚至还有期刊专门为跨学科的研究而设立，如荷兰的 *Translation Spaces*（《翻译空间》），申明其以"激发跨学科和跨行业的对话"为宗旨①。在各国学者、众多期刊等的共同推动下，如今，认知心理学、神经物理学、计算机语料库、全球化研究等方法在业内已经为众多学者熟知。

---

① 参见 John Benjamins 公司的网页对 *Target* 和 *Translation Spaces* 的介绍：benjamins.com/catalog/target 和 benjamins.com/#catalog/journals/ts/main. 引用日期：2018 年 11 月 14 日。

1.2 精神分析学与翻译的不解之缘

开展精神分析学视角下的翻译研究也是秉承翻译学跨学科发展的思路。加拿大的 *Meta* 和 *TTR* 两家杂志都曾经出版过"翻译与精神分析学"研究专辑，收录来自多学科背景的学术作品。精神分析学看似与翻译研究关系遥远，但其实两者有着不解之缘。精神分析学的研究者时刻关注的都是翻译问题，这里所说的翻译既是广义的精神上(psychic)的翻译，也指狭义的语际翻译。以下将从多个角度来揭示。

精神学说的发源地奥地利是个多语文化的交汇地，当年求医的病人来自各个国家，说各种语言，精神分析一开始就涉及该用哪种语言给病人治疗的问题。今天的精神分析也依然如此，精神分析师发现是否使用病人的母语有时会带来的不同治疗效果[1]。语言在精神分析中扮演着重要的角色。西格蒙特·弗洛伊德(Sigmund Freud)、雅克·拉康(Jacques Lacan)等精神分析学家都是语言大师，他们对于语言和无意识的关系有独特而深入的思考，对于各种文字都有浓厚的兴趣，包括中国文字这种与西方拼音文字不同的符号系统。

但是如果精神分析学与翻译研究的缘分只体现在上述联系中，精神分析学还不足以成为一个独立的翻译研究的视角。在笔者看来，精神分析学能够成为独立的翻译研究视角，至为关键的原因在于，精神分析学研究本身就是翻译研究，它是广义上的翻译研究。具体一些说，整个精神分析学理论是关于广义翻译的理论，它关注的是无意识如何翻

---

[1] Dana Birksted-Breen, "Editorial: Is Translation Possible?" *The International Journal of Psychoanalysis* 4(2010):693.

译成意识、翻译成语言,受到压抑的无意识如何被翻译成症候,如何以扭曲、变形的方式进入梦、口误、笑话等。

1.2.1 弗洛伊德:"翻译"作为"场"

精神分析学研究的是翻译,加拿大精神分析学家帕特里克·马奥尼(Patrick Mahony)明确提出这一观点[①]。精神分析学产生之初,Übersetzung(翻译)的概念在精神分析的典籍里随处可见。马奥尼从最初的德文语料入手,通过搜索、整理,归纳弗洛伊德所说的"翻译"的含义,发现这个概念覆盖面极广,涉及多层面的精神现象,癔症、强迫症和恐惧症等精神疾病的症候(symptoms)、动作倒错(parapraxis)、恋物癖、自杀方法的选择、分析师的诠释等,这些在弗洛伊德看来都是"翻译"。

马奥尼依据文献整理出多种类型的"翻译":神经症等是对无意识材料的"翻译";歇斯底里的幻想会被"翻译"成动作,而后表演出来;屏障记忆(screen memory)也能算作"翻译";梦是对隐梦(latent dream)的"翻译",它是将隐梦"翻译"成图像,是一种内化的符际翻译,但它扭曲了原文的特征,故意避开了文字或者符号之间的对等;压抑(repression)是"翻译"的失败,是无意识无法言语化、无法"翻译"出来,从而无法进入意识的结果;如若可以将病人看作多个译本的叠加文本,分析师的角色就是译者,此译者的任务就是通过翻译转变无意识,将它迁移到意识当中。

将这些"翻译"放在一起,即看出弗洛伊德所说的"翻译"具有连贯的品质,无论是将思想和情感(affects)翻译成语言,还是将精神素材从无意识翻译成意识,"翻译"都是一个潜在的精神活动。颇有讽刺意味

[①] 参见 Patrick Mahony, "Freud and Translation," *American Imago* 58,4(2001):837-840;Patrick Mahony, "Towards the Understanding of Translation in Psychoanalysis," *Meta* 27,1(1982):63-71;Patrick Mahony, *Psychoanalysis and Discourse* (London: Tavistock Publications Ltd., 1987).

的是,这个概念的连贯性,正是在英文翻译中遭到破坏,Übersetzung(翻译)时而被译为 convey(传达),时而被翻成 transpositions(移置)等。而世界各国的精神分析学经典文献,很多都是通过英文转译的,如弗洛伊德作品的中译本。于是,原来像繁星一样散布在德文里的"翻译",在各语种的译本里就变得依稀难辨了。

马奥尼将这些被译文割裂的线索,通过回溯原文,重新串联在一起。这使他看出翻译在整个精神分析学中的重要性。用他的话说,"翻译"是精神分析理论上的结点词(nodal word),它的重要性好比现代物理学中的"场"(field)的概念,就像电场、磁场一样,"翻译"在精神分析学中永远存在。很多关键概念都与"翻译"密切相关,需要借助"翻译",在"翻译场"中获得解释。比如,弗洛伊德使用"翻译"来解释"压抑"(repression):

> 翻译的失败——这在临床上称作"压抑"。其动机总是因为翻译会造成不快(unpleasure)的释放;就仿佛是这种不快会扰乱思维,而思维不容许它发生。①

除了弗洛伊德,法国的精神分析学家拉普朗什同样用"翻译"来解释压抑,他认为无意识源自不可译,并且进一步提出"翻译冲动"的概念(详见 1.2.2)。尽管他与弗洛伊德在"压抑"形成机制的具体细节上观点分歧,但是对于压抑与翻译之间存在联系、压抑需要用翻译来解释等问题,他们的观点完全一致。

除了"压抑",精神分析学家们所说的"移情"(transference)、"隐喻"(metaphor),与"翻译"都有密不可分的关系。"移情"与"翻译""隐喻"本是同源词。translate 来自拉丁语的 translatus,是 transferre 的

---

① Sigmund Freud, "Periodicity and Self-Analysis," in *The Complete Letters of Sigmund Freud to Wilhelm Fleiss* (1887—1905). Trans/eds. Jeffrey Moussaieiff Masson (Cambridge: Harvard University Press, 1985), p.208.

过去分词，transfer 也来自 transferre，而 metaphor 在希腊语里就是 transference[1]。

在弗洛伊德的理论中，移情是诊疗中的一个关键阶段。精神病人的力比多出现了退行（regression），力比多的对象被隐藏到无意识当中。在治疗过程中，病人可能将医生看作力比多的对象，对医生产生爱与恨的情感（ambivalence），此时即是移情发生。弗洛伊德认为，移情实际上是病人强烈抵抗和压抑无意识的表现，目的是通过移情，扭曲和遮掩无意识的面貌，这时精神分析师的工作就是重新将压抑的无意识翻译成意识，因此，对移情的分析就是对欲望的翻译[2]。

在翻译研究界，不少学者，如安·昆尼（Anne Quinney）、苏珊·英格拉姆（Susan Ingram）、罗斯玛丽·阿罗约（Rosemary Arrojo）等认为，在翻译过程中译者的移情很常见，移情对象可以是原作者、源文本，甚至可能是前任译者[3]（详见 2.1.1）。除了单个译者的移情现象，特殊的政治文化语境可能会造成大规模集体性的文化移情，从而激发出整个民族的强烈的翻译冲动，掀起翻译外来作品的热潮（详见本书第三章）。

而"隐喻"一词，已被拉康用来描述无意识的活动。语言学家罗曼·雅各布森（Roman Jakobson）用两种修辞格概括语言的两大基本

---

[1] 参见 Patrick Mahony, "Towards the Understanding of Translation in Psychoanalysis," *Meta* 27, 1 (1982): 64; Susan Ingram, "Translation Studies and Psychoanalytic Transference," *TTR* 14,1(2001):95.

[2] 参见 Sigmund Freud, "The Dynamics of Transference," in *The Standard Edition of the Complete Psychological Works of Sigmund Freud. Volume XII*（1911—1913）(London: The Hogarth Press, 1958), pp.97–108.

[3] 参见 Anne Quinney, "Translation as Transference: A Psychoanalytic Solution to a Translation Problem," *The Translator* 10, 1 (2004): 109–128; Susan Ingram, "Translation Studies and Psychoanalytic Transference," *TTR* 14,1(2001):95–114; Rosemary Arrojo, "Translation, Transference, and the Attraction to Otherness—Borges, Menard, Whitman," *Diacritics* 34, 3—4(2004): 31–53; Rosemary Arrojo, *Fictional Translators: Rethinking Translation through Literature* (New York: Routledge, 2018).

操作：一是隐喻，指使用具有相似性关系（similarity）的表达对意义进行压缩；二是转喻（metonymy），是有邻近性关系（contiguity）的表达法之间的互换。失语症患者的语言问题集中表现在语言的隐喻轴和转喻轴上①。在此之前，弗洛伊德曾经将无意识在睡梦中的工作规律概括为压缩（condensation）和移置（displacement）。拉康综合语言学、精神分析学的成果，指出无意识具有像语言一样的结构，梦里无意识会将欲望通过隐喻或者转喻的方式翻译成梦的语言②。

将这些相关概念串联起来以后，不难看出，翻译在精神分析学当中是无所不在的隐形存在。在马奥尼看来，弗洛伊德是"翻译领域里的伟大的思想家和革新者之一"③，他将翻译的领域拓宽到前所未有的程度，使翻译变成了一个：

> 统一的，包罗着系统内（intrasystemic）、系统间（intersystemic）和精神间（interpsychic）各种现象的互动的场的概念④。

雅各布森曾经从符号学研究的视角出发，将翻译分为语内翻译、语际翻译和符际翻译三大块⑤。而马奥尼认为，弗洛伊德的翻译研究涉及的领域远远超出了雅各布森规划的领土。只是，学界尚未充分认识

---

① 参见 Roman Jakobson, "Two Aspects of Language and Two Types of Aphasic Disturbances," in *Language in Literature* (Cambridge & London: The Belknap Press of Harvard University Press, 1987), pp.95 – 114; Terry Eagleton, *Literary Theory: An Introduction* (Oxford: Blackwell Publishers Inc., 1996), p.137.
② 参见 Jacques Lacan, "The Function and Field of Speech and Language in Psychoanalysis," in *Ecrits: A Selection*. Trans. Alan Sheridan (New York: W. W. Norton & Company, 1977), pp.30 – 113.
③ Patrick Mahony, "Towards the Understanding of Translation in Psychoanalysis," *Meta* 27,1(1982):63.
④ Patrick Mahony, "Freud and Translation," *American Imago* 58,4(2001):837.
⑤ Roman Jakobson, "On Linguistic Aspect of Translation" in *Language in Literature* (Cambridge & London: The Belknap Press of Harvard University Press, 1987), pp.428 – 435.

到弗洛伊德以及精神分析学对于翻译研究的价值。

借助精神分析学的视角进行翻译研究,意味着发挥"亲缘"学科的价值,打开思路,将语际翻译放在更加广阔的翻译"场"中去研究。当今流行的社会、文化研究,早已使得翻译研究超越了单纯的语言层面的比较。而运用精神分析学视角,可以在此基础之上深入一步,开展对心理层面的探讨,从而拓展翻译研究的多维空间。译者既是运用理性认知工作的主体,同时也是经历意识与无意识的不断斗争、不断与其他主体互动、生活在语言中的异化的主体。

1.2.2 拉普朗什:"压抑"的"翻译"模式与"翻译冲动"

弗洛伊德的著作勾勒出人类精神活动中一个无所不在的"翻译场",后来的精神分析学家在此基础上对翻译问题进行了更多的研究。法国的精神分析学家拉普朗什是继弗洛伊德之后精神分析学领域的一个集大成者。虽然在无意识、压抑、冲动形成的具体细节上,他与弗洛伊德有重要分歧,但是他依然是在"翻译场"中讨论这些问题。

在弗洛伊德看来,无意识的形成是压抑的结果,自我(ego)对无意识进行审查,阻止一部分不快的记忆进入意识,被阻止的内容无法被翻译成意识,从而构成了无意识。而拉普朗什认为,这种压抑观夸大了自我的作用,是新的自我中心主义,这说明弗洛伊德的伟大的哥白尼式革命进行得并不彻底[1]。

拉普朗什提出了"压抑"的"翻译"模式(a "translation" model),即无意识一开始不是由于自我的压抑造成的,而是由翻译造成的。它形成于婴儿期,婴儿不断从父母亲(主要是哺乳的母亲)那里接收到"匿谜

---

[1] 参见 Jean Laplanche, "The Unfinished Copernican Revolution," "A Short Treatise on the Unconscious," "The Drive and Its Source-object: Its Fate in the Transference," "Implantation, Intromission," "Transference: Its Provocation by the Analyst," in *Essays on Otherness*. ed. John Fletcher (London: Routledge, 1999), pp.52 - 83; 84 - 116; 117 - 132; 133 - 137; 214 - 233.

能指"(enigmatic signifier),这个场景又称为"原初诱惑"(primal seduction)。所谓"匿谜",不仅对于认知力有限的婴儿如此,即使对于发送者父母来说,他们可能也并不清楚信息的内容。婴儿一遍又一遍地翻译这些"匿谜能指";能指一部分被翻译出来,另一部分无法被翻译的残渣(untranslated residue)就成为无意识,失去指涉性(referentiality),形成压抑。即无意识源自不可译,而并非源自自我严厉的审查。拉康说过,无意识具有和语言一样的结构,哲学家安德鲁·本雅明(Andrew Benjamin)模仿拉康的表达,将拉普朗什的无意识观概括为:无意识具有翻译一样的结构(structuring as a translation)[1]。

通过翻译模式,拉普朗什除了要说明无意识的来源,还要表达与弗洛伊德的第二个重大分歧:对于冲动(drive)的理解。拉普朗什不赞同弗洛伊德的生物性的冲动,在他看来,冲动也与翻译有关。在翻译匿谜能指的过程中,未能翻译出来的部分,成为压抑的无意识,成为"我"之中的"他物"(the other thing/das Andere),构成"内在的他者"(an internal other)。这个"内在的他者"不断地攻击自我(ego),渴求被翻译。

拉普朗什后来为无意识、为内在的等候翻译的他者新造了一个法语词 a traudire[2]。这个词通常被英译为 to be translated、yet-to-be-translated(等候翻译),但是法文中 a 所包含的动能以及命令的含义并没有完全被翻译出来[3]。拉普朗什认为,主体对于无意识、对于匿谜残余的翻译是一种具有强迫性的冲动,这是一种要通过符号化、言语化来

---

[1] Andrew Benjamin, "The Unconscious: Structuring as a Translation," in *Jean Laplanche: Seduction, Translation and the Drives*, eds. John Fletcher and Martin Stanton (London: Institute of Contemporary Arts, 1992), pp.137–157.

[2] 参见 John Fletcher, "The Letter in the Unconscious: The Enigmatic Signifier in the Work of Jean Laplanche," in *Jean Laplanche: Seduction, Translation and the Drives*, eds. John Fletcher and Martin Stanton (London: Institute of Contemporary Arts, 1992), pp.112.

[3] 参见 Elena Basile, "Responding to the Enigmatic Address of the Other: A Psychoanalytical Approach to the Translator's Labor," *New Voices in Translation Studies* 1(2005):27(n).

掌控匿谜能指的冲动,它是翻译的冲动。与弗洛伊德相比,拉普朗什的理论弱化了自我的功能,更加突出了他者的重要性,从而将弗洛伊德创立的理论更加推向笛卡尔式主体的对立面。

拉普朗什认为,翻译冲动广泛存在于各种场合,如精神诊所、文化领域等。分析师给病人诊疗过程中出现的移情,是原初诱惑的情景再现。移情过程中,分析师扮演起了婴儿父母的角色。分析师要求病人进行自由联想(free association),但是病人还是会收到来自分析师的匿谜信息,并且不断地翻译这些能指。在文化领域,同样存在着类似的移情,不知名的大众扮演着外在他者的角色,影响着艺术创作等文化活动,艺术创作者不断地翻译着来自他者的能指,也不断地翻译自己。

我们可以引申,语际翻译的场景同样是移情的场景。在语际翻译中,对于译者来说,匿谜能指可能来自各种他者,比如异域文化、异域文本、原作者,或者来自译入语文化、批评家,甚至不知名的读者,他者"异"的诱惑带来"译"的冲动。作为《弗洛伊德全集》法语版的译者,拉普朗什对于作为精神活动的翻译与语际翻译的共性、语际翻译中译者的翻译冲动等均有阐释(详见本书第二章)。拉普朗什的"翻译冲动"理论,以及哲学家、翻译理论家安托万·贝尔曼(Antoine Berman)的"翻译冲动"理论将是本书清末民初翻译冲动研究的理论基石(详见本书第三章)。

1.2.3 拉康:语言、言语和主体的异化

翻译离不开他者,亦离不开语言。本书主张使用精神分析学的视角进行翻译研究,除了因为精神分析学提供了研究语际翻译的参照系——人类精神活动的"翻译场",还因为精神分析学所揭示的语言观。

法国精神分析家拉康对于语言与人类主体性的关系展开了前所未有的反思。拉康的英文译者丹尼斯·波特(Dennis Porter)指出,拉康几乎所有的写作和教学在某种意义上都是对语言的沉思,包

括语言在构成无意识、构成主体性方面的功能,治疗室里语言的功能等①。

拉康认为,在其所处的时代,法国的精神分析学忽略了语言的作用,而语言恰是精神分析学的学科基础。开创者弗洛伊德突出了语言的重要性:他使用谈话疗法(talking cure),当病人能够将其无意识言语化时,症候也就随之消除;他指出梦也具有文字的特点,梦使用的是压缩、位移等各种修辞语言(拉康将其概括为隐喻式和转喻式),解梦就是解读梦的话语,寻找主体的动机;日常生活每一次"闪失"(bungled action)都是一篇"成功的""'措辞精妙'的话语"②。拉康主张精神分析要回归弗洛伊德,其本质是重新强调和突出语言在精神分析中的作用。

拉康主张将言语(parole③)作为精神分析的唯一媒介。他在使用谈话疗法时,坐在病人的后面,态度中立,不对病人的陈述做出任何评判,甚至并不观察病人的表情手势。这看似是病人的独白,是自由联想、自由表达,实则不然。拉康认为,只要有旁听者在,即便旁听者沉默,或者病人的言语旨在欺骗,内容空洞,这样的言语也是交际过程,是对话(interlocution),是主体间的话语(discourse)。分析师关注的是主体间性,并非主体内性(intrasubjectivity)。

拉康主张,无意识的结构像语言。这不仅是因为无意识可能运用隐喻、转喻的修辞语言,还因为从更加根本的意义上说,无意识由一系列的意指链构成,"仿佛是一台地狱里的翻译机器,它将词语译成症候,然后将症候写进肉体,把它们变成折磨人的想法或者是冲动"④。用拉康本人的话来说,症候就是能指,"它的所指受到压抑,无法出现在主体

---

① Dennis Porter, "Psychoanalysis and the Task of the Translator," *MLN* 5(1989):1067.
② Jacques Lacan, "The Function and Field of Speech and Language in Psychoanalysis," in *Ecrits: A Selection*, trans. Bruce Fink (W.W. Norton & Company, 2002), p.222.
③ 拉康的 parole 通常被翻译成英文的 speech 或者是大写的 Word。
④ Darian Leader, and Judy Groves, *Introducing Lacan* (New York: Totem Books, 1995), p.51.

第一章 引 言

的意识当中"[1]，迫使能指与所指隔开的就是自我的抵抗（resistance）。分析师要做的就是消除抵抗，寻找符号的意义。

此外，拉康指出的人类异化的问题，对翻译研究也充满启示。他将现实分为三个域（registers）：想象的（the imaginary）、符号的（the symbolic）和真实的（the real）[2]。分析过程中病人谈论的主体并非是真实的自己，而是想象中的自我形象，如同婴儿看到的自我的镜像（mirror image）。自我身份的建构往往依赖于对自我的想象，可是想象的自我与欲望的主体只是相似，并不同一，这是人类在婴儿期镜像阶段就出现的异化的问题。而人一出生就生活在符号秩序当中。婴儿掌握语言之前，它的身份便与父母赋予的姓名和其他各种能指联系在一起，甚至它与镜像的关系、周围大多数事物的意义都受到这个符号网络的操纵，这是人在语言中的异化。而真实的现实位于符号化的世界之外，是我们无法到达的，我们通常说的现实是想象域和符号域的合体。

我们不难联想到写作与翻译过程中的相似场景。虽然有些批评家，如瓦尔特·本雅明（Walter Benjamin）[3]，主张艺术并不为读者存在，但是，通常情况下，作家创作文本时，总是假定读者、批评家、编辑的存在。翻译文本有时经过了编辑的修改、参考了作者的建议，但即便该过程由译者独自完成，翻译行为也总是假定读者、作者、批评家，或者是编辑的在场，尽管他们缄默不语，不在眼前，翻译却无疑是主体间的话语，是交际的过程。

作为翻译的主体，译者亦体验到多种异化。我们在很多译者的译序等解说文字中看到，译者经常会"入戏"，以原作中的某个角色、某个声音自居，此时译者以这个理想的"自我"为镜像，在追求两者无限近似

---

[1] Jacques Lacan, "The Function and Field of Speech and Language in Psychoanalysis," in *Ecrits: A Selection*, trans. Bruce Fink (W.W. Norton & Company, 2002), p.232.
[2] 一些中文译本翻译成想象界、象征界和现实界。
[3] 参见 Walter Benjamin, "The Task of the Translator," in *The Translation Studies Reader*, ed. Lawrence Venuti (New York: Routledge, 2000), pp.15-25.

15

时，译者必须牺牲自己的自我，抵抗、压制真实的欲望，这是第一重异化。两个自我之间产生裂缝，压抑的无意识总要寄身某些能指，想方设法，以隐秘的方式表现自己，从而在译文中造成一些文本症候。与寻常的错误不同，这些误译充满含义，应与精神分析学研究的口误、笔误、闪失行为等归为一类（详见第四章）。除了想象域，译者在符号域要经历另一重异化。译者要面临来自外语以及母语的双重符号秩序，对于译入语，他/她究竟该墨守成规，还是该谨慎创新，或者干脆冒天下之大不韪，借助翻译的威力，掀起语言的革命（详见第三章）？

1.2.4 翻译与精神分析学的传播

精神分析理论在奥地利诞生之后，很快传播到英国、法国、美国、中国等，形成了风靡全球之势。这其中少不了语际翻译的推动。但是语际翻译中的误译、错译等问题也给精神分析学的传播带来了众多困扰。弗洛伊德要求他的译者不仅要精通语言，也要精通精神分析学，否则译文必定会对精神分析的发展带来极大的伤害。但即使是语言和精神分析学皆通的译者，也不能彻底解决"译者，逆者"（trauttore，traditore）这个翻译活动中致命的难题。语际翻译中产生的问题，一直困扰着精神分析学家，不断地引发争论和批评。就像精神分析中作为能指的症候与所指的无意识之间关系难以琢磨一样，语际翻译中的能指与所指的不稳定关系也总是困扰着这些译者，无论是哪种意义上的翻译都是永无止境的[①]。

时至今日，对于弗洛伊德和拉康等的经典文献的译文翻译质量的批评和讨论从未停息。关键词屡屡译错，比如德文的 Trieb（冲动）被

[①] 参见 Sigmund Freud, "Analysis Terminable and Interminable," in *The Standard Edition of the Complete Psychological Works of Sigmund Freud. Volume XXIII* (1937—1939) (London: The Hogarth Press, 1964), pp. 216 - 253; Gabriel Moyal, "Translation Terminable, Interminable: Freud and Schleiermacher," in *Translation: Reflections, Refractions, Transformations*, eds. Paul St-Pierre and Prafulla C. Kar (Amsterdam: John Benjamins, 2007), pp. 229 - 244.

翻译成了英文词 instinct(本能)。中文的典籍基本上全是译自英文,于是汉语里以讹传讹地生成了"生本能""死本能"等概念。当年拉康主张精神分析要回到弗洛伊德,部分原因也是在于译文。拉康认为当时的法文译本错误很多,影响了精神分析学的发展,回到弗洛伊德,便含有回到弗洛伊德的德文原文,正确理解精神分析学的基本概念的意义。在法国,拉康、拉普朗什等人早就意识到英文译本处理不妥,他们使用法语新词汇(pulsion)来对应 Trieb,如今 pulsion 在法国已经被广泛接受。而在英文中,与 pulsion 最接近的词是 drive,即"冲动"。但是,弗洛伊德的中文译本依旧以詹姆斯·斯特雷奇(James Strachey)的标准英文译本为母本,至今仍然在使用"本能"一词。此外,中译本还造成不少其他问题,比如,将英文 ego 译成"自我"之后,使 the ego 与 the self 两个概念无法区分[①]。目前,中德心理研究院正在主持从德文原文翻译弗洛伊德全集[②],虽然未必能够解决所有的翻译问题,但是比不顾德语原文,单纯从英文转译的做法要谨慎很多。

除了原语、译语在词汇意义上的不对等,风格的扭曲是另一个大问题。马奥尼指出欧内斯特·琼斯(Ernest Jones)、詹姆斯·斯特雷奇等英文译者扭曲了弗洛伊德的文字风格,削弱了其修辞力量[③]。比如,弗洛伊德经常注重言外之意,喜欢文字游戏,喜欢使用探讨式的语气,具有民主风格。而译者斯特雷奇对这些风格往往处理不当,译文的学究气息、权威味道浓郁。即使是从词汇层面上看,译文拉丁化、希腊化的倾向也很明显。马奥尼提醒精神分析学界的译者警惕意识形态对译文的渗透,译者与原作者在职业、政治、社会等方面观点的分歧,即使很小,也有可能对译文产生重大影响。

[①] Tomas Plaenkers, "When Freud Headed for the East: Aspects of a Chinese Translation of His Works," *The International Journal of Psychoanalysis* 94(2003):1009.

[②] Tomas Plaenkers, "When Freud Headed for the East: Aspects of a Chinese Translation of His Works," *The International Journal of Psychoanalysis* 94(2003):993-1017.

[③] Patrick Mahony, "Hermeutics and Ideology: On Translating Freud," *Meta* 39,2(1994):316-324.

《精神分析学词汇》[①]一书的两位编纂者让-贝特朗·蓬塔利斯（Jean-Bertrand Pontalis）与拉普朗什曾经对怎样翻译弗洛伊德有过争论[②]。蓬塔利斯主张译出作品的文学性，而拉普朗什则更加注重直译，再现原文的词汇、句法等，主张使用新词。但是他对新词有独特的界定，新词是在翻译彰显的法文空缺处制造出的恰当的法语新词汇，来源不可以是经过改造的拉丁语等外来语。斯特雷奇英译文中使用的外来词汇，比如 cathexis, anaclisis 都不是真正的新词汇[③]。译文要使用弗洛伊德式的法语对应弗洛伊德式的德语，不可以用德语式的法语[④]。也就是说，他要通过翻译来对法语本身进行改造，在法语中创造出风格相似的表达法，让原文的生命力在新文本里立足栖息。拉普朗什的做法在其国内引发了很大的争议。

实际上，弗洛伊德的作品被译成多国文字之后，已经造成了多个弗洛伊德，造成了与生物学关系紧密的"美国的弗洛伊德"、对早期弗洛伊德感兴趣的"法国的弗洛伊德"，和已融入梅兰妮·克莱恩（Melanie Klein）的精神分析学的"英国的弗洛伊德"[⑤]。不同的精神分析理论之间是否可以"翻译"，这是当代精神分析学面临的一个问题[⑥]。

语际翻译给精神分析带来了很多难题。一方面，精神分析师以及

[①] Jean Laplanche, and Jean-Bertrand Pontalis, *The Language of Psycho-analysis* (New York: Norton, 1973).

[②] Dana Birksted-Breen, "Editorial: Is Translation Possible?" *The International Journal of Psychoanalysis* 4(2010): 691.

[③] 参见 Jean Laplanche, "The Wall and the Arcade," in *Jean Laplanche: Seduction, Translation and the Drives*, eds. John Fletcher and Martin Stanton (London: Institute of Contemporary Arts, 1992), pp.197–216.

[④] 参见 Jean Laplanche, "The Freud Museum Seminar," in *Jean Laplanche: Seduction, Translation and the Drives*, eds. John Fletcher and Martin Stanton (London: Institute of Contemporary Arts, 1992), pp.41–63.

[⑤] Dana Birksted-Breen, "Editorial: Is Translation Possible?" *The International Journal of Psychoanalysis* 4(2010): 690.

[⑥] Dana Birksted-Breen, "Editorial: Is Translation Possible?" *The International Journal of Psychoanalysis* 4(2010): 687–694.

精神分析学典籍的译者在研究中发现,精神分析学对于翻译研究的可借鉴性被极大地忽略了[①];另一方面,无论是分析师还是译者都逃不出"译者与叛逆者"(both translator and traitor)的尴尬和困境[②],都需要对语际翻译加强理论研究。如果精神分析学与翻译研究能够联手,必然会促进各自的发展。

---

① Patrick Mahony, "Towards the Understanding of Translation in Psychoanalysis," *Meta* 27,1(1982):63-71; Dennis Porter, "Psychoanalysis and the Task of the Translator," *MLN*, 5(1989):1066-1084.
② Patrick Mahony, "Hermeutics and Ideology: On Translating Freud," *Meta* 39,2(1994):322.

1.3 目标与思路

本书的目标是从精神分析学的视角探索清末民初的翻译心理。为实现此目标需要先明确精神分析学视角适合翻译研究,因此将首先探讨三个问题:

(1) 翻译研究与精神分析学的合作在理论上是否具有可行性?
(2) 是否已有相关研究?它们如何借鉴精神分析学?对于今后的研究是否有启示?
(3) 本研究可以做出哪些新的探索?

本书的前两章即围绕这三个问题:

第一章是引言,从精神分析学三大家弗洛伊德、拉康、拉普朗什各自的学说中,挑出与翻译研究最直接相关的理论(也是本书第三、四章的理论依托),说明这两门学科看似遥远,有着完全不同的研究对象和目的,但其实存在着某种意义上的"亲缘"关系,具有很好的合作前景。

第二章首先搜集、整理精神分析学视角下的翻译研究取得的成果,展示学者们的用力点,即他们如何在研究中借鉴精神分析学中有关他者、主体间、无意识、创伤、不可译、俄狄浦斯情结等理论。这种归纳亦为后面章节的研究做方法论上的准备。

在此基础上,第二章将指出现有研究的不足,明确一个有待开发的新方向:翻译冲动研究。为此,笔者将整理出法国翻译理论家安托万·贝尔曼与法国精神分析学家拉普朗什各自关于翻译冲动的理论,在找出它们的异同和相通之处以后,给翻译冲动下一个临时性的定义,并且对与冲动相伴而生的另一个概念"症候"加以解释说明。

在明确了运用精神分析学视角进行跨学科研究具有合理性、可行性,在翻译冲动的研究方面亦有很大的可能性之后,本书锁定清末民初

作为研究范围,拟定了以下研究问题:

（1）在清末民初的语言实践中是否存在翻译冲动的症候？

（2）如何从症候出发,研究清末民初的翻译冲动？

本书的第三、四章围绕这两个问题展开：

第三章以三种类型的语言运动——废除文言、废除汉字、白话文欧化——作为叙述脉络,探讨语言运动与翻译冲动的关系,揭示翻译冲动对于母语秩序的破坏力和建设力。语言运动被看成翻译冲动的症候。第四章以郭沫若翻译的托马斯·葛雷的《墓畔哀歌》作为研究对象,从作为症候的误译出发,研究受到原文秩序和社会秩序双重压抑的译者欲望,更多地揭示翻译冲动的特征。因此,第三、四章从不同的症候入手,分别侧重群体性与个体性的研究,在结构上形成互补。它们将从不同的角度揭示清末民初的时代特色。

第五章是结论部分,总结主要内容、研究者持有的重要观点,指出研究的意义以及未尽之处。

第二章 文献综述暨研究新方向

本章有两个主要目标。一是梳理国际上精神分析学视角下的翻译研究,展示它们的研究方法,以期对该领域的概貌有一个全局性的勾勒和描写。二是介绍一个值得尝试的新方向,即对于翻译冲动与症候的研究,并界定翻译冲动与症候的概念,为第三、四章的研究提供理论框架。

2.1 精神分析学视角在翻译研究中的运用

现代学科意义上的翻译研究诞生于 20 世纪 70 年代,可是早在 50 年代,西方就有学者开始思考精神分析学对于翻译研究的价值。尼古拉斯·亚伯拉罕(Nicolas Abraham)是出生于匈牙利的法国精神分析家,热衷于诗歌翻译。1950 年,他开始写作《范式学词汇》[①]。此书有两个目的:为诗歌翻译创建批评工具;为自己的诗歌翻译建立一个批评框架。该著作以胡塞尔的现象学作为理论主导,借助精神分析学来解决有关无意识的问题。可惜,他终究没有完成这个计划,留下了长达 150

[①] *A Glossary of Paradigmatics*,该书未出版,作者留下手稿笔记有 150 多页。Abraham 热衷于诗歌翻译,翻译过歌德、荷尔德林、柯勒律治、爱伦·坡、霍普金斯等诗人的作品。

多页的法语笔记①。

1977年,美国诗人、翻译家瑟奇·格弗荣斯基(Serge Gavronsky)指出,翻译是一种"俄狄浦斯行为"(an Oedipal act)②,这可能是英语世界里最早借鉴精神分析学视角的研究。1982年,加拿大的 *Meta* 杂志在第一期推出《精神分析学与翻译》("Psychanalyse et Traduction")专号。时隔16年,1998年,加拿大 *TTR* 杂志第二期再次推出同一主题的专号。这两期杂志均为英法双语,供稿者除了翻译界学者之外,更多是其他学科学者,包括法国哲学家德里达(Derrida),法国精神分析学家拉普朗什、蓬塔利斯,加拿大精神分析学家马奥尼。1998年这期专刊之后,似乎就很难再看到相关研究如此集中地出现。而在1982年和1998年两期专刊之间,法国的哲学家、翻译家、翻译理论家贝尔曼是该研究最大力的推崇者。

1984年,贝尔曼在著作《异的体验:浪漫主义德国的文化与翻译》中指出,精神分析学与翻译的关系具有高度的复杂性,"我们并不假装能丈量它们的全部重要性":

> 精神分析学与翻译的关系无疑比这要复杂得多,它质疑了人类与语言,与各语种,与所谓的"母语"的关系,质疑的方式与传统的方式有根本性的不同——这种质疑伴随着对作品、对写作的反思,注定逐步改变我们对它们的看法,并且,毫无疑义地,造成文学的转折点。③

---

① 参见 Nicholas T. Rand, and Maria Totok, "Paradeictic: Translation, Psychoanalysis, and the Work of Art in the Writings of Nicolas Abraham," in *Rhythms: On the Work, Translation and Psychoanalysis*, Nicolas Abraham, Nicholas T. Rand, and Maria Totok (Stanford: Stanford University Press, 1995), pp.133-154.
② Serge Gavronsky, "The Translator: From Piety to Cannibalism," *SubStance* 6/7,16(1977):57.
③ Antoine Berman, *The Experience of the Foreign: Culture and Translation in Romantic Germany*, trans. S. Heyvaert (Albany: State University of New York Press, 1992), pp. 177-178.

贝尔曼非常看重精神分析学对于翻译研究的意义,他将其列为翻译研究的四大轴心之一。这四大轴心分别为:翻译史(History of Translation)、翻译伦理(Ethics of Translation)、翻译分析(Analytic of Translation)、翻译与跨文本性(Translation and Transtextuality)。其中第三条"翻译分析"(Analytic of Translation)当中,"分析"一语双关,既指笛卡尔式的分析,又指精神分析。译者可以分析自己,系统地找出具体语种中翻译变形的规律,这些规律在语言文学的层面上无意识地发挥作用,对翻译行为产生影响,而这些规律同时受制于语言、文学、意识形态、译者精神状态等多个要素。这在贝尔曼看来,就是一种"翻译的精神分析"[1]。

贝尔曼紧接着在1985年的论文《翻译与异的审判》[2]中着手展开他所谓的"翻译的精神分析"。英法小说翻译中,可以找到大量的因为种族中心主义造成的译文变形的案例,贝尔曼从中归纳出译文的十二种变形。贝尔曼1995年的遗著《建立一种翻译批评:约翰•唐》[3]依然是其翻译分析思路的延伸。在这本著作里,贝尔曼除了借鉴"分析""冲动""无意识"等术语,还称翻译批评家为分析家(analyst)。由此可以窥见贝尔曼对精神分析学的重视,以及他在翻译学科中系统地借鉴精神分析学的决心。

不过,与贝尔曼这个宏大的心愿相反,目前翻译研究界距离系统地借鉴精神分析学还非常遥远,而贝尔曼本人的学术主张也没有得到很好的传播。贝尔曼的作品是用法文写成的,1984年与1995年的作品分别于1992年和2009年才被译成英文出版。而贝尔曼英年早逝,1995年的著作是其生前最后一部作品。主客观原因都导致了其理想

---

[1] Antoine Berman, *The Experience of the Foreign: Culture and Translation in Romantic Germany*. trans. S. Heyvaert (Albany: State University of New York Press, 1992), p.6.

[2] Antoine Berman, "Translation and the Trial of the Foreign," in *The Translation Studies Reader*, ed. Lawrence Venuti (London: Routledge, 2000), pp.284-297.

[3] Antoine Berman, *Toward a Translation Criticism: John Donne*, trans. Françoise Massardier-Kenney (Kent: The Kent University Press, 2009).

的中断。贝尔曼曾经预言：

> 在Lacan, O. Mannoni, Abraham, Torok的作品里关于翻译的少量的、至今依旧稀少的言论，如若继续发展，也许还会改变对翻译行为以及其中诸多过程的某种认识——当然是在译者本身的层面上(即在他的翻译**冲动**里，译者在与其他社区其他作品的对立关系中代表的是整个社区)，但同时也在我们叫作作品**可译性**的那个层面上。①

值得欣慰的是，目前借鉴精神分析学研究翻译问题的学者虽然不多，但毕竟还有一些。他们确实是在沿着贝尔曼指引的路线前进，希望通过发展精神分析学中与翻译相关的理论，来改变对于翻译活动的认识。目前已有的零星研究基本可以归入贝尔曼提到的两个层面：译者层面和可译性层面。下文将逐一介绍这两个层面的研究情况。本书在区分这两个层面时使用的判断标准是：译者层面侧重对翻译主体的心理考察，或者按照贝尔曼的话来说，是在译者与其他社区、其他作品的关系中考察译者的翻译冲动；而在可译性层面上，研究者侧重关注翻译过程中译文的扭曲、变形等问题。虽然本书以研究侧重点作为区分的标准，但这两个层面并非截然对立，多数研究同时涉及这两个层面。

2.1.1　译者层面：移情与无意识

在译者层面上，目前的研究多借用移情、认同(identification)等精神分析学的理论，来研究译者与他者的关系如何影响翻译的行为与过程，研究无意识如何造成误译等。不少学者认为，翻译是一种原作、文

---

① Antoine Berman, *The Experience of the Foreign: Culture and Translation in Romantic Germany*, trans. S. Heyvaert (Albany: State University of New York Press, 1992), p.178. 引文中的黑体对应原文中的斜体。

本和译者之间存在的三角关系,是一种主体间的俄狄浦斯行为,是移情,而无意识在译者的选材和误译当中常常发挥作用。

2.1.1.1　翻译中的俄狄浦斯三角与移情

瑟奇·格弗荣斯基具有诗人和译者的双重身份,他从弗洛伊德的《图腾和禁忌》①《文明及其不满》②中得到启示,最早用俄狄浦斯情结来描写译者与文本的关系③。翻译是一种"俄狄浦斯行为"。原作者是父亲,拥有无上的权威,译者是儿子,文本是父子俩共同爱慕的对象。但是对于译者来说,对于"母本"(mother text)的爱是一种必须升华的性爱。译者的爱一旦逾矩,就变成乱伦(incest)。格弗荣斯基根据译者与文本的关系,将译者分为两类:虔诚的译者和食人族的译者。虔诚的译者,是"僧侣式的"(monastic)、"朝臣式的"(courtly)、"弗洛伊德式的"(Freudian)。虔诚的译者会遵照禁令,他们像僧侣一样地"禁欲",接受与作者的主仆关系(slave/master),在变态的受虐行为中满足爱欲。食人族的译者,与虔诚的译者不同,会有意识/无意识地推翻禁忌,用尼采反对基督教文化传统的气势,将被动的介绍性质的翻译变成一种创造行为。埃兹拉·庞德(Ezra Pound)和爱德华·菲茨杰拉德(Edward Fitzgerald)就是这样"有侵略性的"(aggressive)食人族的译者。格弗荣斯基指出,文本的扭曲变形在所难免,不论译者有多虔诚。弗洛伊德用替换(substitution)、移置(displacement)、凝缩(condensation)来概括梦的变形技巧。格弗荣斯基认为,可以借用或者改造这些术语,用来概括翻译造成的文本变形。

格弗荣斯基的文章写于20世纪70年代。当时将翻译说成是一种俄狄浦斯行为是非常新颖的说法。2002年,劳伦斯·韦努蒂(Lawrence

---

① Sigmund Freud, *Totem and Taboo*, trans. James Strachey (New York: Norton, 1950).
② Sigmund Freud, *Civilization and its Discontents*, trans. James Strachey (New York: Norton, 1961/1962).
③ Serge Gavronsky, "The Translator: From Piety to Cannibalism," *SubStance* 6/7,16(1977): 53–62.

Venuti)运用精神分析学研究译者的无意识时,响应了格弗荣斯基的说法[1]。他借用拉康的术语"父亲之名"(The Name-of-the-Father)[2],指出译者位于两个意指点(signifying points)之间,一面是"父亲之名",代表父亲之名的是原创作者、原创作品,它们在地位上高于译者和译作,成功的作品甚至在翻译之前就已经享有显赫的社会和文化威望;另一面是母语以及译文,因为力比多的关系,人们将母语与教我们说话的母亲联系起来。在翻译中,"父亲"制定翻译的规则,要求译者充分尊重源文本的语言和话语结构,慎重地模仿;"母亲"则引导译者使用符合翻译规范的语言去有效地翻译,而翻译规范是以目标语为中心的。"父亲"会执行干预功能,阻止译者对源文文本吸收太多,从而破坏扭曲了译入语的语言和文化。与格弗荣斯基的研究相比,韦努蒂研究的俄狄浦斯情结,更加突出翻译对于母语语言文化的破坏力,以及翻译所承受的来自父亲的干预,将话题引向翻译与目标语文化之间的关系之上。韦努蒂一贯反对英美种族中心主义的翻译政策,以及体现在文学翻译中的文化霸权主义,他对俄狄浦斯情结的研究也与这种主张一脉相承。

安·昆尼(Anne Quinney)则亲身体会了翻译中的俄狄浦斯情结[3]。她的任务是把法国著名精神分析学家蓬塔利斯的回忆录译成英文。这次经历的特殊之处是她要与这位精神分析学家合作,原作者参与对译文质量的把关,并且参与对误译进行精神分析。蓬塔利斯认为,

---

[1] 参见 Lawrence Venuti,"The Difference that Translation Makes: the Translator's Unconscious," in *Translation Studies: Perspectives on an Emerging Discipline*, ed. Alessandra Riccardi (Cambridge: Cambridge University Press, 2002), pp.214 - 241.

[2] 弗洛伊德曾在《图腾和禁忌》《文明及其不满》等作品中将文明社会的各种约束与原始部落的父亲作比。他认为,文明社会里对于宗教、法律、权威等的敬畏源自原始部落里人们对部落领袖、对于父亲的敬畏。拉康在其理论中引入想象界、现实界、符号界三分,用"父亲之名"指称父亲的符号功能,而非任何个体的人。

[3] Anne Quinney, "Translation as Transference: A Psychoanalytic Solution to a Translation Problem," *The Translator* 10,1(2004):109 - 128.

昆尼的每一处误译背后都暗藏着译者无意识的抵抗①,都值得仔细考察。但是即使精神分析师也不可能仅凭误译就可以直接看出译者压抑着什么,他需要与译者沟通,译者本人的联想非常重要。

有一处误译的产生就是由于这种合作关系。法文原文中有一处讲到"父亲的替代者",昆尼将此处译错了。蓬塔利斯指出此误译,昆尼经过一番思考,突然意识到翻译过程中的移情。移情即病人对分析师产生的类似于对父母的感情。翻译中的移情可以是对作者产生的这种感情。蓬塔利斯与译者的父亲有着极其相似的学术经历,昆尼已经在无意识当中将蓬塔利斯与自己的父亲比较,并且视其为"法国的父亲",这使她欣然接受了翻译任务。可是在意识当中,她排斥这种思想,坚信父亲是无人可以替代的,于是产生了意识对于无意识的抵抗,此处的误译正是压抑的症候。

但是,昆尼讨论的移情并非只存在于蓬塔利斯与其父亲相似这个简单的层面上,移情更重要的表现在于他们各自在翻译过程中扮演的角色。在合作中,蓬塔利斯确实扮演着严格的父亲的角色。尽管昆尼与出版社已经有了出版合同,蓬塔利斯坚持,译文一定要等他拍板后才可出版。他特别看重这部回忆录,尤其希望译文读起来像是由他直接叙述出来,而不是经过别人翻译的。昆尼发现,自己已经不知不觉地接受了俄狄浦斯三角关系当中孩子的角色,总是在等待"父亲"的首肯,尊重父亲权威性的判断,接受父亲对于误译的指责。作者与译者合作,使翻译过程中不仅出现了译者单独翻译中常见的移情,还出现了作者对于译者的反向移情(countertransference)②,在翻译过程中上演了一场酷似父子关系的互动。

从这次特殊的体验中,昆尼意识到,"在文本与译者、译者与作者之间,存在着各种社会和心理力量,它们是激活翻译过程的动能,会在译

---

① 一些中文心理学书籍将"抵抗"(resistance)翻译成"阻抗"。
② countertransference,常被翻译成"反移情",或者"反移情作用"。

文中留下印记"①。借鉴精神分析学就可以清晰地看出翻译过程中俄狄浦斯三角中产生出的心理动力，以及这种心理动力对于翻译造成的影响。

罗斯玛丽·阿罗约从对译者博尔赫斯的研究中也发现了俄狄浦斯情结和移情的存在②。她的研究方法是从博尔赫斯的小说《彼埃尔·梅纳德:〈吉诃德〉的作者》③入手。这种从某些与翻译有关的小说出发研究翻译的做法，被根茨勒称为翻译研究的"小说转向"(fictional turn)④。在《彼埃尔·梅纳德:〈吉诃德〉的作者》中，叙事者的身份可能是一个文学评论人，他在整理刚刚去世的一位名叫梅纳德的法国作家的作品。在列举了他的"**有形**的作品"(*visible* work⑤)之后，叙事者用几乎全部的文字讨论了梅纳德的另一部无形的作品《吉诃德》。梅纳德的野心是写出几与塞万提斯的西班牙文的原作逐字逐行对应的作品。梅纳德殚思竭虑，夜以继日地埋首于这部作品，稿件一改再改，成千上万页的稿纸被他撕毁。他生前不给任何人细看他的手稿，也小心翼翼不让它在死后流传。

阿罗约认为，梅纳德的这种奇怪的举动是出于"移情"，出于对作者塞万提斯的爱。阿罗约借用的是拉康的"移情"理论。拉康的移情说是对弗洛伊德移情说的发展。在拉康看来，移情就是对拥有知识的主体(the subject supposed to know)的爱。阿罗约指出，对于译者来说，知识就是他者(原文本或者原文作者)用来引诱读者的符号。这种爱，是

---

① Anne Quinney, "Translation as Transference: A Psychoanalytic Solution to a Translation Problem," *The Translator* 10,1(2004):109.
② Rosemary Arrojo, "Translation, Transference, and the Attraction to Otherness: Borges, Menard, Whitman," *Diacritics* 3/4(2004):31-53.
③ 参见小说英文版: Jorge Luis Borges, "Pierre Menard, Author of the Quixote," in *Labyrinths: Selected Stories and Other Writings*, eds. Donald A. Yates and James E. Irby (New York: Penguin Books, 1976), pp.62-71.
④ 参见 Edwin Gentzler. *Translation and Identity in the Americas: New Directions in Translation Theory* (London and New York: Routledge, 2008), p.108.
⑤ 原文斜体。

爱与恨的综合体,他者既是爱人也是对手。而在每个认真的翻译活动中,译者都希望自己是原作者的替身,希望占有他/她的知识,是对作者强烈的"认同"。对塞万提斯的作品极度着迷的梅纳德,在这种奇怪的创作中满足了成为塞万提斯并取而代之的欲望。

阿罗约的论文并非只是研究博尔赫斯小说里的主人公的移情,她进一步研究了博尔赫斯的梅纳德情结。她发现,梅纳德的焦虑也正是博尔赫斯自己的焦虑——他对于生活在父亲、塞万提斯、惠特曼的影响之下,无法摆脱其影响的一种焦虑。博尔赫斯从年轻时起,就对惠特曼非常着迷。阿罗约发现,博尔赫斯早期的诗作是对惠特曼的明显的模仿,博尔赫斯在诗歌写作起步的年代就翻译了惠特曼的《草叶集》,却迟迟不肯拿出自己的译文。从 1927 年他翻译的《草叶集》登出广告,到 1969 年译文正式发行,时隔竟长达 40 多年。更为有趣的是,《草叶集》的译文中缺少了第 22 首,而这正是博尔赫斯第一首诗作"Himno del mar"灵感的源泉。阿罗约认为,除了四十年会使译文日臻完美的理由之外,这个事件背后可能暗藏着一个微妙的心理推动力:如同梅纳德对于塞万提斯的移情,博尔赫斯对于拉康所说的拥有知识的主体——惠特曼也发生了移情。翻译能够满足梅纳德和博尔赫斯这两位雄心勃勃的堂吉诃德式的读者成为他人、成为作者、摆脱他人影响的愿望,还可以让他们使用母语写出自己的创作笔力想要表达却无法表达的内容。从这个意义上来说,翻译具有"治愈"(therapeutic)功能和"宣泄"(cathartic)作用。20 世纪 20 年代,年轻的博尔赫斯还在不断地寻找自己作为诗人的声音,他和梅纳德一样,要掩盖成为他人的欲望,将他人影响的痕迹消灭于无形。发表了译文,即意味着自己将永远以译者的身份沉沦在原作者的光环里。

阿罗约在脚注中指出,翻译作为移情,或者说作为一种占有性的爱,与巴西诗人译者、食人派翻译理论代表人物奥古斯托·德·坎波斯(Augusto de Campos)对自己翻译过程的描述相符:"我爱(我最爱的诗人们)的方式就是翻译他们。即按照 Oswald de Andrade 的食人族律法吃掉他们。我只对自己没有的东西感兴趣。"①

这使人想起，20世纪70年代格弗荣斯基就已经将译者分为虔诚的译者和食人族译者两类。更巧的是，弗洛伊德在解释这种矛盾的爱时，正是用原始部落的食人传统来说明的。他指出认同具有矛盾性，它既可以表现对理想的温柔的爱，也可以表现为消灭理想的愿望，就像处在口欲期（oral stage）的儿童总是希望把喜欢的东西吃下去，化为己有，而食人部落就停留在口欲阶段②。

耶鲁大学的哈罗德·布鲁姆（Harold Bloom）最早研究影响的焦虑③。他的研究对象是英美浪漫派大诗人（strong poets）生活在父辈诗人光环之下的焦虑。他们对于前辈诗人既爱又恨，希望超越。阿罗约和布鲁姆的研究思路一脉相承，只是研究对象从创作主体转移到翻译主体。而阿罗约认为，正是博尔赫斯启发了布鲁姆。

道格拉斯·罗宾逊（Douglas Robinson）也借鉴了布鲁姆对于影响的焦虑的研究。布鲁姆用六个比喻概括诗人与父辈诗人的关系，而罗宾逊则借用它们，来概括译者经常采用的六种翻译模式④：转喻（metonymy）、提喻（synecdoche）、隐喻（metaphor）、讽喻（irony）、夸张（hyperbole）和转义（metalepsis），细致地展现了译者从服从原作者、到改写、到超越的复杂心理和多样化的策略。他主张译者打破"意识形态对身体的编程"（ideosomatic programming）⑤，打破压抑和抵抗，解放个体的身体感受。罗宾逊没有直接使用精神分析学的视角，但是他明

---

① Rosemary Arrojo, "Translation, Transference, and the Attraction to Otherness: Borges, Menard, Whitman," *Diacritics* 3/4(2004): 35. 原文为葡萄牙语，笔者根据 Arrojo 提供的英译文译出。
② Sigmund Freud, *The Ego and the Id* (New York: The Hogarth Press Ltd, 1950), p.47.
③ Harold Bloom, *The Anxiety of Influence: A Theory of Poetry* (2nd edition) (New York: Oxford University Press, 1997).
④ Douglas Robinson, *The Translator's Turn* (Beijing: Foreign Language Teaching and Research Press, 2006).
⑤ Douglas Robinson, *The Translator's Turn* (Beijing: Foreign Language Teaching and Research Press, 2006), p.156.

显地借鉴了精神分析学应用在文学研究中的成果，并且他也承认，他使用的新术语"意识形态对身体的编程"可能只是给弗洛伊德的术语换了个说法，因为它的意思是，意识形态被翻译主体内化，成为一种无意识的规范，在与主体的身体感受冲突时，主体会压抑自己的身体感受，像被编程的机器人一样按照规范去工作，这本质就是精神分析学所说的"抵抗"，即主体因为屈从各种类型的权威、规范而对自我欲望、冲动、无意识进行自觉或者不自觉的压抑。

上述各家研究的共同点在于对翻译中的俄狄浦斯三角的关注，构成三角关系中的三方分别为译者、作者与文本。而韦努蒂的研究显示，三方并不限制于以上三者，译者除了对原作者会产生移情，对前辈译者也可能产生这种移情。韦努蒂研究庞德对罗赛蒂（Rossetti）[①]，尤其是布莱克伯恩（Blackburn）对庞德的复杂心理[②]。他通过收集书信、采访、译文等素材追踪了布莱克伯恩的心理历程。这类案例的特征是，涉及移情的两位译者同时都是创作者，在文学创作手段上，他们与移情对象宛若父子，存在学习和继承的关系。

根据韦努蒂的研究，布莱克伯恩尊称庞德为文学之父，他热爱并认同庞德，通过阅读庞德的作品、与其长期通信等方式获得指教；此外，他还模仿甚至抄袭了庞德的作品。在两人的交往恶化、庞德终止回信之后，布莱克伯恩依然保持单方写信的习惯。他选择翻译庞德拒绝翻译的淫秽诗歌，寄给庞德，炫耀自己对男性化语言的把握能力。重译也是他挑战庞德的方式。他一面在重译中引用庞德，声称是出于对庞德的敬重，一面却又彰显与庞德的译文的差异。比如，庞德将 chascus om de paratge 译成 each man of prowess，布莱克伯恩却处理成 no boy with a brassard。在庞德歌颂军事主义的时候，布莱克伯恩却运用口

[①] 参见 Lawrence Venuti, *The Translator's Invisibility: A History of Translation*. (Shanghai: Shanghai Foreign Language Education Press, 2004), pp.192-197.

[②] 参见 Lawrence Venuti, *The Translator's Invisibility: A History of Translation*. (Shanghai: Shanghai Foreign Language Education Press, 2004), pp.225-247.

语化的 boy 一词,传达出对中世纪的军事主义的不屑①。另一首诗中,庞德在翻译了骑士勾引乡下女子的情节之后,改写了结局,以女子的顺从、骑士的得逞作为结尾。布莱克伯恩却选择全译,让女子拒绝了骑士的殷勤,强化骑士的社会地位和卑鄙行为之间的反差,借此挫败文学之父的男性中心主义和贵族意识。除此之外,布莱克伯恩在译诗的韵律选词等方面都力求全面超越庞德。但是不管怎么做,他始终不放弃引用庞德的习惯。韦努蒂发现的文本症候表明,表面的恭维背后是译者对于前辈译者的竞争和挑战的心理。

在接受采访时,布莱克伯恩用心理学的术语描述了翻译造成的效果。他认为翻译的"认同"改变了自己,译者变成了一个多重主体的复合体。在翻译中,译者必须愿意并且能够让另一个人的生命深深地进入自己的生命,让自己成为原作者的一个永恒的部分。译者应该是有耐心的,有恒心的,轻度精神分裂的,甚至是"疯子",译者的心理已经偏离了理性的规范②。

这里,布莱克伯恩强调的是译者对于原作者的认同和移情,而韦努蒂的研究表明,译者对于翻译前辈的认同也是难以否认的,作为"多重主体的复合体"的译者同样会让他敬仰的前辈译者深深地进入自己的生命,翻译过程中很难消灭译者的非理性因素,译者通过认同作用在"自我"当中"融入"了原作者和前辈译者的特性。正如布莱克伯恩的自述,翻译对于个人主义的身份的概念,对于关于语言和行为得体性的道德观念提出了挑战③。

无论从作者、译者、文本的三角关系中,还是从译者、前辈译者、文

---

① Lawrence Venuti, *The Translator's Invisibility*: *A History of Translation* (Shanghai: Shanghai Foreign Language Education Press, 2004), p.237.
② 参见 Lawrence Venuti, *The Translator's Invisibility*: *A History of Translation* (Shanghai: Shanghai Foreign Language Education Press, 2004), pp.246-247.
③ Lawrence Venuti, *The Translator's Invisibility*: *A History of Translation* (Shanghai: Shanghai Foreign Language Education Press, 2004), p.247.

本的三角关系中,都能看出,从与他者的关系中产生出的心理动力是影响翻译的重要因素。翻译是一种超个体的主体间的行为,翻译研究也应该超越个体研究,将翻译放在主体间的关系中研究,而俄狄浦斯三角是值得研究的一种关系。精神分析学视角下的翻译心理动力研究无法取代当下热门的文化和意识形态研究,但却是对后者的有力补充。除了研究三角关系之外,精神分析学视角下的翻译研究还使用其他多种方法挑战黑匣子问题,学者们开始探索翻译中的无意识。

2.1.1.2 无意识与误译

一些翻译研究者认为,在翻译文字成形之前,介乎两种文字之间的中间地带(in-between space)是一种梦境的状态[①]。它体现着德里达所说的延异,开放而又难以捉摸,充满着权力斗争。从精神分析学的视角看,这就是无意识变得活跃的地带。弗洛伊德最著名的做法之一是通过梦来研究无意识,因为在梦中,自我的抵抗放松,受到压抑的无意识得以用变形(distorted)的方式呈现在梦中。此外,弗洛伊德还通过笑话、口笔误、动作倒错等研究无意识。总而言之,精神分析就是在变形的形式中寻找意义。受此启发,精神分析学视角下的翻译研究往往关注的是误译。

最早研究无意识在翻译中的作用的可能是艾伦·巴斯(Alan Bass)[②]。巴斯拥有法国文学的博士学位,是德里达多部著作的译者,后来做了精神分析师。他对弗洛伊德在《列奥纳多·达·芬奇和他童年的一个记忆》[③]一文中的一处误译进行了有趣的精神分析。达·芬

[①] Edwin Gentzler, *Translation and Identity in the Americas: New Directions in Translation Theory* (London & New York: Routledge, 2008), p.64.

[②] Alan Bass, "On the History of a Mistranslation and the Psychoanalytic Movement," in *Difference in Translation*, ed. Joseph F. Graham (Ithaca and London: Cornell University Press, 1985), pp.102–141.

[③] Sigmund Freud, "Leonard Da Vinci and a Memory of his Childhood," in *The Standard Edition of the Complete Psychological Works of Sigmund Freud*. Volume XI (1910) (London: The Hogarth Press, 1957), pp.57–138.

奇的手稿里记录着关于童年的一个回忆。他记得自己还在摇篮里的时候，有一只鸟飞来，用尾巴撬开他的嘴，并且用尾巴多次袭击他的嘴唇，这种鸟在意大利文中叫 nibio。达·芬奇觉得自己与这种鸟有奇怪的缘分，命中注定要对它着迷。弗洛伊德在用德文讲述这个故事的时候，直接采用了现成的德文译文 Geier，对应英文中的 vulture，即中文里的"秃鹫"。弗洛伊德从达·芬奇的绘画作品《圣安娜与圣母子》中看出，玛利亚衣服的轮廓酷似一只秃鹫，并且他知道在埃及的象形文字里，母亲就是用秃鹫的图像表示的，他推测博学的达·芬奇可能知道这个典故。他的这些推论最后引向一个结论，达·芬奇的故事是一种儿童的性幻想，对于鸟的记忆其实是对于吸奶的变形了的记忆。但不幸的是，nibio 正确的译文在英文里是 kite，中文里叫鸢或者鹞子，与秃鹫是完全不同的鸟。巴斯通过查阅大量文献，包括弗洛伊德当时与卡尔·亚伯拉罕(Karl Abraham)和卡尔·荣格(Carl Jung)等人的通信，证明了弗洛伊德当时确实认真研读了意大利文的第一手资料，但是他竟然对于误译浑然不觉，并且让该误译成为他的鸿篇论述依赖的基础。巴斯认为，弗洛伊德的误译自身就是一个迷恋(fetish)的结果，是因为他当时正着迷研究儿童性学理论和埃及文字，而这个误译正好满足了他建立新理论的强烈欲望。

韦努蒂赞同巴斯的研究方法，即将弗洛伊德看成语际翻译者，而将语言错误看成无意识动机的标记。他认为译者的无意识涵盖几个方面：作为译者的、个人的、文化的、政治的。在巴斯分析弗洛伊德的误译之后，韦努蒂以其人之道还治其人之身，他通过分析巴斯的误译来揭示巴斯的无意识[①]。用作例证的是巴斯翻译的一段德里达谈翻译的文字。译文中将法文中的"当它[翻译]重建起一个身体的时候，它[翻译]

[①] 参见 Lawrence Venuti, "The Difference that Translation Makes: The Translator's Unconscious," in *Translation Studies: Perspectives on an Emerging Discipline*, ed. Alessandra Riccardi (Cambridge: Cambridge University Press, 2002), pp.214-241.

就是诗歌"①译成"当那物质性被复原时,翻译就变成了诗歌"②。韦努蒂在这段译文中看出两个重要的问题,一个是巴斯将泛指的"一个"译成特指的"那",将法语中的不定冠词 un 当作指示形容词 that 来理解。译文预设,翻译可以复原原文的形式,违背了德里达的语言的形式不可能被翻译的本意。其次,法文中使用了一个诗化的词来表达"身体"(corps),巴斯却按照英美哲学对抽象名词的偏好将它改成了"物质性"(materiality)。

  韦努蒂认为,巴斯是一个有经验、有学问、严肃认真的译者,此处误译的原因不在于译者的认知能力。有证据表明,巴斯在翻译中参照过另一个译者杰弗里·梅尔曼(Jeffrey Mehlman)的译文,然而在翻译上一段引文时,巴斯的错误在句法和选词上都和梅尔曼一模一样,似乎他也犯了弗洛伊德式的错误。韦努蒂借鉴法国语言学家让·勒赛克勒(Jean Lecercle)的有关语言中的"残余"(remainder)的理论,认为巴斯在译文中释放了一个语言的"残余",而这个"残余"中隐藏着译者的无意识。勒赛克勒用"残余"来概括语言中各种不规范的用法③。"残余"在语音、词汇、句法各方面有别于标准用法,受到语法规则的排斥和压抑,但是往往会在笑话、口误、语病、诗歌等当中回归,当它们构成笑话、口误或者诗性的表达时,就是弗洛伊德所说的"被压抑者的回归"(the return of the repressed)。因此,勒赛克勒认为,"残余"可能成为弗洛伊德所说的无意识在语言里的对等物。

---

① Venuti 的英文译文:"When it [translation] reinstitutes a body, it [translation] is poetry." 参见 Lawrence Venuti, "The Difference that Translation Makes: the Translator's Unconscious," in *Translation Studies: Perspectives on an Emerging Discipline*, ed. Alessandra Riccardi (Cambridge: Cambridge University Press, 2002), p.217.

② Bass 的英文译文:"And when that materiality is reinstated, translation becomes poetry." 参见 Lawrence Venuti, "The Difference that Translation Makes: The Translator's Unconscious," in *Translation Studies: Perspectives on an Emerging Discipline*, ed. Alessandra Riccardi (Cambridge: Cambridge University Press, 2002), p.216.

③ Jean-Jacques Lecercle, *The Violence of Language* (London: Routledge, 1990).

韦努蒂将"残余"理论引入翻译研究,并且加以发挥[①]。他认为两种语言之间的差异是不可化解的,如同德里达所言,原文通过翻译会经历两重损失:它首先会失去与其本身特殊的意指方式相联系的文本内效应,其次是文本间关系。文本在翻译中被去语境化,然而,到达译文后它会重新被语境化,获得译入语当中的文本内效应和文本间关系。"残余"是相对于译入语标准用法而言的。因为翻译中译者面对着两种语言的差异,有时候会使用"残余"去补偿翻译造成的损失,这种补偿同时会改变原文内容和形式。巴斯用"物质性"去翻译"身体",是有意识地释放"残余"去补偿。因为欧陆哲学与英美哲学一个很大的语言差异在于,欧陆哲学中诗化的表达很常见,可是在英美,哲学语言和文学语言是截然不同的两种语言形式。巴斯使用"残余"对原文进行了归化处理,以此补偿翻译中因为语言不对等造成的损失。此时,"残余"是归化的标记。

译者也有可能无意识地在译文中释放出"残余"。当译者无意误读原文中的词汇或句法结构,而误译传达出的意义可能正好是某种受压抑的解读时,韦努蒂认为这是译者在无意识地释放"残余"。此时,"残余"是与译者压抑的无意识相联系的误译。翻译如同译者的梦境,"译者创造出来的意指链并没有翻译出外国文本里的梦,而是译出了译者本人的无意识的欲望"[②],译者压抑的无意识从"残余"、从对语言和话语结构的改变中浮现出来。简而言之,"残余"就是译者压抑的无意识在译文中的回归。用拉康的话来说,外国文本在译者心理造成了一个缺失(lack),译者会无意识地要求文本满足这个缺失,于是通过改变文

[①] Lawrence Venuti, "The Difference that Translation Makes: The Translator's Unconscious," in *Translation Studies: Perspectives on an Emerging Discipline*. ed. Alessandra Riccardi (Cambridge: Cambridge University Press, 2002), pp.214 – 241.

[②] Lawrence Venuti, "The Difference that Translation Makes: The Translator's Unconscious," in *Translation Studies: Perspectives on an Emerging Discipline*, ed. Alessandra Riccardi (Cambridge: Cambridge University Press, 2002), p.221.

本来获得满足。于是翻译就给译者的无意识提供了舞台。德里达的文字激发了巴斯的无意识的欲望,这个欲望,韦努蒂认为是关于可译性的。即作为译者,巴斯以及梅尔曼在无意识中希望外国文本是完全可译的,这种欲望受到德里达原文的禁止。该欲望于是引向了误读误译,通过改写译文,译者满足了幻想(phantasy)。但这并非真正的满足,译文的"残余"正好暴露出形式的不可译。两位译者的误译,说明无意识可能是跨个人的(transindividual),在翻译中也存在集体无意识(collective unconscious)。在巴斯的案例中,无意识的激发是因为译者的欲望受到原文的压抑,译者以隐秘的方式表达了与作者观点的分歧。除此之外,韦努蒂研究的多个案例说明,语音相似、词形相似(同源词)容易触发无意识的联想。

玛利亚·保拉·弗洛塔(Maria Paula Frota)也同样借鉴弗洛伊德对于语误(verbal slips)的分析,通过翻译中的语误来研究译者的无意识[1]。弗洛塔使用的术语不是"残余",而是翻译中的"奇点"(singularity):"它们逃离了二分,既不是对的,也不是不对的,又对又不对,它们是无意识侵袭之后智力上二次修正(secondary elaboration)的结果。"[2]弗洛塔认为,翻译中的奇点里包含着无意识,但是它们非常隐蔽,可能是因为无意识此处只是部分地战胜了压抑。

埃琳娜·巴西莱(Elena Basile)则在翻译研究中引进了精神分析家拉普朗什的无意识的理论[3]。她收集多位译者的自述,证明翻译是一种"最亲密的阅读行为",翻译因此对于译者来说,构成了拉普朗什所说的诱惑的场景(a scene of seduction)。通过诱惑,外在的他者将匿谜

---

[1] Maria Paula Frota, "The Unconscious Inscribed in the Translated Text," *Doletiana* 1(2007): 1-11. http://webs2002.uab.es/doletiana/1Documents/1Frota.pdf. [2021-05-13].
[2] Maria Paula Frota, "The Unconscious Inscribed in the Translated Text," *Doletiana* 1(2007): 1-11. http://webs2002.uab.es/doletiana/1Documents/1Frota.pdf. [2021-05-13].
[3] Elena Basile, "Responding to the Enigmatic Address of the Other: A Psychoanalytical Approach to the Translator's Labor," *New Voices in Translation Studies* 1(2005): 12-30.

能指植入翻译主体,形成译者内在的他者(the internal other),即译者的无意识,译者就会产生翻译这种无意识的冲动。这是对拉普朗什翻译理论的发挥。拉普朗什说的翻译冲动,是广义上的,是指主体不断翻译来自他者的匿谜信息的精神活动。巴西莱的研究意义在于,她指出在翻译中同样存在这种诱惑的场景,外国文本是诱惑译者、不断发送匿谜能指的他者。匿谜能指也会在语际翻译者的主体当中产生内部的他者,译者会翻译出什么样的无意识,这是因人而异的,这就对应了译文的个性。这与上文所说的韦努蒂的观点——外国文本在译者心理中制造出一个空缺,翻译给译者提供了一个在幻想中满足空缺的舞台——在本质上是相通的。

译者无意识的多样性,注定译文的多样性。巴西莱举的例子是加拿大女性主义杂志 *Tessera* 上对罗拉·勒米尔·托斯特分(Lola Lemire Tostevin)一首短诗的翻译[1]。译者是该杂志的多位主编,总共五种译文,每篇都加上了译者的评论,都是自我反思性的文字,记录了译者的工作心理,它们为了解译者的无意识提供了线索。巴西莱希望用该例证揭示译者面对他者的诱惑时心理反应的多样性,以及译者的认知与情感之间的相互依赖性。她还提出一个新概念:译者的"责感力"(response-ability)。她认为翻译是否忠实,不在于文字是否对等,而要看译者的责任心,以及对匿谜能指的感应力,翻译中译者的情感因素是不可否认的。

拉普朗什的无意识理论也给根茨勒的研究带来了新的灵感。拉普朗什用新造词 a traduire(to-be-translated 或 yet-to-be-translated)[2],即"待译",来表示无意识、心理创伤,以及失败的翻译。根茨勒认为,拉普朗什使用翻译的术语来表示无意识,是因为翻译和无意识之间的联系并非偶然。美洲各国在后殖民的语境下,无论是本土语言还是民族

---

[1] Susan Knutson, Kathy Mezei, Daphne Marlatt, et al, "Versions (Converse: A Sequence of Translations," *Tessera* 6(1986):16-23.
[2] 参见本书 1.2.2 节。

身份,都受到现行单语政策的压抑,根茨勒研究了美洲译者的翻译与无意识,揭示他们在此语境下体会到的各种"损失"(losses),以及他们如何通过语际翻译,治愈精神"创伤"(traumas)①。根茨勒认为自己讨论的翻译,与其说是文本翻译,不如说是"一种超越单一语言界限的记忆和再历史化"的行为②,阅读那些译文,就是像在解码一样地阅读历史的标记,而这个解码的工具就是精神分析学。

2.1.2 可译性层面:翻译的变形

精神分析学视角下的翻译研究除了思考翻译中的主体间性、翻译主体的无意识,还关注可译性问题。如同弗洛伊德从各种变形的、非正常的形式(梦、笑话、口误、动作倒错等)当中探求人的心理,借鉴精神分析学研究可译性,学者们也使用相同的方法:关注翻译中的变形。从这个角度来讲,此处的研究与上一节中对于译者无意识的研究在方法上有类似之处。不过,此处的变形不是指误译,而是指因为语言差异造成的不可避免的变形;或者由某种无意识导致的对原文风格的扭曲,而造成这种变形的无意识往往是超个人的,具有集体性,民族性,或者区域性。

精神分析学认为,法律、规范等文明的成果一方面保障着人类社会的延续,另一方面压抑了人类与之不相符的种种欲望冲动,造成了各式各样的精神问题,社会文明程度越高,人所承受的压抑就越厉害。贝尔曼指出,语言的文明程度越高,就越是会强烈地"抵抗"(resist)翻译引发的混乱③。有着几千年历史的"文明语言"(cultivated language)必然会在翻译中捍卫自身的各种法则,"审查"(censor)和"抵抗"各种破坏

---

① 参见 Edwin Gentzler, *Translation and Identity in the Americas: New Directions in Translation Theory* (London & New York: Routledge, 2008), p.4.
② Edwin Gentzler, *Translation and Identity in the Americas: New Directions in Translation Theory* (London & New York: Routledge, 2008), p.184.
③ Antoine Berman, "Translation and the Trial of the Foreign," in *The Translation Studies Reader*, ed. Lawrence Venuti (London: Routledge, 2000), pp.284–297.

规范的行为,保护语言的纯净度,抵制"异"的词汇、句法等,导致译文的各种扭曲、变形,表现了文化的种族中心主义的本质。贝尔曼分析了法译小说、散文中经常出现的十二种变形倾向①,指出它们共同的特点是:对异施行否定和归化(acclimation/naturalization),没有"以异待异"(receiving the Foreign as Foreign),从而使翻译背离了"引进异"(introducing the Foreign)的伦理标准。这些倾向都共同引向一个结果:"生产出比原文更加清晰、典雅、流畅、纯净的文本。这是为获取意义而破坏形式的做法。"②

贝尔曼将译文的变形与译者的民族中心主义的无意识联系起来,他将这种方法称为"翻译的分析"(the analytic of translation)。此处的分析包含两层含义,既是笛卡尔式的理性分析,又是弗洛伊德式的关于无意识的分析,所以翻译的分析也是翻译的精神分析。贝尔曼认为,这种导致译文变形的无意识的力量非常强大,所有的译者都难以逃脱其影响,即便在意识到这些力量的存在之后。它们造成"众多的审查和抵抗"③,数量可能远远超出以上十二种。所以贝尔曼号召各语种的译者根据翻译经验加以补充,欢迎语言学家、诗学家、精神分析家等都参与到这个活动中来。贝尔曼主张直译,直译与种族中心主义的翻译相对,以荷尔德林翻译的索福克勒斯为代表。通过直译,译文重建原文特殊的意指过程,并且达到了改造译入语的效果。

贝尔曼的文章《翻译与异的考验》写于 1985 年。韦努蒂将它译成

---

① 十二种变形倾向包括:rationalization, clarification, expansion, ennoblement and popularization, qualitative impoverishment, quantitative impoverishment, the destruction of rhythms, the destruction of underlying networks of signification, the destruction of linguistic patternings, the destruction of vernacular networks or their exoticization, the destruction of expressions and idioms, the effacement of the superimposition of languages。
② Antoine Berman, "Translation and the Trial of the Foreign," in *The Translation Studies Reader*, ed. Lawrence Venuti (London: Routledge, 2000), p.286.
③ Antoine Berman, "Translation and the Trial of the Foreign," in *The Translation Studies Reader*, ed. Lawrence Venuti (London: Routledge, 2000), p.297.

英文之后，在其专著《译者的隐身》中进一步研究了种族中心的翻译，并且提出了一种与之相对的翻译方法：抵抗式翻译（resistant translation）①。但是韦努蒂使用的"抵抗"不是精神分析学意义上的。精神分析学里的抵抗是压抑的意思，而韦努蒂的抵抗是指抵抗透明通顺的译文，在英美文学的语境下，抵抗翻译中的种族中心主义、帝国主义，它是一种政治抵抗，是译者对某种意识形态的有意识的反抗，是马克思主义意义上的抵抗。

民族中心主义的无意识造成的翻译的变形是不可避免的，是各种文化中普遍存在的。简言之，翻译就是变形。罗斯玛丽·阿罗约认为，如果翻译就是变形，就没有什么作品是不可译的②。所谓文学语言不可译的观点，实际上出自一种拜物心理（fetishism）。而拜物就是崇拜一些实际并没有多大魔力的东西，比如阳具崇拜。不少文学家、文学理论家认为诗歌是语言的最高典范，优秀的诗歌甚至一字一句都不容更改，在诗歌当中能指和所指仿佛完成了神秘的结合。在阿罗约看来，这样的写作就是一种拜物，是对语言能指的拜物。而翻译则是"一种阉割"（a form of castration）③。写作企图逃离能指和所指的二分，而翻译恰恰相反，它打碎了形式和内容的联盟，它迫使原文接触他者、遭遇差异。认为文学作品不可译，企图使意义固定化的行为，反映的正是人们在面对能指与所指结合的随意性（arbitrariness）时产生的焦虑，以及想要保护意义的稳定性的欲望，这就是弗洛伊德和拉康所说的阉割焦虑。不可译之说，不过是对诗人、作家精心构建出来的对文本和语言的留恋，并非是文学文本的内在属性。

弗洛伊德和拉康的拜物理论都是以阳具（phallus）作为象征符号

---

① Lawrence Venuti, *The Translator's Invisibility: A History of Translation* (Shanghai: Shanghai Foreign Language Education Press, 2004).
② Rosemary Arrojo, "Literature as Fetishism: Some Consequences for a Theory of Translation," *Meta* 41, 2(1996):208-216.
③ Rosemary Arrojo, "Literature as Fetishism: Some Consequences for a Theory of Translation," *Meta* 41, 2(1996):212.

(symbol),这遭到女权主义者的不满。与阳具相对,以色列的女权主义画家、精神分析家布拉哈·艾丁格(Bracha Ettinger)主张以女性妊娠后期包含着胎儿的子宫(matrix)作为新的象征符号,提出"相遇型主体"(subjectivity-as-encounter)[1]。此时的子宫不仅是女性器官,更是边境线,是两个部分主体(partial subjects)相遇的地方。孕妈妈改变着胎儿的生存环境,胎儿也改变着孕妈妈的幻想、创伤和欲望。对于孕妈妈来说,胎儿既不完全是"我",也不是完全的陌生人。它不受排斥,但是也没有完全的融合,它不是客体,也尚未成为主体。对于胎儿来说,母体既是准妈妈,也是准他者(m/Other-to-be)。这是女性主义者对拉康的阳具性的他者(phallic Other)的拓展。"宫变"(metramorphosis)的过程即是"我"与"非我"("I" and "Non-I")共同形成的过程[2]。这是一种和谐的共存,它容许在"我"以及他者之中存在一定程度的异(foreignness),从而在伦理上开启了与未认知的他者缔结契约关系的可能性。

由女权主义精神分析师提出的心理学理论很快吸引了女权主义翻译研究学者的关注。卡罗琳·史瑞德(Carolyn Shread)认为[3],"子宫"是对拉康的"阳具"符号的补充,"宫变"是对拉康精神分析学中的无意识的两种形式——暗喻和转喻——的补充,而"宫变"式的翻译则是对翻译"形变"说(metamorphosis)和"转喻"说(metonymics)[4]的补充,对于翻译伦理研究具有很大的启示意义。"宫变"不是蝶变式的、彻底的形

---

[1] 参见 Bracha Ettinger, "The Feminine/Prenatal Weaving in Matrixial Subjectivity-as-encounter," *Psychanalytic Dialogues: The International Journal of Relational Perspectives* 7,3(1997):367-405.

[2] "宫变"(metramorphosis)是艾丁格的新造词,由 metra 和 Morpheus 两部分组成。根据史瑞德的解释,metra 使人联想起 mater,即母亲或者子宫,morphe 在希腊语中是形式(form)的意思,它与希腊神话中掌管睡眠和梦境的神 Morpheus 有关,合在一起,是子宫变形的意思,笔者将其汉译为"宫变"。

[3] Carolyn Shread, "Metamorphosis or Metramorphosis? Towards a Feminist Ethics of Difference in Translation," *TTR* 20,2(2007):213-242.

[4] 参见 Maria Tymoczko, *Translating in a Postcolonial Context: Early Irish Literature in English Translation* (Manchester: St. Jerome, 1999), pp.41-61.

式置换，不会让译文遮蔽原文，同时容许"非我"的"异"的存在。"宫变"式翻译虽然由女权主义者提出，但是该研究与译者的性别或者语言的性别特征并没有什么关系。它关注的更多的是如何阅读原文的异质性，以及如何在译文中表现异质性等问题。

史瑞德为"宫变"式翻译举了三个例子。第一个例子是她自己翻译的法蒂玛·加莱尔（Fatima Gallaire）的戏剧 *Les Co-epouses*（*House of Wives*）。作者法蒂玛·加莱尔是在加拿大的阿尔及利亚人，剧作是法语的。但是译者发现，法语的表面之下，暗藏着阿拉伯语、柏柏尔语（Berber）的潜流，它们扭曲了法语的表达，体现了压抑的他者性（alterity）。

译者从"子宫"视角出发，视原文为"相遇型主体"存在的空间，重视原文的异质性，选用英文中的阿拉伯语词汇，译出原文内部的"异"。随着译事推进，译者发现自己对于朝夕相处的原作竟然产生了隔阂感。剧本快要翻译完毕时，在文化顾问的提醒下，译者才发觉原作中的阿拉伯语姓名都是作者杜撰的，它们是一些阿拉伯语的形容词，这使剧中人物的命运都带有寓言的性质。阿拉伯人能看出原文中的这些信息，法语读者却无法明了。当文本中承载的文化压抑作为符号浮现出来时，译者体验到原文制造的"游击效应"（guerrilla effect），以及他者性回归造成的"恐惑"感[1]。

如同"子宫"是多个部分主体相遇、交流的地方，"宫变"式翻译展

---

[1] 弗洛伊德曾经研究过一种叫 Unheimlich 的情感体验。根据他的研究，这个德文词的词干 Heimlich 有两层含义：一层是指"家常的""本土的""熟悉的"；另一层却恰恰相反，从"家里的"发展成不为"外人所见""隐藏的""秘密的"。而加上否定前缀的 Unheimlich 与第一层意义相反，却与第二层意义相同，Un 昭示着压抑。当被压抑的熟悉的思想回归时，或者反复出现时，具体地说，当受到压抑的婴儿期的情结，比如阉割情结、子宫幻想（womb-phantasies）等被印象复活时，或者当一些被现代人超越的原始信仰意外地被验证时，主体就会体验到恐惧，这是一种被似曾相识的陌生经历所唤起的恐惑感。文学家们善于利用这个规律制造美学体验。Unheimlich 在英文里翻译成 uncanny，中文译文五花八门，包括"恐惑""怪熟""暗恐"等，目前还没有统一的译名。参见 Sigmund Freud, "The 'Uncanny'," in *On Creativity and the Unconscious: Papers on the Psychology of Art, Literature, Love, Religion* (New York: Harper & Row, 1958), pp.122-161.

示的是原文的多面性(severality),而不是同一性(oneness),在这一点上第二个例子与第一个例子具有很大的共性。丹尼·拉菲利儿(Dany Laferriere)是在蒙特利尔流亡多年,现居迈阿密的海地作家。他使用海地的法语(不同于法国的法语)创作了很多作品。在翻译他的作品时,译者遇到一个很大的难题,没有一个民族国家的语言可以再现作品里复杂的跨国性和语言的混杂性。此时,翻译面对不是单一质地的语言,翻译已经超出了"在两种语言之间转换"的传统定义。

前两个例子体现了"宫变"式译者对于原文语言之多面性的敏感,译者在处理文本时必须解决的问题是,如何不让翻译消除或者压抑掉原文的多面性。第三个例子体现的是译者"宫变"式的干预(metramorphic intervention)。海地作家玛丽·维厄-肖维(Marie Vieux-Chauvet)用几乎标准的法语创作了小说 *Les Rapaces*。该文本的语言并不具备上两个例子当中的多面性,史瑞德在翻译这部作品时,考虑到译本的目标读者是在美国生活、不懂法语、无法接触自己的文化遗产的第二代海地移民,决定在英语译文中加入第三种语言克里奥尔语(Kreyol),在英译中制造出"恐惑"的外形。在史瑞德的理念中,"宫变"式翻译是"一种对待他者、对待未知、对待差异的更加细致的处理方法,因此理论上可以将子宫看成一个生产而不是封闭、转移而不是[sic]埋葬意义的地方"①。于是,译者在感受到原文中压抑的他者性之后,对原文进行了创造性的拓展,实施了颇有进攻性的干预。

"宫变"说是当代女性主义翻译在改写精神分析理论之后的一个重要的发展。译者对原文中的压抑的他者性的关注,以及进攻性的干预,并不限于史瑞德接触到的几个译例。根茨勒发现,这在后殖民文化下

---

① Luise von Flotow, "Contested Gender in Translation: Intersectionality and Metramorphics," *Palimpsestes* 22(2009):245 – 256. Para. 27.⟨http://doi.org/10.4000/palimpsests.211⟩

的美洲大陆是个很常见的问题①。现行的单语政策对于后殖民时代的美洲造成了精神创伤,官方语言严重压抑了各种民族语言。受到压抑的美洲本土文化,与处于统治地位的欧洲文化,这两股力量的较量通过翻译表现出来,美洲的翻译因此具有精神分裂(schizophrenic)的性质,同时这种翻译也发挥着"抵抗"主流文化、重新构建民族身份的重要作用。而且这种精神分裂式的翻译不是美洲独有的心理,根茨勒指出,中国可能也有相似的情况,因为中国也是由"一个强势的语言群体统治的"②。

以上是对西方世界精神分析学视角下的翻译研究情况的概述。虽然这些研究成果年代分散,但是整理在一起,也颇能看出一些特色,比如,焦点集中在翻译中的移情、无意识、误译、翻译中的变形等问题上;精神分析学的理论主要来自弗洛伊德、拉康、拉普朗什和艾丁格等几位大家;在精神分析学发展较好的国家,精神分析学视角下的翻译研究成果相对较多,比如,在拉康的国度法国,就有贝尔曼、拉普朗什、亚伯拉罕等三位大家(贝尔曼和拉普朗什的翻译冲动将在第2.2节介绍),而在 Meta 和 TTR 杂志的两期"精神分析与翻译"专题的期刊上,绝大多数稿件是法文稿件;参与的学者学术背景比较多样,有精神分析师、翻译家、翻译研究学者、比较文学研究者、女权主义者等,但是彼此间并不见有真正意义上的跨学科的合作;各种研究所涉及的案例,多半是从外语译向母语的。

与其他研究视角相比,精神分析学视角下的翻译研究成果可谓凤毛麟角。但是,不可否认,它确实能够给翻译研究带来新鲜的发现,对其他视角构成补充。比如,语言学视角可以使我们看到外语和母语系统性的差异,而结合精神分析学视角,我们可以看到推动原文在翻译中

---

① Edwin Gentzler, *Translation and Identity in the Americas: New Directions in Translation Theory* (London and New York: Routledge, 2008).
② Edwin Gentzler, "An International and Interdisciplinary View: Translation Studies in China," *Journal of Foreign Languages* 4(2005):53.

变形的民族中心主义的力量,可以看到语言差异给译者的无意识提供的舞台,以及语言中压抑的异质性等,这些都是寻常视角难以观察到的。又比如,翻译社会学视角将译者行为放在各种社会关系中去研究,而精神分析学视角能够独辟蹊径地去关注翻译中的俄狄浦斯三角关系,研究由译者、作者(或者其他译者)、文本构成的三角关系中产生出来的心理动力,这既不违背翻译社会学的观点,又对社会学视角进行补充。

精神分析学在20世纪初到达中国,在新文化运动时期曾经引发学习精神分析学的热潮,无论是在临床治疗,还是在文艺创造,或者教育教学上都有一定的运用[1]。章士钊、张东荪、朱光潜、高觉敷等对精神分析的文献都有翻译和介绍。章士钊还和弗洛伊德有过书信来往。在文艺领域,当时几乎所有的知名作家都受其影响,这些作家很多身兼译者,比如鲁迅、郭沫若、施蛰存等。不过,他们并没有思考过精神分析学与翻译活动的关系。

之后,在中国精神分析学走入长时间的低谷期。直到20世纪80年代以后,国内才兴起了新一轮的弗洛伊德热。文学理论可能是此次热潮的最大的受益者,但国内翻译研究学科兴起较晚,未能赶上这波热潮。

总体来说,国内借鉴精神分析学的翻译研究屈指可数。虽然,翻译研究不可避免地涉及无意识、误读等有趣的心理问题,但是学者们更倾向于选择阐释学、接受美学等更为国人熟悉的理论和研究方法,比如徐朝友[2]、韩江洪[3]、崔丽芳[4]等学者的研究。此外还有一些学者,虽然尝试将弗洛伊德、荣格的理论运用到翻译研究当中,但是他们缺乏严谨的

---

[1] 参见张京媛:《中国精神分析学史料》,台北:唐山出版社,2007。
[2] 徐朝友:《越不过的门坎:文学翻译的无意识特征》,《巢湖学院学报》,2002(1):76-79,107。
[3] 韩江洪:《严复翻译中的误读》,《解放军外国语学院学报》,2008(1):55-61。
[4] 崔丽芳:《论中国近代翻译文学中的误读现象》,《南开学报》,2000(3):47-52。

态度,只是读了一些二手的介绍精神分析学的文献,其研究结果自然缺乏可信度。

　　这种情况到了最近十年,终于有了一些改观。张景华在2011年到2013年间连续发表3篇相关论文《精神分析学对翻译研究的阐发》《精神分析学视角下的翻译批评》与《精神分析学视角下的翻译伦理》[①]。苏艳2013年用精神分析学的关键词"自恋",结合女性主义视角、后殖民视角,先后研究了翻译中的男性自恋、西方翻译研究中的集体自恋[②]。此后,陆续还有学者加入这一领域,如祝朝伟[③]。香港地区,也新增了一篇相关硕士论文[④]。这在笔者看来,都是可喜的迹象。

　　未来,精神分析学视角下的翻译研究该如何进行?显然,它可能会给我们的研究带来广袤的空间,但是现有成果的稀少,也预示着这可能是一条举步维艰的道路。精神分析师虽然提醒人们精神分析学对于翻译研究的意义,但是他们的建议偏于宏观,较少涉及实际的翻译案例。贝尔曼和韦努蒂等翻译研究界的知名学者虽然身体力行地推动了这一领域的发展,但是与他们的其他研究相比,这方面的成果在学界还没有引起足够多的重视。最好的结局当然是两个学科的学者展开合作研究,可是在综述的例子中,只有昆尼与蓬塔利斯之间的合作一例。在真正的合作的时机到来以前,所有的研究都仿佛是在茫茫大海之上探路。

[①] 张景华:《精神分析学视角下的翻译伦理》,《天津外国语大学学报》,2013(1):25-32;张景华:《精神分析学对翻译研究的阐发》,《外语教学》,2011(5):96-99;张景华:《精神分析视角下的翻译批评》,《外语研究》,2011(5):70-75。

[②] 苏艳:《翻译中的男性自恋考察》,《外语教学》,2013(1):104-108;苏艳:《西方翻译研究中的集体自恋情结》,《天津外国语大学学报》,2013(2):25-30。

[③] 祝朝伟:《精神分析与翻译研究关联论》,《解放军外国语学院学报》,2015(4):97-104.

[④] Cheng On Yee Franziska, "A Lacanian Perspective on Literature, Translation and the Reader's (Inter-)Subjectivity: Read My Text and Tell Me Who You Are." (Master's Theses, 2012). Lingnan University, DOI:10.14793/eng_etd.7.

2.2 新方向:翻译冲动与症候研究

贝尔曼在《异的体验:浪漫主义德国的文化与翻译》一书中提出了"翻译冲动"(translational drive)的概念,但是在这本翻译学著作中,这并不是一个非常抢眼的概念,在学术界引起的反响不大。拉普朗什也提出过精神分析学中的"翻译冲动"的概念。那么,这两个翻译冲动之间是否存在联系?

精神分析师分析无意识,通常从可见的症候入手,通过解读症候中的隐喻,揭示受到压抑的无意识。韦努蒂提出了翻译研究中的症候阅读法(symptomatic reading),透过译文的文本症候,看出英美文化的民族自恋情结。贝尔曼的论文《翻译与异的审判》是韦努蒂灵感的来源[1]。贝尔曼通过分析英美小说翻译中译文的十二种变形,揭示背后的民族中心主义,实际上就是把这些变形当作文本症候。而韦努蒂正是这篇文字的英译者。那么,贝尔曼提出的"翻译冲动"是否也会体现为文本症候呢?

笔者认为,翻译冲动和症候是一个很值得深入探索的研究方向。在探讨它的价值之前,有必要对精神分析学所说的"冲动""症候"与翻译研究中的"翻译冲动"和"症候"做出进一步的梳理。

2.2.1 "冲动"与"翻译冲动"

"冲动"是精神分析学中的关键词,在德语里是 Trieb,1905 年由弗

---

[1] Antoine Berman, "Translation and the Trial of the Foreign," in *The Translation Studies Reader*, ed. Lawrence Venuti (London: Routledge, 2000), pp.284-297.

洛伊德在《性学三论》里首次使用①。斯特雷奇的英文版本是流传最广的英文译本,很多语种包括中文的精神分析学书籍都是根据英文本转译。该英文版本将这一术语译作"本能"(instinct),于是在中文里产生了人们耳熟能详的"生本能"(life instinct)、"死本能"(death instinct)等说法。

精神分析学家深谙术语翻译的重要性,他们不断地重译,以减少误译带来的伤害。拉康多次指出,英文标准版对 Trieb 这一术语翻译不当,他建议使用法语词 pulsion,对应英文词 drive(冲动)。1964 年是拉康连续第 11 年在巴黎举办研讨会,该年度的话题就是准确界定精神分析学的四大基本概念:无意识、重复、移情和冲动,Trieb 即为其中之一②。如今,在法语界,拉康的提议已经被普遍接受。

弗洛伊德在界定 Trieb 的概念时,将它与刺激(stimulas)的概念相比较③。Trieb 是作用于大脑的一种刺激,但不是所有的大脑刺激都叫 Trieb。相对于其他刺激,Trieb 有几个特点:第一,它是来自机体内部的刺激,不是外部刺激。第二,这种刺激不是转瞬即逝的冲击力,它是恒常的。第三,消除内部刺激的办法不是逃离,而是满足。对于外部刺激,身体可以通过肌肉运动等方式逃离,比如逃离强光。而源于内部的刺激实际是一种"需要"(need),消除它的办法就是满足它,就像饥渴需要用吃喝满足一样。当各种冲动相互冲突时,某些冲动可能会受到压抑,无法满足。

目前,在翻译研究中使用翻译冲动的主要有贝尔曼和拉普朗什。

---

① Sigmund Freud, "Three Essays on the Theory of Sexuality," in *The Standard Edition of the Complete Psychological Works of Sigmund Freud*. Volume VII (1901—1905)(London: The Hogarth Press, 1953), pp.125-248.

② 参见 Jacques Lacan, *The Four Fundamental Concepts of Psychoanalysis* (London: Vintage, 1994).

③ Sigmund Freud, "Instincts and Their Vicissitudes," in *The Standard Edition of the Complete Psychological Works of Sigmund Freud*. Volume XIV (1914—1916), (London: The Hogarth Press, 1957), pp.109-140.

他们都认为"翻译冲动"的概念源自德国。贝尔曼指出,第一个使用"翻译冲动"的是德国早期浪漫派的代表作家、译者诺瓦利斯（Novalis）[1]。在1797年11月30日给A. W.施莱格尔（A.W. Schlegel）的信中,诺瓦利斯使用德语词 Übersetzungstrieb 来表示翻译冲动。拉普朗什则在一篇研究语际翻译的论文《墙与拱廊》中指出,"翻译冲动"（the drive to translate）、"翻译快感"（the pleasure to translate）等术语已经在德国思想界通行了差不多两个世纪[2]。贝尔曼与拉普朗什都对"翻译冲动"理论新的重大发展做出了贡献。

2.2.2 贝尔曼的"翻译冲动"

贝尔曼认为,诺瓦利斯使用的Trieb是一个很"惊人的表达",因为它在德国浪漫派的传统与精神分析学之间建立了一个连接点:

> 这是一个惊人的表达,理解它,我们不仅要结合德语的语言、文学、思想历史中Trieb的各种意义,而且——不可避免地——要结合弗洛伊德赋予它的定义,以及拉康对于弗洛伊德的解读。正是**翻译冲动**使译者成为译者:是什么推动他翻译,是什么将他推入翻译的空间。这种冲动可以自发产生,或者为他人唤醒。这种冲动是什么？它的特殊性怎样？我们尚不知晓,因为我们还没有关于翻译主体的理论。我们只知道它是翻译的各种**命运**的基础。[3]

---

[1] Antoine Berman, *Toward a Translation Criticism：John Donne*, trans. Françoise Massardier-Kenney, （Kent：The Kent University Press, 2009）, p.58(fn).

[2] 参见 Jean Laplanche, "The Wall and the Arcade," in *Jean Laplanche：Seduction, Translation and the Drives*, eds. John Fletcher and Martin Stanton (London：Institute of Contemporary Arts, 1992), pp.197 - 216.

[3] Antoine Berman, *Toward a Translation Criticism：John Donne*, trans. Françoise Massardier-Kenney (Kent：The Kent University Press, 2009), p.58(fn). 粗体字对应原文斜体字母。

第二章 文献综述暨研究新方向

精神分析学未曾告诉我们翻译冲动究竟是什么,或它与其他冲动有何异同,这一任务留给了翻译研究者。在贝尔曼的描述中,翻译冲动具有其他冲动的共性,含有"性"的成分:

> 用后面的概念,我指的是使译者成为译者的翻译**欲望**,它可以用弗洛伊德的术语**冲动**来表示,因为正像 Valery Larbaud 所强调的那样,它含有广义上的"性"的成分。①

贝尔曼认为,纯粹的翻译冲动是一种要"翻译一切"(to translate everything)的欲望,它直接以"翻译一切"作为目的,其本质是"以极端的方式"让母语"去归化"(denaturalize)。译者往往假定,在源语和目标语之间存在等级(hierarchy),假定源语是在存在论上优于母语,而翻译冲动从译者不接受施莱尔马赫(Schleiermarcher)提出的"本土语言的安乐"(das heimische Wohlbefinden der Sprache)的说法开始。伴随着翻译冲动的往往是译者对母语的敌意,比如,在阿曼德·罗宾(Armand Robin)的例子当中,正是对母语的憎恶启动了翻译冲动②。

翻译行为不可避免地要受到意识形态等外部因素的影响,而译者的"翻译立场"(translating positions)往往是在冲动和翻译规范之间求得妥协:"翻译立场,可以说是两者的折衷,即译者,作为受到**翻译冲动**支配的主体,如何看待翻译任务,又如何内化了其周围的翻译话

---

① Antoine Berman, *The Experience of the Foreign: Culture and Translation in Romantic Germany*, trans. S. Heyvaert (Albany: State University of New York Press, 1992), p.7. 引文中的"后者"指 the drive of translating。粗体字对应原文斜体字母。
② Antoine Berman, *The Experience of the Foreign: Culture and Translation in Romantic Germany*, trans. S. Heyvaert (Albany: State University of New York Press. 1992), p.7 - 9. 在 Berman 著作的英文版里,"翻译冲动"的表达方式为 translating drive、translational drive 等。法文版里用的是 pulsion de traduire,参见 Julie Candler Hayes, "Look but Don't Read: Chinese Characters and the Translating Drive from John Wilkins to Peter Greenaway," *Modern Language Quarterly* 60, 3(1999):354.

语(规范)。"①

所以,翻译冲动与其他冲动的共性,不仅在于它含有广义上的性的成分,还在于它与规范的关系。翻译冲动同样受制于规范,当它与规范起冲突时,会受到规范的压抑。受到翻译冲动支配时,译者追求的是无限的自由;而翻译的规范,如同弗洛伊德所说的社会机构、法律等各种权威一样,同属于"超我"(superego)的范围,它总是会与这种向往自由的冲动起矛盾,会通过译者的自我对后者进行压制。译者始终身陷冲突之间,译者的"翻译立场"就体现为他/她化解这种冲突的做法。虽然历史、社会、文学、意识形态的话语是超个人的,翻译立场却具有个性特征,即不同译者的翻译冲动受到了不同程度的压抑,或者说得到了不同程度的满足,因此贝尔曼说,"有多少译者就有多少种翻译立场"②。

在谈到翻译立场时,贝尔曼又进一步提出了译者的"语言立场"(language position)和"文本立场"(scriptural position)。语言立场是指他们与母语和外语的关系,他们在语言中的存在;文本关系是指他们与写作和文学作品的关系。建立关于翻译主体的理论,必须综合考量这三种立场③。

贝尔曼的"翻译立场"说在精神分析学中可以找到理论支撑。拉康关于语言的符号秩序以及人在语言中的异化可以解释译者的语言立场,而移情说有助于说明译者与文本的话语关系。因此借鉴精神分析学说,可以更明晰地说明译者的三种立场,描绘译者的主体性,说明译者与意识形态、与语言(母语和外语)、与文本的关系,说明译者在翻译冲动与意识形态、语言、文本的对峙空间里的作为,说明翻译造成的多

---

① Antoine Berman, *Toward a Translation Criticism*: *John Donne*, trans. Françoise Massardier-Kenney (Kent: The Kent University Press, 2009), p.58. 粗体对应原文斜体。
② Antoine Berman, *Toward a Translation Criticism*: *John Donne*, trans. Françoise Massardier-Kenney (Kent: The Kent University Press, 2009), p.59.
③ Antoine Berman, *Toward a Translation Criticism*: *John Donne*, trans. Françoise Massardier-Kenney (Kent: The Kent University Press, 2009), p.59.

维度的结果,比如,对于主流意识形态的接受或者抵制、对他者语言中的"异"不同程度的爱与引进、对于母语的不同程度的破坏/创新、对文本不同程度的改写/扭曲等。对翻译立场的发展就是对翻译冲动理论的发展。

贝尔曼的研究启发了美国学者茱莉·坎德勒·海斯(Julie Candler Hayes)[①]。欧洲历史上曾经有对汉字、汉语句法、书法的经久不衰的迷恋,海斯借用贝尔曼的翻译冲动说,对其加以研究。从耶稣会士,到培根(Bacon)、莱布尼茨(Leibniz),到现代的费诺罗萨(Fenollosa)、克里斯蒂娃(Kristeva),以及彼得·格林纳威(Peter Greenaway)的电影《枕边书》(*The Pillow Book*),不同时代西方对于汉字汉语的痴迷,对于解读象形文字的方法的探究,甚至梦想建立一种普世语言,以跨越文字和意象、过去和现在的分裂,这些都是翻译冲动的表现,是要彻头彻尾地认识文本他者(the textual other),甚至成为文本他者的愿望的表现。不过,总体而言,贝尔曼的翻译冲动并没有引起学界广泛关注。

2.2.3 拉普朗什的"翻译冲动"

法国精神分析家拉普朗什也提出"翻译冲动"(the drive to translate)的概念[②]。拉普朗什的"翻译冲动"比贝尔曼的要复杂,因为

[①] Julie Candler Hayes, "Look but Don't Read: Chinese Characters and the Translating Drive from John Wilkins to Peter Greenaway," *Modern Language Quarterly* 60, 3(1999):353-377.

[②] 参见 Jean Laplanche, "A Short Treatise on the Unconscious," "The Drive and Its Source-object: Its Fate in the Transference," "Implantation, Intromission," "Interpretation between Determinism and Hermeneutics: A Restatement of the Problem," "Transference: Its Provocation by the Analyst," in *Essays on Otherness*, ed. John Fletcher (London: Routledge, 1999). 本书在第一章《精神分析与翻译的不解之缘》一部分里,已经介绍了 Laplanche 的"压抑的翻译模式"。其翻译冲动理论与压抑的翻译模式理论密切相关。Laplanche 的"翻译冲动"在法文里是 pulsion de traduction,与 Berman 的 pulsion de traduire 略有不同,但都是对德国浪漫派的"翻译冲动"概念的借用,并且都与精神分析学说建立联系。Laplanche 的英文版里,翻译冲动的表达是 the drive to translate。

拉普朗什首先用它来概括一种精神活动，其次才将它延伸到语际翻译领域。

拉普朗什提出"翻译冲动"是为了说明无意识的形成过程。在这个问题上，他与弗洛伊德有重要分歧。在弗洛伊德的学说中，人的一部分不快乐的记忆受到压抑，形成了无意识。这其实是把无意识看成第二性的了，抬高了自我的作用。拉普朗什认为，无意识是在他者的激发下形成的，是在"翻译"他者时，由不可译造成的。

在他看来，无意识最早形成于婴儿期，在父母看护婴儿的场景下发生。父母通过爱抚、哺乳等行为向婴儿发送了"匿谜信息"（enigmatic message），或者叫"匿谜能指"。使用"匿谜"这个词，是因为不仅婴儿不解，父母也不明白婴儿接受的是什么信息。而"能指"并不局限于语言能指，它可以是父母的动作、手势。在这个原初诱惑的场景之下，婴儿对所面临的性化的信息（sexualized messages）缺乏生理、情感反馈能力，无法用临时性的代码去替换、翻译这些信息，不能翻译的沉积物于是失去了指涉性，变成了无意识。约翰·弗莱彻（John Fletcher）称之为"匿谜残余"（enigmatic remainder）[1]。

不能被翻译出来的无意识在主体内部形成"异体"（a foreign body），它对自我发起进攻，这就是冲动的来源（source-object）。婴儿会在内部的他者的刺激下不断地去翻译无意识，不断地用新译代替旧译，用新的能指代替旧的能指，这就是最早的"翻译冲动"。每次翻译都是在旧译的基础上重新翻译，都要经历从"去翻译"（detranslation）到再翻译的过程。新旧能指可能相似、相近或者相反。而人的成长，"我"的各个部分的分化（自我、本我、超我）都是在不断翻译的过程中形成的。

---

[1] 参见 John Fletcher, "The Letter in the Unconscious: The Enigmatic Signifier in the Work of Jean Laplanche," in *Jean Laplanche: Seduction, Translation and the Drives*, eds. John Fletcher and Martin Stanton (London: Institute of Contemporary Arts, 1992), pp.93-120，引自第 115 页。

"翻译冲动"起源于原初诱惑，但并不局限于此。此后，它将伴随着移情出现。在弗洛伊德的学说里，精神分析诊疗室中的移情，是病人对于分析师产生的类似于对父母的感情，正移情是爱，负移情是恨。它源于诱惑，是一种爱恨交织的感情。拉康进一步将移情引申为对于"知识占有者"(the one who is supposed to know)的爱恨情感。拉普朗什综合了两者的理论，认为移情是原初诱惑场景的复现，原初诱惑是最早的移情，父母是最早出现的知识的占有者。之后只要他者的诱惑引发了移情，"翻译冲动"就随之产生，主体就会不断地翻译诱惑他/她的匿谜信息，不断地添加新的能指，用以替换、转移那个"去指涉化的能指"(designified signifier)，即"匿谜能指"，因此移情是这种符号化运动的延续。

拉普朗什进而指出文化领域的移情。"文化场所，是匿谜的质询所依存的场所，充满着声音和耳朵，它能保持尊贵是因为它涉及移情的移情。"[①]诗歌、绘画等文化形式的受众是分散在未来当中的身份不明确的公众，对于受众来说，它们是"匿谜"的质询(interpellation)。而文化批评家的身份则比较特别，兼具受众和分析师的双重身份，他们既是"匿谜"的接收者，也是"匿谜"的发送者。"匿谜"的质询重新开放了主体在婴儿时代经历的诱惑关系。主体在成长中，在"我"的分化、在对他者的内化，以及在无意识中，经历了封闭和压抑。而"匿谜"使这些封闭重新开放，使主体重新整理、翻译过去的"译文"，接近多样化的欲望，在反复的翻译中不断地丰富"目标语"[②](target language)，在极端的情况下甚至改变目标语。

与贝尔曼一样，拉普朗什的"翻译冲动"的概念来源于德国浪漫派在语际翻译过程中体验到的"翻译冲动"。在谈到在精神分析中使用移

---

① Jean Laplanche, "Transference: Its Provocation by the Analyst," in *Essays on Otherness*, ed. John Fletcher (London: Routledge, 1999), p.233.
② Jean Laplanche, "Transference: Its Provocation by the Analyst," in *Essays on Otherness*, ed. John Fletcher (London: Routledge, 1999), p.231.

情方法的目标时,他引用了德国浪漫派"翻译冲动"的说法:

> 此处的目标不是要复原一个更加完好无缺的过去(要它何用?),而是容许将旧的、不充分的、部分的、错误的建构解构掉,然后为新的翻译开道,这一点病人通过他的强制性的合成倾向(或者,按照德国浪漫派的说法,在他的"翻译冲动"中),将会顺利完成。①

哲学家安德鲁·本雅明(Andrew Benjamin)指出,拉普朗什的"翻译冲动"(la pulsion de traduction)的说法来源于诺瓦利斯的"翻译冲动"(Trieb zur Übersetzung)②。那么,拉普朗什的"翻译冲动"概念,与贝尔曼所说的翻译冲动在源头上完全一致。两者最大的区别在于,贝尔曼所取的是狭义的语际翻译(translation proper),而拉普朗什此处是用人们熟悉的语际翻译中的体验,来说明精神分析学里的广义的翻译,即将无意识翻译为意识,甚至语言、思想等。用马奥尼的话来说,它包括系统间、系统内或者是精神间的翻译③。

但是最终拉普朗什又将广义的"翻译冲动"重新放到语际翻译的研究中。拉普朗什是一名译者,他重译了法文版的《弗洛伊德全集》。其译本因为使用大量自创的法语新词,受到很多关注和质疑。多年的翻译经验与来自读者、批评家的质疑促使他不断地反思翻译问题。拉普朗什在1987年的一次法国精神分析学大会上提交了论文《墙与拱廊》,

---

① Jean Laplanche, "Interpretation between Determinism and Hermeneutics: A Restatement of the Problem," in *Essays on Otherness*, ed. John Fletcher (London: Routledge, 1999), p.164.

② Andrew Benjamin, "The Unconscious: Structuring as a Translation," *Jean Laplanche: Seduction, Translation and the Drives*, eds. John Fletcher and Martin Stanton (London: Institute of Contemporary Arts, 1992), pp.137 – 157.

③ 参见 Patrick Mahony, "Freud and Translation," *American Imago* 58,4(2001):837.

详细地介绍了他的翻译观①。

该文研究的"翻译"是多重意义上的,既关系文本翻译,也关乎分析治疗中的翻译。标题中的"拱廊"暗示瓦尔特·本雅明在《译者的任务》当中表达的翻译观②。本雅明的翻译观经过贝尔曼和韦努蒂的提炼和发展,变成了德国式的"反民族中心主义"(anti-ethnocentric)翻译运动的代表,拉普朗什则将它进一步诠释为"翻译的反自我中心主义运动"(anti-auto- or self-centred movement of translation/ la movement anti-autocentrique de la traduction)。翻译不是自我封闭,不是用自我的词汇去消解他者,而是一个朝向他者的运动。

与德国式翻译观相反的是法国式翻译观。拉普朗什认为,精神分析式的翻译方法与法国式翻译截然不同。弗洛伊德虽是德国人,但他的翻译观是法国式的。弗洛伊德翻译过英国哲学家约翰·斯图尔特·穆勒(John Stuart Mill),以及法国神经学家让-马丁·沙可(Jean-Martin Charcot)的作品。他通常是看完原文之后,掩卷思考这些话在德文中该怎么说。拉普朗什认为,这种翻译方法"使他大大偏离了他自己倡导的精神分析学的方法!"③

那么,精神分析式的翻译方法是怎样呢?"反对自我中心主义"如果是反对自我吞掉他者,那它是将自我送入他者的口中吗?在对立的两极之间,在朝向自我还是朝向他者,吞并还是吐并式(appropriation or disappropriation)的翻译之间,拉普朗什主张增加一个第三选择。

本雅明也有第三选择,他的选择放在未来,交给了原作的来生。本

---

① 参见 Jean Laplanche, "The Wall and the Arcade," in *Jean Laplanche: Seduction, Translation and the Drives*, eds. John Fletcher and Martin Stanton (London: Institute of Contemporary Arts, 1992), pp.197 - 216.

② 参见 Walter Benjamin, "The Task of the Translator," in *The Translation Studies Reader*, ed. Lawrence Venuti (New York: Routledge, 2000), pp.15 - 25.

③ 引自 Jean Laplanche, "The Wall and the Arcade," in *Jean Laplanche: Seduction, Translation and the Drives*, eds. John Fletcher and Martin Stanton (London: Institute of Contemporary Arts, 1992), p.202.

雅明认为，真正的翻译是原作来世生命中的一瞬间，这样，"翻译冲动不来自译者，而是来自文本自身"①。但是拉普朗什并不相信纯语言（pure language）这种弥赛亚式的前景，他感兴趣的是本雅明的终极追问：什么是可译的？什么是不可译的？译文是否可以翻译？在本雅明那里，不可译的形式正是诗歌的精华和本质价值所在，而在拉普朗什看来，不可译是翻译冲动的起因：

> 翻译的义务，它的不可避免的 Trieb（冲动），并不来自意义；翻译的冲动——此处我使用自己的术语——更多地来自不可译。再说一遍，它不是源自接受者的义务。它是作品自身带给他的命令。它是个定言令式②："你必须翻译，因为它不可译。"正是在此项任务中，相切、字字对应、拱廊等意象纠缠进来。③

拉普朗什提出翻译中的乔拉奎（Chouraqui）寓言。安德烈·乔拉奎（André Chouraqui）是法国现代译者，翻译过《旧约》《新约》和《古兰经》。其中，《新约》只有希腊文原本，没有希伯来文本。但是在翻译时，乔拉奎并不是简单地将希腊语的《新约》看作原文，而是假定它是一个被众多的翻译覆盖的文本，其中有希伯来语、亚拉姆语（Aramaic）（这不等于假定《新约》曾经有过希伯来文本）。乔拉奎在翻译中所做的一件事情就是，发掘希腊词汇背后未被翻译的希伯来词、亚拉姆词：

---

① Jean Laplanche, "The Wall and the Arcade," in *Jean Laplanche: Seduction, Translation and the Drives*, eds. John Fletcher and Martin Stanton (London: Institute of Contemporary Arts, 1992), p.202.
② "定言令式"指康德的 categorical imperative，与假言令式（hypothetical imperative）相对。亦译作"绝对命令"。
③ Jean Laplanche, "The Wall and the Arcade," in *Jean Laplanche: Seduction, Translation and the Drives*, eds. John Fletcher and Martin Stanton (London: Institute of Contemporary Arts, 1992), p.204.

从某种意义上可以说,他翻译希腊文是为了重新注入受压抑者(我只能用这种方式表述),为了使翻译走得更远,他在希腊文中重新注入未译之文,通过重新融入受摈弃者、受压抑者,进行再翻译。①

弗洛伊德在1896年12月6日与弗里斯(Fliess)的通信中说过,人的精神装置(意识、无意识、前意识的区分)是通过一连串的翻译形成的②。拉普朗什认为,这意味着翻译是无止境地向前的,不断地翻译、再翻译。诠释就是一次去翻译(detranslation),是为新的更全面的翻译开辟开放的空间。在乔拉奎的翻译中,最让拉普朗什感兴趣的是他要再翻译的内容。无论是在精神分析的翻译中,还是在语际翻译中,"乔拉奎寓言"的含义都是:"我们撤销一些前意识的材料——我们不翻译它:不存在译文的译文——这样,新的前意识可能会复原部分被撤开的东西。"③再翻译不是翻译已有的译文,而是经过去翻译之后,重新对不可译、对受压抑者进行翻译。可以看出,这个过程与婴儿翻译"匿谜能指"的过程完全相同。

在拉普朗什自己的翻译实践中,他同样遇到不可译的问题,前文中提到过他颇具争议的一种做法,即大量使用创新词汇翻译现成语词无法译出的部分。新词汇(neologism)对他来说,指真正的创新词,不包括复古旧词汇、旧瓶装新酒的做法,不包括借用、改写拉丁语词等外来词汇的做法(指弗洛伊德英文标准版的译者斯特雷奇的做法),以及不

---

① Jean Laplanche, "The Wall and the Arcade," in *Jean Laplanche: Seduction, Translation and the Drives*, eds. John Fletcher and Martin Stanton (London: Institute of Contemporary Arts, 1992), p.208.
② 参见 Sigmund Freud, "Periodicity and Self-Analysis," in *The Complete Letters of Sigmund Freud to Wilhelm Fliess*, trans/eds. Jeffrey Moussaieff Masson (Cambridge & London: The Belknap Press of Harvard University Press, 1985), pp.207-263.
③ Jean Laplanche, "The Wall and the Arcade," in *Jean Laplanche: Seduction, Translation and the Drives* eds. John Fletcher and Martin Stanton (London: Institute of Contemporary Arts, 1992), p.212.

翻译而直接在译文中写入原文的做法。新词一定要在必要的地方产生,在词汇的空缺处,要符合语言的活的精神。创造新词好比筑巢引凤,只有舒适、真实才能引来鸟儿安住,让意义栖息。新造词是对翻译冲动的升华(sublimation):

> 新造词是一种升华的原型,也提供了一种升华的模式,也即它处在冲动与社会认可或者维稳力量构成的交叉路口上。新造词投用会同时有两方入住:所瞄准的语言,以及来自源语甚至可能更远处的冲动。①

而升华对于拉普朗什来说,也不是弗洛伊德说的去性化(desexualized),而是新的性,从升华的行为中产生出新的创伤,新的创伤带来新的能量,产生一种嗜创癖(traumotophilia)②。译者在翻译中给母语添加陌生的词汇,是为了在译文中听见"异"的回声,这种做法满足了翻译冲动,却打破了语言的"规范",因此,可能会遭到反对。

总体上说,贝尔曼与拉普朗什的"翻译冲动"是同中有异。相似点可列举如下:

(1) 来源

两个术语都来自德国浪漫派。两人都赞成德国式翻译,反对法国式翻译。贝尔曼反对民族中心主义的翻译,拉普朗什反对自我中心主义的翻译,两者都主张在翻译中引进"异"。

(2) 翻译不可译

贝尔曼的"翻译冲动"要求翻译一切,包含对于不可译的翻译;拉普

---

① Jean Laplanche, "The Wall and the Arcade," in *Jean Laplanche: Seduction, Translation and the Drives*, eds. John Fletcher and Martin Stanton (London: Institute of Contemporary Arts, 1992), p.214.

② Jean Laplanche, "The Kent Seminar," in *Jean Laplanche: Seduction, Translation and the Drives*, eds. John Fletcher and Martin Stanton (London: Institute of Contemporary Arts, 1992), p.32.

朗什的"翻译冲动"来自不可译的诱惑,翻译是要不断"去翻译"和"再翻译",译出受压抑者。

(3) 移情的驱动

贝尔曼所描写的译者对异域文化、语言的向往,就是精神分析学里的移情;拉普朗什的译者如同婴儿面对来自父母的诱惑,在移情的驱动下,同时翻译着两个层面的"匿谜能指",语言的(来自文本的匿谜能指)和非语言的(来自文化他者的匿谜能指)。

(4) 冲动与秩序的互动

贝尔曼界定的"翻译立场",与拉普朗什的翻译冲动的"升华"现象,涉及的是相同的问题,即翻译冲动与压抑相互较量、相互和解的问题。

两家理论实质性的差别仅仅在于:

拉普朗什的"翻译冲动"既适用于作为精神活动的广义翻译,又适用于狭义的语际翻译,而贝尔曼的"翻译冲动"专用于语际翻译。

综上所述,这两种"翻译冲动"本质上并不矛盾,反而相辅相成,为我们从精神分析学视角研究翻译行为提供了理论依据。为了研究方便,我们不妨在此处根据贝尔曼和拉普朗什的观点,为翻译冲动给出一个暂时的、描述性的定义(在研究结束时再予以修补):

> 翻译冲动是每个译者都有的翻译的欲望。它与名利等外部刺激无关,只在移情时产生。当译者认为他者的语言或者文化优于母语时,翻译的欲望就会越发强烈。在翻译冲动的驱使之下,译者会挑战不可译,不断地翻译—去翻译—再翻译,不懈地通过修改、增添译文中的能指,去俘获"匿谜能指",从而造成目标语的规范被破坏、目标语被改变等结果。

在不同时代、不同个体之间,翻译冲动的表现会有所差别。本书选择清末民初的翻译作为考察对象。清末民初是一个特殊的历史阶段,国人从夜郎自大的文化观念中走出来,逐渐转变为以西方为中心、为学习效仿的对象，视其为文化父母，最终目标是完成俄狄浦斯式的超越——师夷长技以制夷。他者巨大的诱惑造成强烈的移情，激发出了强大的翻译冲动，这股翻译冲动继而转变成破坏力、重塑力，深刻地改写着汉语的秩序。

2.2.4 翻译冲动的症候

继"冲动"之后，第二个要说明的精神分析学概念是"症候"。症候与冲动密切相关，是冲动受到压抑之后的表现，它是研究冲动的入手点。症候原先是医学术语，在精神分析的临床治疗中，它可以指病人身体上的某些不适反应，比如癔症病人的失声①；也可以是精神性症候（psychic symptoms），比如恐惧（phobia）和强迫意念（obsession）。但是因为受压抑者经过了无意识的改造变形，不通过特殊的办法，已经很难辨认出压抑的是什么了。临床治疗的目标就是清理所有的症候，取而代之以有意识的思维。

除了临床表现，梦和一些日常行为也可能是无意识的"症候"。弗洛伊德把梦看成是症候，然后"用解读症候的方法解读梦"②，追踪病人的梦可以了解病人的无意识，追踪致病因。而被弗洛伊德看成症候的日常行为包括③：遗忘④（Vergessen/forgetting），口误（Versprechen/slips of the tongue）、误读（Verlesen/misreadings）、笔误（Verschreiben/slips of the pen）、闪失（Vergreifen/bungled actions），以及所谓的"不经意行为"（chance action）。这些日常行为的共性体现在德语用词里。除了

---

① 参见 Sigmund Freud, "Fragment of an Analysis of a Case of Hysteria," in *The Standard Edition of the Complete Psychological Works of Sigmund Freud. Volume VII* (1901—1905) (London: The Hogarth Press, 1953), pp.3-124.

② 参见 Sigmund Freud, *Interpretation of Dreams*, trans. A. A. Brill (Beijing: Foreign Language Teaching and Research Press, 1998).

③ 参见 Sigmund Freud, *The Psychopathology of Everyday Life* (Middlesex: Penguin Books, 1978), pp.247,301.

④ 不包括因为大脑受到物理损伤而造成的遗忘。

最后一项"不经意行为",它们都是包含前缀 Ver- 的合成词,这个前缀相当于英文中的 mis-,或中文的"误",而这些行为可以统称为"动作倒错"(Fehlleistung/parapraxis①)。其中,失误、笨拙实为表象,无意识干扰意识,才是行为错乱、偏离目标的原因。

"不经意行为"与动作倒错不同,它们看似只是一些偶然动作,比如,某些随意的手势。因为没有意图、目标,它们不易遭遇来自主体本人以及他者的质疑。按照发生频率区分,它们可以是习惯性的、规律性的或者是偶然出现的。弗洛伊德认为,"偶然行为"的更合适的名称是"症候性行为"(symptomatic acts)。在熟悉精神分析的人看来,"不经意行为"却是最容易背叛主体内心深处的秘密的。弗洛伊德说,没有人能够藏得住秘密,"如果他的嘴唇是沉默的,他用他的指尖在说话;背叛从每一个毛孔里渗透出来"②。无论是动作倒错,还是"不经意行为/症候性行为",它们本质相同,都是无意识的症候,是"本能③的满足被搁置时的标志与替代品;是压抑的过程的后果"④,是受压抑者的回归(return of the repressed)⑤。

精神分析学视角下的翻译研究同样关注"动作倒错"和"症候性行为"。根据精神分析学词典对"动作倒错"的定义,只有"主体在正常情况下可以成功完成,主体往往将其没有成功完成的原因归结为注意力不够集中、归结为偶然事件的"那一类行为,才可以叫作"动作倒错"⑥。

---

① Fehlleistung 是 Freud 的新造词,意思是 faulty function。parapraxis 是英文译者的新造词。
② Sigmund Freud, "Fragment of an Analysis of a Case of Hysteria," in *The Standard Edition of the Complete Psychological Works of Sigmund Freud*, Volume VII (1901—1905) (London: The Hogarth Press, 1953), p.78.
③ "本能的",即"冲动的"。英文标准版将 Trieb 译成 instinct,前文已指出这是对"冲动"的误译。此处引文根据英文版译出,笔者未加改动。以下同。
④ Sigmund Freud, "Inhibitions, Symptoms and Anxiety," in *The Standard Edition of the Complete Psychological Works of Sigmund Freud*, Volume XX (1925—1926) (London: The Hogarth Press, 1959), p.91.
⑤ 受压抑者(the repressed),指受压抑的冲动、欲望等,不是指人。
⑥ Jean Laplanche, and Jean-Bertrand Pontalis, *The Language of Psycho-analysis* (New York: Norton, 1973), p.300.

引申到翻译研究中,由于译者语言知识能力不足而造成的误译不属于这类,只有那些正常情况下不会译错,经过提醒能够自己觉察并且加以纠正的误译才属于"动作倒错"。韦努蒂研究的"残余"①(the remainder),弗洛塔(Frota)研究的"奇点"(singularity)②都与误译有关,这些都是"动作倒错"类的症候,是翻译中的笨拙之处,比较容易发现。通过分析,研究者有可能了解背后无意识的动机。

症候性行为研究在翻译批评领域被发展成了翻译的"症候阅读"。韦努蒂第一个明确提出要对译本展开"症候阅读"③。韦努蒂认为,译者在翻译时会广泛参照译入语(通常是母语)文化中的词典、语法、译文、价值观、范式,还有意识形态,既有正典的也有非主流的。这样不可避免地会造成译文与原文之间的断裂(discontinuities),甚至是译文自身的断裂。这些文本断裂之处都是症候,指向的是种族中心主义的暴力。

他举的第一个例子就是"动作倒错"一词在英文标准版中的翻译。韦努蒂认为英语中的词汇 parapraxis 科学味道太浓,与弗洛伊德口语化的文风之间存在断裂,这种译法是英美科学主义意识形态的表现。译者无意识地释放了一个"残余",体现了归化的文化态度。译者也可以有意识地在译文中释放"残余","释放语言中的残余,复原边缘的文化形式,挑战主导形式"④。他(她)好似拉普朗什所说的婴儿,凭借"翻译冲动"不断翻译不可译,使用边缘的话语作为异化的手段,对吞并式的翻译进行干预;如同"乔拉奎寓言"中的乔拉奎,他(她)还可以对归化式的翻译进行去翻译,有意识地译出受压抑者。

---

① Lawrence Venuti, "The Difference that Translation Makes: The Translator's Unconscious," in *Translation Studies: Perspectives on an Emerging Discipline*, ed. Alessandra Riccardi (Cambridge: Cambridge University Press, 2002), pp.214-241.
② Maria Paula Frota, "The Unconscious Inscribed in the Translated Text," *Doletiana* 1(2007): 1-11. http://webs2002.uab.es/doletiana/1Documents/1Frota.pdf. [2021-05-13].
③ Lawrence Venuti, *The Translator's Invisibility: A History of Translation* (Shanghai: Shanghai Foreign Language Education Press, 2004), p.25.
④ Lawrence Venuti, *The Translator's Invisibility: A History of Translation* (Shanghai: Shanghai Foreign Education Press, 2004), p.217.

第二章 文献综述暨研究新方向

韦努蒂收集的症候都是出现在译文里的。但是本书研究的"翻译冲动"的症候并不局限于狭义的翻译文本。在加拿大学者雪莉·西蒙(Sherry Simon)对于翻译的定义中,翻译文本的范围拓宽至:

> 与他种语言邂逅,受其启发产生的写作,包括创造性干预造成的各种结果。[1]

本书研究的清末民初的案例中,就有不少"翻译"文本属于这一类型,比如,从海外回国后写的纪游诗、接触外国语法之后编写的中国语法书、用中文写的海外新闻报道等。这些都不是狭义上的翻译文本,因为它们的背后并不存在一个完整的与之对应的外文文本。但是它们包含着翻译的成分,或者说,它们是被翻译覆盖的文本。这些文本的语言也会与母语规范起冲突,受压抑者——不能翻译出来的"异"——会以症候的形式出现在文本中。

"翻译冲动"的症候甚至跳出这类广义的翻译文本。就像失声可能是癔症的症候一样,症候与疾病有时候看起来不太相关。本研究的一个重要论点就是,清末民初语言运动风起云涌,它们正是压抑的翻译冲动的症候。语言运动看似与翻译没有直接关联,它们却是弗洛伊德所说的"症候性行为",背后隐藏着无意识的动机。本书在韦努蒂研究的基础上,根据实际掌握的清末民初的材料,将翻译症候的范围加以拓展。概括起来,本书关注的翻译"症候"大致有四种类型:

(1) 误译(仅指"动作倒错"类);

(2) 母语写作中的"异"样表达(这些母语写作往往受到了海外游历、外国语法、外文阅读等因素的影响,夹杂着翻译的成分,干扰着母语的秩序);

---

[1] Sherry Simon, *Translating Montreal: Episodes in the Life of a Divided City* (Montreal: McGill-Queen's University Press, 2006), p.17.

(3) 翻译文本中的"异"样表达；
(4) 语言运动。

拉康说,症候与无意识的关系是能指与所指的关系,本书采用症候阅读法,从症候出发,研究翻译冲动,从能指出发,寻找受到压抑的所指。第三章涉及的症候主要包括语言运动,母语写作中的"异"样表达,与译文中的"异"样表达,而第四章的症候主要指误译。

第三章　翻译冲动与清末民初的语言运动

前两章从理论上探讨了在精神分析学视角下开展翻译研究的可行性,梳理了该领域研究已有的成果,指出进一步研究的方向之一:翻译冲动研究。本章将聚焦清末民初,通过研究这一时期的特殊现象——层出不穷的语言运动,来揭示背后活跃的翻译冲动,以及翻译冲动与语言规范、诗学规范的关系。

3.1　清末民初的翻译高潮与语言运动

闭关锁国的大清王朝经历了鸦片战争、甲午战争,翻译量剧增,翻译种类繁多①,传教士组织翻译,满清官员也组织翻译。翻译题材无所不包,有科技、军事、医学、宗教、新闻、文学、社科等。著名翻译家严复、林纾都活跃在这个时期。随着印刷术的日渐发达,报纸、杂志成了译文发表的阵地。翻译主体也从西人为主变成以中国知识分子为主。

到了民初翻译变成了年轻人的时尚,越来越平民化。它从官方的翻译馆走出,进入年轻人的文学社团,文学翻译的比例越来越突出。而

---

① 参见马祖毅:《中国翻译史》,武汉:湖北教育出版社,1999,509-658。

文学青年除了翻译文学,也翻译科学等其他门类的书籍,比如郭沫若翻译的《生命之科学》①,担负着启蒙的使命。此时,虽没有现代学科意义上的翻译研究,但大学已经开设翻译课程,翻译批评、翻译教材类的著作都已经应运而生,如黄嘉德编著的《翻译论集》②和吴献书编写的《英文汉译的理论与实践》③等。

熊月之将晚清西学东渐史分为四个阶段:1811—1842,1843—1860,1860—1900,1900—1911④。这些阶段的划分基本上都对应着政治上的重大事件:鸦片战争、第二次鸦片战争、戊戌政变和义和团运动。根据熊月之的统计⑤,从1811年马礼逊在中国出版第一本中文西书,到1911年清朝覆灭,100年内,中国共翻译出版西学书籍2291种。第一阶段31年,年均1种;第二阶段17年,年均6种;第三阶段40年,年均14种;第四阶段11年,年均145种。前几个阶段增长缓慢,而到了第四阶段,即清朝覆灭前十年,年均译书数量为第三阶段10倍以上。

文学翻译作为中国历史上前几个翻译高潮中不曾有的新事物,成了清末民初文坛一大特色。以晚清小说翻译为例,翻译小说数量激增,众多杂志大量刊登翻译小说,如《小说林》《月月小说》《新小说》《新新小说》,出现了译多于作的小说家包天笑,出现了专业译者,如伍光建、吴梼。译者稿费收入不菲,文人不为官府做事亦可以养家糊口,如林纾⑥。翻译直接刺激和带动了小说的创作,带来了中国的小说界革命,

---

① 郭沫若译:《生命之科学》,上海:商务印书馆,1934。
② 参见黄嘉德:《翻译论集》,上海:西风社,1940。该书是编者在上海圣约翰大学教授翻译课程时收集的授课材料,是从清末至五四的名家关于翻译的讨论文字的合集,涉及的主题包括翻译通论、论译名、论译诗、翻译的历史等。该书的序言指出,"翻译在我国是一种极端重要的事业"。
③ 参见吴献书编:《英文汉译的理论与实践》,上海:开明书店,1936。该书是编者在东吴大学教授翻译课程的授课讲义。教材中覆盖了各种体裁的文本翻译、名家译文比较,也有对翻译的定义、直译、意译的理论探讨。
④ 参见熊月之:《西学东渐与晚清社会》,上海:上海人民出版社,1994。
⑤ 熊月之:《西学东渐与晚清社会》,上海:上海人民出版社,1994:14-15。
⑥ 参见陈平原:《20世纪中国小说史:1897—1916》,北京:北京大学出版社,1989。

政治小说、侦探小说、科幻小说等崭新的体裁轮番登场。

到了民初,《新青年》《学灯》《晨报》等更多的杂志报纸创刊,大量刊登诗歌、戏剧等翻译文学,题材、体裁、流派越来越丰富,文学研究社、创造社相继而起,白话逐渐取代了文言,周作人等青年翻译家代替了老一代的严复、林纾,成为译者模仿的对象。鲁迅、郭沫若、冰心、巴金等大量地参与翻译,新一代作家在翻译中成长。

樽本照雄[①]提供了清末民初的小说创作和翻译盛况的数据统计表(如图3-1)。图中实线表示创作,粗虚线表示翻译。从中可以看出,1903年到1920年都是小说翻译的黄金期,其中1904年到1907年间,翻译的数量超过创作,而1907年后,创作开始超过翻译;在民初十年间翻译和创作都有井喷式的发展;而小说翻译和创作的最高峰都在1915年,翻译的最高峰状态分别出现在1915和1917两年,也就是新文化运动前后。

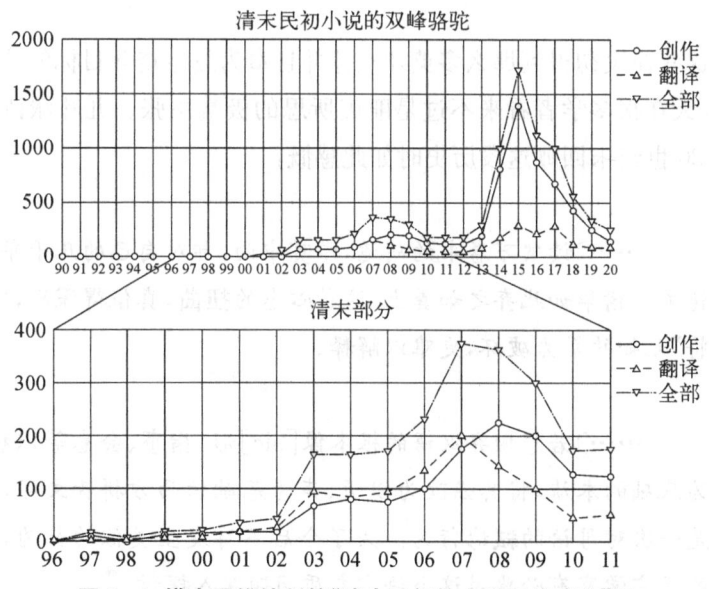

图3-1:樽本照雄绘制的"清末民初的小说双峰骆驼"图

---

① 参见樽本照雄:《清末民初的翻译小说——经日本传到中国的翻译小说》,载王宏志编《翻译与创作:中国近代翻译小说论》,北京:北京大学出版社,2000:171。樽本照雄认为阿英的统计数据有误,认为阿英说的"翻译多于创作"不是事实。所引用的图片为樽本照雄绘制。

综上所述,不论是西学还是文学翻译,都在清末民初这个历史交锋时刻达到高潮,而最高峰都落在辛亥革命前后,共计二三十年以内。从精神分析的视角来看,这是一个翻译冲动非常活跃的时期。中国的知识分子不断地翻译他们看到的"陌生的世界",不断地翻译"新的形势,新的环境,新的学问"①,翻译的规模、平民的参与度、异化的程度都是中国历史上前所未有的。

与此同时,汉语的规范受到了极大的冲击。从晚清到民初,就有各式各样的革命,矛头指向汉语。晚清有诗界革命、小说界革命、切音运动。到新文化运动时期,胡适振臂一呼,要用白话文学来代替文言文学,完成文学的哥白尼革命,一系列的语言运动如火如荼地展开,革文言的命、革汉字的命、白话文欧化、推广世界语、汉语拉丁化。语言、文学的革命之声此起彼伏,与政治家们、阿Q们不绝于耳的革命声相互应和。

这些在民初得到那么多英才热捧并且奉为终生奋斗目标的革命主张,今天在很多学者看来不过是匪夷所思的极端主张。九叶派诗人郑敏在20世纪末回顾这段历史时如此感慨:

〔……〕读破万卷书的胡适,学贯中西,却对自己的几千年的祖传文化精华如此弃之如粪土,这种心态的**扭曲**,真值得深思,比"小将"无知的暴力破坏,更难以解释。

〔……〕若想抛弃汉语的根本像[sic]形、指事、会意等以视、形为基础的本质,将其强改为以听、声为基础的西方拼音文字,无异是一次对母语的**弑母**行为。为了今后不再发生类似的行为,我国的语言学家有必要对这个语言本质问题深入探讨。②

---

① 熊月之:《西学东渐与晚清社会》,上海:上海人民出版社,1994:220。
② 参见郑敏:《世纪末的回顾:汉语语言变革与中国新诗创作》,《文学评论》,1993(3):9,17。引文中"像形"应为"象形",引文未加改动。"扭曲""弑母"的粗体为笔者添加。

第三章 翻译冲动与清末民初的语言运动

但是,这并非个人的"病态"心理,而是一个时代民族心理的缩影。陈独秀说,"适之等若在三十年前提倡白话文,只需章行严一篇文章便驳得烟消灰灭"①。胡适等人的"弑母"行为和"扭曲"的心态、对文言的敌意、对异域文化的极度向往、对文字全盘西化的憧憬,正好符合贝尔曼描写的翻译冲动的种种特征。这也是典型的拉普朗什式的移情。民族自我不再是拥有千年文化的睿智老人,而是变成了一个茫然无知的婴儿。在这个婴儿的眼中,西方变成了拉康所说的拥有知识的主体,是光芒万丈的文化父母。

时至今日,学者们依旧在批判和反思这种极端行为给后世的语言和文化造成的破坏②。有学者对语言运动做专门研究,比较有代表性的有刘进才先生,他在著作《语言运动与中国现代文学》当中,用历史研究的方法,对中国现代语言运动的历史进行了精深的考辨③。另有美国华人学者石静远,详细考察了清末民初官方、民间的各种语音方案,以及民族语言的形成过程④。但是总体说来,这样的专门研究屈指可数。

从翻译角度去考察这些语言运动更是冷门中的冷门。因为从表面上看,语言运动是一国文字自身的改革,与语际翻译无关。虽然很多译者积极投身语言运动,比如梁启超、胡适、章士钊,但是在翻译和译者的价值没有被充分重视的大背景之下,他们作为文学家、政治家、文化改革者的身份可能更加凸显,这就使语言运动和翻译冲动的关系变得更加隐蔽。这些语言运动又与常态社会的语言改革不太相同。常态的改革如1958年后推行的汉语拼音方案,只是一套辅助性的汉字注音系统,它并不要求成为取代汉字的独立的语言符号。但是,清末民初的语

---

① 参见胡适:《导言》,载赵家璧主编《建设理论集》,上海:上海良友图书印刷公司,1935:1-32,引自第16页。章行严即后文提到的章士钊。
② 参见潘文国:《危机下的中文》,沈阳:辽宁人民出版社,2008。
③ 刘进才:《语言运动与中国现代文学》,北京:中华书局,2007。
④ 参见 Tsu Jing, *Sound and Script in Chinese Diaspor* (Cambridge: Harvard University Press, 2010).

言学家们经常抱着如此"逆天"的妄想。因为偏激和非理性色彩过重，这些改革的意义在现代研究者心目中容易被一笔勾销。

如果从精神分析学的角度来看，这种忽略就比较容易理解。翻译冲动是促使译者不断翻译的一种无意识的心理动力，无意识必须通过"症候"才可以观察得知。因为压抑的存在，作为能指的"症候"与作为所指的无意识之间的联系是被隔断的。因此，在这些语言运动与翻译冲动之间并不存在一望而知的因果关联。

本章将清末民初的语言运动分成三种类型，包括废除文言、废除汉字，以及白话文欧化运动。虽然它们的高潮都是在新文化运动时期，但是起始点必须追溯到晚清，覆盖晚清的白话文运动、诗界革命、黄遵宪的诗体改良、切音运动、万国新语运动、章士钊倡导的古文欧化、梁启超的俗语翻译等。晚清200多年闭关锁国的历史，造就了与"异"的彻底隔绝。被迫开放门户后，对国力悬殊的骤然认识，造成了民族自恋的极速瓦解，带来的是对"异"的向往与尊崇。这种特殊政治历史条件，正是翻译冲动滋生的绝好土壤。

接下来，本章将采用精神分析学的症候阅读法，以三类运动作为叙述的脉络，通过分析其中纷繁的个案，归纳其共性特征，揭露清末民初翻译冲动从压抑到爆发，再到大爆发的运动轨迹。如第二章所介绍，本章的症候主要指三种：一，语言运动；二，母语写作中出现的"异"样表达；三，翻译文本中的"异"样表达。

3.2 语言运动一:废除文言

1917年,胡适在《新青年》杂志上发表《文学改良刍议》,提出文学革命,中心理论是建立"活的文学"和"人的文学"[1]。前一个目标指向文字工具的革新,用白话文学取代文言;后一个目标指向文学内容的更新。胡适看出,民初的语言工具当中存在着言文不一、方言众多、语言不统一、汉字结构复杂、难学难教等诸多问题,严重影响着教育的普及,难以担当晚清以来开通民智、挽救民族危亡的重任。1920年,胡适出版第一部白话新诗集《尝试集》,尝试用白话译诗、写诗,将白话攻入由文言垄断的最后一块壁垒[2]。

但白话文运动在晚清就有,言文不一、教育落后的问题在晚清就已经暴露[3]。黄遵宪游历日本,受到日本文字改革、欧洲民族语言的发展、圣经的翻译普及等历史经验的启发,在1887年刊行的著作《日本国志》中就提出"语言与文字离则通文者少,语言与文字合则通文者多",主张言文合一,以推广教育,配合维新变法[4]。1898年,裘廷梁发表论文《论白话为维新之本》,明确主张"崇白话而废文言"[5]。自1897年第一份白话报纸《演义白话报》在上海诞生,清末民初全国出现了170多种白话报刊[6]。1902年,梁启超提出"小说界革命",主张用文言白话夹

---

[1] 参见胡适:《文学改良刍议》,载赵家璧主编《中国新文学大系 建设理论集》,上海:上海良友图书印刷公司,1935:34-43;周作人:《人的文学》,《新青年》,1918(9):575-584。
[2] 参见胡适:《尝试集》,上海:上海亚东图书馆,1920。
[3] 参见夏晓虹:《晚清的白话文运动》,《文史知识》,1996(9):18-25。
[4] 黄遵宪:《日本国志》(下),天津:天津人民出版社,2005:810。
[5] 参见裘廷梁:《论白话为维新之本》,载郭绍虞编《中国近代文论选》(上),北京:人民文学出版社,1959:176-180。
[6] 蔡乐苏:《清末民初的一百七十余种白话报刊》,载丁守和编《辛亥革命时期期刊介绍(Ⅴ)》,北京:人民出版社,1987:493-546。

杂的新文体来写小说。晚清的小说翻译，最早使用的是文言，后来转为白话和文言并行。这些都是晚清知识分子为解决言文不一的弊病和危害而提出的倡议和解决方案。

胡适的文学革命的意义在于，他又一次掀起白话文运动，正式终结了文言的生命。陈子展将胡适文学革命的原因归为四点：一、文学发展上自然的规律；二、外来文学的刺激；三、思想革命的影响；四、国语教育的需要①。外来文学的刺激是通过翻译产生的，但是翻译并非只是发挥一个媒介作用。正是"翻译冲动"不断地促使文言暴露其危机，加速了新的诗学规范的形成。而这一过程始于晚清打开国门之时。

3.2.1 晚清："异"的诱惑初现端倪

鸦片战争打开了大清国的大门，五口通商开辟，传教士的活动基地从南洋迁移到中国东南沿海。除了传教士带来大量的西学翻译，林则徐、魏源、徐继畬等士大夫组织众多人员翻译有关西方地理、军事、律令等知识的文献，主动急切地关心西方世界②。"师夷长技以制夷"，这是近代中国人认同西方的开始。

与此同时，因为人才输出或者出使国外等各种原因，一批中国人得以走出国门，到文化语言极其隔膜的异域旅行。中国文人向来有作诗的传统。于是，他们在诗歌中以母语书写，或者说翻译出他们的海外经验，如林鍼的《西海纪游草》、斌椿的《海国胜游草》和《天外归帆草》、黄遵宪的《日本杂事诗》等。在游历者体验"异"的各种吸引力的同时，"异"给母语带来了翻译"匿谜能指"的难题。母语立刻就面临着无法表达新思想、新概念、新事物的危机，面临着"不可译"的困境，而固有的诗形也立刻与要表达的"异"起了冲突。

---

① 参见陈子展：《中国近代文学之变迁·最近三十年中国文学史》，上海：上海古籍出版社，2000：96-111。
② 参见熊月之：《西学东渐与晚清社会》，上海：上海人民出版社，1994。

3.2.1.1 林鍼的伪"深译"

林鍼①是在福建厦门通商口岸工作的一名翻译,由于家贫,在1847年辞别家人,带着"高堂在,不远游"的愧疚,从广东乘海轮去美国工作一年,是晚清出国看世界第一人。他游历了美国南北,营救了一船差点被英国人贩卖到爪哇国的潮州人,无聊时以译书解闷,1849年归国后写有《西海纪游草》。根据1849年的刻本,《西海纪游草》原书连封面共有50页,包含:《西海纪游诗》,为五言排律五十韵,共2页;《西海纪游自序》,为骈体长文,共6页;《救回被诱潮人记》,3页;《附记先祖妣节孝事略》,1页。其余36页包含他人所作15篇题记、序跋等,包括左宗棠等同时代名人的文字,有12篇赞扬林鍼的孝道②。

林鍼的文字在当时绝对算是海外奇谈。因为这次挂帆九万里、漂洋过海的壮举,书稿轰动一时,赢得了徐继畲、左宗棠等官员的题词。它以大量对"异"的描写,在一个大多数人对外部世界完全陌生的国度,充分地挑战着读者的想象力。这虽然是文学创作,但是要把照相机、电报、自来水、多色人种通婚、避雷针、时差等各种新鲜事物用准确易懂的词汇表达出来,再写进诗歌和韵文里,却少不了翻译。

严复说,"一名之立,数月踟躇",专有名词是翻译中的难点。对于外语里有、本族语无的事物,音译是译者的一种选择,比如,camera本来就是希腊语kamara的音译。在中国翻译史上有很多音译的例子,比如,玄奘在佛经翻译中提出"五种不翻",主张在五种情形下使用音译的方法:"秘密故""含多义故""此无故""顺古故""生善故"③。清朝魏源的《海国图志》中大量使用音译处理人名、国名、地名等专有名词④。

---

① 又作"林针"。
② 参见林鍼:《西海纪游草》,载钟叔河主编《走向世界丛书》(第一辑第一册),长沙:岳麓书社,1985:9-63;钟叔河:《走向世界:近代中国知识分子考察西方的历史》,北京:中华书局,2000:51。
③ 参见周敦义:《翻译名义序》,载罗新璋编《翻译论集》,北京:商务印书馆,2009:93。
④ 参见魏源:《海国图志:师夷长技以制夷》,郑州:中州古籍出版社,1999。

但这不是林鍼的选择。他将照相机译为"神镜",照相术译作"神镜法",译文部分地译出了原文对应的物件的特征,同时加入了译者自己神奇的观感,让人联想起古代"照胆镜"之类。这是以描写 A 事物(镜子)的词汇去描写 B 事物(照相机),宛若早期佛经译入时的格义法,译文发生了隐喻式的变形。因为 A 事物更为母语使用者熟知,这也是一种文化归化法。

游记文本中除了写新事物,少不了还要写上地名,即使是诗歌也是如此,如《望庐山瀑布》《宿建德江》等。林鍼在《自序》中介绍营救潮州人的故事,却省略了故事发生地这个要素。据笔者粗略统计,《自序》和《诗》两篇文字,记录了他在美两年的游历,但是除了《诗》第二句"因贫思远客,觅侣往花旗"中用"花旗"指美国,《自序》中提到"纽约客",对其他美国地名一概不提,因此从诗文当中,读者无法确切知晓其旅行线路。

除了格义法、省略法,林鍼很多时候选择用描述释义法(paraphrase),企图迂回地写作,跨越译名的障碍。释义的缺点很明显,它既不能给母语增添新鲜的表达,也不能以最简洁的方式让读者明白其所指。在字数有限制的韵文中,使用释义仿佛是在打哑谜。林鍼在骈文《自序》中写道:

> 暗用廿六文字,隔省俄通(每百步竖两木,木上横架铁线,以胆矾、磁石、水银等物,兼用活轨,将廿六字母为暗号,首位各有人以任其职。如首一动,尾即知之,不论政务,顷刻可通万里。予知其法之详[①]);沿开百里河源,四民资益(地名纽约客,为花旗之大马头,番人毕集。初患无水,故沿开至百里外,用大铁管为水筒,藏于地中,以承河溜。兼筑水室以蓄水,高与楼齐,且积水可供四亿人民四月之需。各家楼台暗藏铜管于壁上,以盛放清浊之水,

---

① 描写电报。

第三章　翻译冲动与清末民初的语言运动

极工尽巧。而平地喷水高出数丈,如天花乱坠①)。酋长与诸民并集,贵贱难分;白番与黑面私通,生成杂种(土番面赤身昂,性直而愚。三百年前,英人深入其地,久而家焉。屡夺亚非利加黑面,卖其地为奴。而禁黑白相配。间有私通者,遂生黄面虮毛之类②)。③

引文中的前两句"暗用廿六文字,隔省俄通""沿开百里河源,四民资益",分别指"电报"和"自来水"。林鍼的职业就是翻译,他不可能不知道这些事物的英文名称。但是在这篇《自序》中,读者找不到相应的精练的中文表达。原因很简单,首先,母语中还没指代这些新科技的词汇,母语中的能指有限,不能应付外来的"异"。其次,这是韵文,作者还需考虑字数、平仄、对仗等严格的形式问题,这更加增加了选择译名时的难度。可能有人会认为,作者在写作时,比译者在翻译时享受更大的自由度。但在这一类游记的写作中,情况并非如此。林鍼的写作显然已经将母语带到了表达力的边界,使它暴露出捉襟见肘的尴尬。此时的作家要么甘心接受这份束缚,要么就要借助翻译,对母语加以改造。

林岗认为,《诗》配上冗长的《自序》,这本身就是诗不能达意的表现,林鍼的诗不仅要借助骈文的序——因为骈文长短句结合,形式稍微灵活——还要借助散文体的诗内注释,才能将意义大致传达④。不可译突显了母语的危机:

〔……〕语言抓不住它要表达的事物。作者如同一个笨拙的猎

---

① 描写自来水。
② 描写美洲土人及白人黑人种族问题。
③ 林鍼:《西海纪游草》,载钟叔河主编《走向世界丛书》(第一辑第一册),长沙:岳麓书社,1985:36-37。括号中是林鍼原注。
④ 林岗:《海外经验与新诗的兴起》,《文学评论》,2004(4):21-29。

手,而他试图抓住的却是他以前未曾见过的狡猾猎物,这猎物左右躲闪,忽隐忽现,害得猎手东奔西跑,气喘吁吁,无所施其故技,显露出自己疲惫、笨拙的本相。①

林鍼这种给所翻译的内容加注的做法,与夸梅·阿皮亚(Kwame Appiah)和西奥·赫曼斯(Theo Hermans)提出"深译"(thick translation)有几分表面上的相似②,可背后的文化态度大相径庭。林鍼虽然对西洋的科技、医学、报业等都很感兴趣,但是他对中国当时的危险处境似乎体察不深,以清王朝夜郎自大的口气称呼外国人为"酋长""白番""黑面""红毛"等(参见其书引用的《自序》部分),充满种族主义的意味,西方现代化的生活只是被当作山海奇观来记录。林鍼对所翻译的异域文化缺乏人类学家的尊重心,更没有达到心理学家说的明显的移情,强大的民族自恋削弱了"异"对于主体的诱惑力。

林鍼虽然教育程度不高、生活贫困,却是旧秩序的积极拥护者。在文末,林鍼表达了对大清的忠心,"生逢盛世,岂甘异域之久居",以及对家中高堂的孝心。同样,他也深陷旧的诗学话语当中,在他的眼中,文言韵文与大清的地位一样,都是崇高而牢不可破的。虽然想把"异"表现出来,却要牢牢地抓住现成的词汇、固有的诗形,且不管这旧的能指与新的体验有多么不相合。这有点像他本人面对西洋美女时的体验,林鍼并不描写自己的爱欲,却说是"天然胡妇多情"③,面对来自"异"的诱惑,他选择被动地承受,满足于模糊的体验。贝尔曼说,翻译立场是在翻译冲动和诗学话语之间寻求妥协(参见 2.2.2),林鍼的翻译立场显然是保守的,诗人接受了诗学话语的权威,自觉压制了翻译

---

① 林岗:《海外经验与新诗的兴起》,《文学评论》,2004(4):22。
② 参见 Kwame Anthony Appiah, "Thick Translation," *Callaloo* 16,4(1993):808-819; Theo Hermans, "Cross-Cultural Translation Studies as Thick Translation," *Bulletin of the School of Oriental and African Studies* 66,3(2003):380-389。
③ 林鍼:《西海纪游草》,载钟叔河主编《走向世界丛书》(第一辑第一册),长沙:岳麓书社,1985:40。

冲动。

林鍼的策略并非属于个案。在黄遵宪、斌椿的海外纪游诗歌当中，诗人们同样频繁地使用副文本，为自己的作品添加了大量注释，在诗前撰写长序，使用冗长标题等①。以黄遵宪的《日本杂事诗》为例，每首诗歌之后均有注释。离开这些副文本，诗歌似乎丧失了意义的独立性。

词不达意，已是这些海外纪游诗人普遍的写作体验。黄遵宪有一首七绝，谈日本明治维新之后日本的服装改易和礼节变更。诗文如下："肘挟毡冠插锦貂，肩盘金缕系红绡。前趋客座争携手，俯拜君前小折腰。"②全诗 28 个字，注释却有 120 多字。该诗对日本西式服装的帽子、肩带、配饰详加描述，并且解释脱帽、鞠躬等新的礼仪。这些新奇的服饰搭配和身体语言本该让国人大开眼界，但是通过"锦貂""金缕""红绡"等熟词的组合，读者只能雾里看花，看到的说不定还是不土不洋的中国官大人的影子。同样，斌椿在《海国胜游草》第 34 首中写到一位嫦娥一般的美人，"姑射仙人下广寒，雪花如掌压云鬟"③，竟然是指在西洋看到的染白发的女子。诸如此类的例子数不胜数。本该充分展现"新"和"异"的文字，却受到了旧的符号秩序的制约，以一些陈词滥调，"归化"了对"异"的体验。

林岗认为，海外经验是五四新诗兴起的最直接、最重要的主导因素，正是海外经验对晚清的诗人产生了无意识的影响，将他们带出自足的古典世界，使他们发现诗语与诗形的不相配合，并且开始对文言的表现力产生怀疑。他所说的海外经验包括：

---

① 参见斌椿：《乘槎笔记·诗二种》，载钟叔河主编《走向世界丛书》（第一辑第一册），长沙：岳麓书社，1985：65-222。
② 参见黄遵宪：《日本杂事诗广注》，长沙：湖南人民出版社，1981：72。引文为诗集中第 34 首。
③ 斌椿：《乘槎笔记·诗二种》，载钟叔河主编《走向世界丛书》（第一辑第一册），长沙：岳麓书社，1985：169。

他们或者漂洋过海,踏足国外;或者与操不同的语言,与自己肤色和相貌都完全不同的外国人打交道;或者阅读外国书,吸收经典教育不能提供的知识,又或者在通商口岸接触那些外国传教士和商人带来的洋事物——这一切都可以称作海外经验。①

笔者赞同林岗所说的海外经验的效力。这就是诗人的"异"的体验。接触"异"是翻译"异"的前提。但是接触"异"未必就会深入地翻译"异",它是必要条件,但不是充分条件。在中国历史上,有很多次接触异的历史,比如郑和下西洋。但并非有了海外经验,就有了建构新的诗学秩序的强大动力。海外经验之外,还必须强烈地移情。只有强大的移情,才能带来不断翻译"匿谜能指"的冲动,翻译—去翻译—再翻译。而晚清到民初的历史,正是移情显化的过程,也是文言诗学形式在翻译中逐渐改变,直至颠覆的过程。

3.2.1.2 黄遵宪的"译诗"与给严复的信

与偶尔外出的林鍼不同,黄遵宪在 1877 年到 1894 年间先后出使日本、美国、英国、新加坡等。十几年漫长的外交生涯中他写下了大量的纪行诗作,作品主要收录在《日本杂事诗》和《人境庐诗草》当中。以《日本杂事诗》为例,诗人除了记录山水、风俗,还记录了日本的议院、租税、刑诉、病院、假名、西学等主题。丰富的海外著译经历,必然促使他更多地思考如何用母语捕捉和翻译"异"的问题。

在诗歌写作方面,他与林鍼有共同的遭遇,即在用严格的旧诗体表现异域事物时,屡屡遭受言不尽意的困扰,在诗歌之外,他们广泛加注,加序,以弥补意义传达中的缺憾;但是他又与林鍼有着本质的不同,对于"异"的不断翻译,最终带来了对于母语诗形的改革。他的诗歌与时人相比,主题开阔、新颖,具有明显的诗体改良意识。梁启超评价黄遵宪的诗,"吾重公度诗,谓其意境无一袭昔贤,其风格又无一

---

① 林岗:《海外经验与新诗的兴起》,《文学评论》,2004(4):22。

第三章 翻译冲动与清末民初的语言运动

让昔贤也"①。

"异"的诱惑对于黄遵宪要比林铖强烈得多。对于黄遵宪来说,"异"是值得肯定、热爱和模仿的,这就是心理学所说的移情了。作为重要的维新人士,黄遵宪热心于研究日本以及西方的政体、经济、军事、法律等,寻找中国维新的理想模式。他的著作《日本国志》详细全面地介绍日本,含有对日语典籍、资讯的翻译。《日本杂事诗》亦经过多次增删、修改,定稿本和初稿本相比,强化了对明治维新及各项新政、新事的肯定②。

为了在文学作品中安放"异",黄遵宪不断创新诗歌的形式。他有一篇《都踊歌》,与语际翻译直接相关。在日本观看西京盂兰盆节的郡上舞表演之后,诗人非常兴奋,将和文歌词"译而录之"③:

> 长袖飘飘兮髻峨峨,荷荷! 裙紧束兮带斜拖,荷荷! 分行逐对兮舞傞傞,荷荷! 往复还兮如掷梭,荷荷! 回黄转绿兮挼莎,荷荷! 中有人兮通微波,荷荷! 贻我钗鸾兮馈我翠螺,荷荷! 呼我娃娃兮我哥哥,荷荷! 柳梢月兮镜新磨,荷荷! 鸡眠猫睡兮犬不呵,荷荷! 待来不来兮欢奈何,荷荷! 一绳隔兮阻银河,荷荷! 双灯照兮晕红涡,荷荷!④

在此译文之前,黄遵宪安插了一段序言,介绍都踊的风俗和译诗的

---

① 参见梁启超:《饮冰室诗话》,北京:人民文学出版社,1959:8。
② 参见王飚:《从〈日本杂事诗〉到〈日本国志〉》——黄遵宪思想发展的一段轨迹》,《东岳论坛》,2005(2):75-80。
③ 这首诗前有黄遵宪的序文,介绍日本盂兰盆节的歌舞习俗、歌词的风格以及此诗由来。黄遵宪说:"译而录之,其风俗犹之唐人《合生歌》,其音节则汉人《董逃行》也。"钱仲联在笺注中说,黄遵宪是将《董逃歌》误作《董逃行》了。此诗是仿照《董逃歌》翻译日本的歌词,但原文已经无法考证。
④ 黄遵宪:《都踊歌》,载《人境庐诗草》,钱仲联(笺注),北京:中国青年出版社,2000:189-192。

由来：

> 西京旧俗，七月十五至晦日，每夜亘索街上，悬灯数百。儿女艳妆靓服为队，舞蹈达旦，名曰都踊。所唱皆男女猥亵之词，有歌以为之节者，谓之音头。译而录之，其风俗犹之唐人《合生歌》，其音节则汉人《董逃行》也。①

这是一首反映男女彻夜共舞的诗歌，充满异域风情，黄遵宪将它译得生动活泼而富有情趣。这首诗也因为与其他诗歌在情绪上、风格上明显不合，而激起评论界的兴趣。梁启超读完后"抚掌大笑"②，他认为，以往黄公度的诗歌很少"绮语"，仿佛守着佛家的戒律，这首诗使其诗歌的风格更加多样化了。胡适评价说，这是平民文学的代表，黄遵宪作为晚清诗歌改良者的代表，其成就超过了康梁等同时代所有诗歌改良者③。

虽然黄遵宪在序言中申明这是译作，评论家们却经常拿它当作原创作品，不知是忽略了序言，还是故意视而不见，抑或是因为黄遵宪从来不以译者的身份著称，而这篇文字的背后也没有明确的原文文本。如同在胡适的《尝试集》中，白话译诗是其诗歌实验的一部分，这篇译作也是黄遵宪的一次诗歌实验。日文歌词既已经无从考证，译者的翻译方法和翻译态度只能从序言和文本中去推测。当然这一切的前提是黄遵宪的话真实可靠，这不是一篇伪翻译（pseudotranslation），即佯装翻译的原创作品。

按照序言里的介绍，翻译这首歌词时着重考虑的是音节。已有的

---

① 黄遵宪：《都踊歌》，载《人境庐诗草》，钱仲联（笺注），北京：中国青年出版社，2000：189-190。
② 梁启超：《饮冰室诗话》，北京：人民文学出版社，1959：34。
③ 参见胡适：《五十年来中国之文学》，载《胡适文集》第三卷，北京：北京大学出版社，1998：200-265。

第三章 翻译冲动与清末民初的语言运动

旧诗格式里不可能有现成的、与"异"样的和歌节拍相配的格式,新意境要求诗人拿出新的格调、新的能指。从序言我们可以推测他的翻译思路。诗人首先是在母语的储备中寻找现成的、部分相似的能指。节奏上他联想到童谣《董逃歌》①,"承乐世,董逃！游四郭,董逃！蒙天恩,董逃！带金紫,董逃！行谢恩,董逃！整车骑,董逃！……"风俗上他联想到的是《合生歌》。于是,译文仿照《董逃歌》的节拍,将行末的"董逃"换成了有声无义的象声词"荷荷"。张堂锜指出,这好比乐府古诗《有所思》中用来补乐中之音的"妃呼豨"一词②。每行中穿插"兮"字,则是仿骚体的句法。这首诗将离骚与乐府的风格混合到一起,通过旧能指的新组合,完成诗体创新,这是诗人对"不可译"的一种翻译。

乐府和骚体并非晚清诗坛的主流,译者使用边缘话语,来表现原文的"异",这与韦努蒂的翻译策略非常相似。韦努蒂理想中的翻译是通过借用边缘话语引进"异",从而推翻英语文化霸权翻译,他称之为"少数族化的翻译"(minoritizing translation):

> 好的翻译是少数族化的:它通过培养一种异质性的话语,将标准方言和文学正典向相对而言的异的表达开放,向亚标准和边缘开放。③

黄遵宪借用几种边缘话语的组合,打破标准话语在诗坛的霸权,这是在面对"异",面对不可译时不得已却巧妙的一种变通。这同样是一种"少数族化的翻译"。这种变通并没有破坏文言诗体,而是拆除各种变体的界限,对文言诗体中的不同元素进行创意组合。译诗依旧保留着文言诗歌用典的习惯,比如,"待来不来兮欢奈何",源自李白的"待来

---

① 《董逃歌》是东汉灵帝时的童谣,内容写董卓跋扈,纵其残暴,终归逃窜,至于灭族。
② 张堂锜:《黄遵宪的诗歌世界》,台北:文史哲出版社,2010:91。
③ Lawrence Venuti, *The Scandals of Translation: Towards an Ethics of Difference* (London and New York: Routledge, 1998), p.11.

竟不来";"双灯照兮晕红涡",源自蒋捷的词句"展一笑微微透红涡"等①。翻译冲动并没有造成巨大的破坏力;相反,译文在翻译冲动和诗学规范之间找到了一个平衡点,实现了拉普朗什所说的翻译冲动的升华②,给读者带来了愉悦的刺激。

这种引进"异"的做法,在清末民初的翻译实践中将会越来越多地得到运用。比如,在晚一点出现的梁启超的散文体时务文章中,梁启超结合骈文、八股文体的长处,混合排偶、长比、佛教词汇、诗词典故、外国语等各种元素,在文言的框架里形成了颇有宣传魔力的梁启超文体③。而鲁迅提倡在白话文里,"装进异样的句法去,古的,外省外府的,外国的"等,秉承的也是同一种思路④。但是,在具体操作时,如何使译文既有异域情调,又能带来愉悦的阅读感受,是实现了翻译冲动的升华,还是只释放了翻译冲动的破坏力,各人操作的结果迥然不同。

黄遵宪认定"今之世异于古,今之人亦何必与古人同",今日的诗歌就要写出今日的特色。海外经历促使他深刻地感受到今世之"异"。1891年,黄遵宪在伦敦使馆工作期间,给《人境庐诗草》的新版写了新序言,率先提出诗体改革的思路:

> 一曰,复古人比兴之体;一曰,以单行之神,运排偶之体;一曰,取《离骚》乐府之神理而不袭其貌;一曰,用古文家伸缩离合之法以入诗。其取材也,自群经三史,逮于周、秦诸子之书,许、郑诸家之注,凡事名物名切于今者,皆采取而假借之。其述事也,举今日之

---

① 参见钱仲联的笺注。黄遵宪:《都踊歌》,载《人境庐诗草》,钱仲联(笺注),北京:中国青年出版社,2000:191。
② 翻译冲动的升华,参见3.1.2。
③ 参见胡适:《五十年来中国之文学》,载《胡适文集》第三卷,北京:北京大学出版社,1998:200-265。
④ 鲁迅:《关于翻译的通信》,载《鲁迅全集·二心集》(第四卷),北京:人民文学出版社,2005:379;关于鲁迅的翻译观,可参见王东风:《韦努蒂与鲁迅异化翻译观比较》,《中国翻译》,2008(2):5-10。

官书会典方言俗谚,以及古人未有之物,未辟之境,耳目所历,皆笔而书之。其炼格也,自曹、鲍、陶、谢、李、杜、韩、苏讫于晚近小家,不名一格,不专一体,要不失乎为我之诗。诚如是,未必遽跻古人,其亦足以自立矣。①

黄遵宪主张的"新派诗"②新风格通过复古完成。但是这种复古与晚清诗坛的"同光体""西昆体"等复古写法完全不同③。他"不专一体",重新组合古体里的元素,包括乐府的、离骚里的写作元素,甚至是散文体中借鉴古文的伸缩离合的叙事方法。为了再现今日之"异",灵活提取、整合、改造旧元素,从而实现创新。《都踊歌》的翻译就体现了这种思路。

归纳起来,黄遵宪诗歌创新的素材来自几个源头:一是乐府、离骚等歌谣体特色强烈、相对通俗的文体元素;二是文言散文体的写作方法;三是民间方言俗谚等素材。不难发现,这些元素都是晚清诗坛中受压抑的"残余"(remainder),都具有相对通俗化、平民化、自由化的特征。糅合这些异质元素,能增强诗体的弹性,提升对"异"题材的吸纳度,以本土的"异"翻译外来的"异"。此外,黄遵宪对弹词、粤讴等民间艺术形式也很着迷,不仅因为他是广东人,而是这些形式与正统的诗歌相比,节奏、韵律上都更加灵活、多变。虽然它们是地位不高的艺术形式,但是在对付"异"的时候,它们的嫁接组合能够激活汉语的表现力。后来王韬用歌体翻译《马赛》,同样是对民间艺术的借用。

---

① 此段文字在1874年版的自序中无。黄遵宪:《自序》,载《人境庐诗草》,钱仲联(笺注),北京:中国青年出版社,2000:20。1874年版自序可参见黄遵宪:《黄遵宪全集》(上),北京:中华书局,2005:68。
② 黄遵宪称自己的诗是"新派诗"。
③ 晚清诗坛出现几个流派:模仿汉、魏、六朝的湖湘派;模仿宋诗的江西派和闽派,号称"同光体";标榜唐人风格的;模仿"西昆体"的。一时形成了唐诗话语、宋诗话语、儒家诗学话语、性灵诗学话语并存,众声喧哗的局面。参见钱仲联:《前言》,载《人境庐诗草》,北京:中国青年出版社,2000:1-13;李剑波:《清代诗学话语》,长沙:岳麓书社,2007。

多年写作海外经历的实践，使黄遵宪能够以犀利的眼光，看出严复翻译中的保守性。1902年，即在《天演论》首次刊出了大约四年之后①，黄遵宪写信给严复，专门讨论翻译事宜，就"译名"问题提出翻译需要创新的建议②。当时严复正在京师大学堂译书局任总办③。黄遵宪希望通过写信给"一言而为天下法则"的严复，推动翻译语言的维新。可惜这封信在中国的译学话语里并没有引起重视。罗新璋的《翻译论集》④等重要文集都未曾加以收录。在此我们有必要重读黄氏给严复的信件。

黄遵宪阅读了严复翻译的《天演论》《名学》《原富》，看到了《新民丛报》批评严复文笔太高，他对此持中立态度。理由是像《名学》这样的书，用通俗的文字可能不足以发挥其蕴，但是在翻译《原富》时，则未必需要用古文。黄遵宪在信中与严复重点探求的是如何突破保守的翻译观，在翻译中进行文字创新。

他认为，用四千年前所造之字书写西学肯定是不够用的，中国传统的六书造字法派生能力不足。若用精神分析学来解释，就是在翻译西文匿谜能指时，汉语的能指符号储备不足，并且派生力弱。虽然汉语使用假借字补此不足，但这些字在各地写法不同，混乱不堪：

> 以四千余岁[sic]以前创造之古文，所谓"六书"，又无衍声之变，孳生之法，即以书写中国中古以来之物之事之学，已不能敷用，况泰西各科学乎？华文之用，出于假借者，十之八九，无通行之文，亦无一定之义，即如郑风之忌，齐诗之止，楚词之些，此因方言而异者也。墨子之才，荀子之案，随述作人而异者也。乃至人人共读

---

① 根据信的内容，黄遵宪是在戊戌年冬天得到严复的赠书，即1898年冬，写信时称，"《天演论》供养案头，今三年矣"。
② 黄遵宪：《致严复函》，载《黄遵宪全集》（上），北京：中华书局，2005：434－436。
③ 参见孙应祥：《严复年谱》，福州：福建人民出版社，2003：184。
④ 参见罗新璋：《翻译论集》，北京：商务印书馆，2009。

《论语》之仁,《中庸》之诚,皆无对待字,无并行字,与他书之仁与义并,诚与伪对者,其深浅广狭,已绝不相俟,况与之比较西文乎?①

严复坚持"每译一名,当求一深浅广狭之相副者",但是黄遵宪指出这在现实中不可行。汉语能指不足,我们在翻译中经常找不到对等词汇。此外还有理解的个体差异、上下文语境等问题,比如,中国人熟知的"仁""诚"两个概念,虽然在不同的书中写法相同,但是意义的深浅广狭都不尽相同,所以也不能找到完全对应的外文译名。

于是他给严复提出两点建议,两点都是关于语言变革的提议。用今天的语言学术语来看,他的建议涉及词法和文体两个层面的创新。第一是要增加汉语的能指符号,造新字,或者通过"假借""附会""谳语""还音""两合"等繁殖力强的方法为已有的汉字增添新的用法,但是最重要的还是造新字。对于各种方法的使用,信中都给出了详细的案例说明。第二是变文体,包括"跳行""括弧""最数"(即标注数目一、二、三、四的方法)、"夹注""倒装句""自问自答""附表附图"②。这两条足以使古文改头换面。

黄遵宪接着论证了这些建议在操作上的可行性。对于第一条造字,他指出这并非中国学士认为的"古圣古贤专断独行之事",不应该"坐之非圣无法之罪"。他列举了不少造字的例子。一些字的诞生与翻译本土生活有关,比如,《仓颉》一篇,只有三千多字,到《集韵》《广韵》文字剧增至四五万,这些字因事而造。而另一些例子则与翻译外语词汇有关:"僧""塔"是魏晋之前没有的;"佛"是对"佛时仔肩"中的"佛"字的假借;"耶稣"是"视天如父""七日复苏"之义假借而成;比丘从苾蒭而来,因苾蒭两个有音无义,所以附会比丘二字;慈悲、因明、波罗蜜、般若是分别靠谳语、还音的方法生成,谳语现在叫联绵字,还音就是音译的

---

① 黄遵宪:《致严复函》,载《黄遵宪全集》(上),北京:中华书局,2005:435。
② 1901年光绪辛丑仲春蒙学书局出版的《赫胥黎天演论》为石印版本,竖行排版,无标点。

方法。黄遵宪还独创了一种"两合"法，即当汉语记录外来词汇音译不准时，比如冒顿和墨特，两个音都不准，就在文和注中同时给出两种音，而读音从冒和墨之间两面夹出，得出一个叫相合的音。

至于文体，黄遵宪主张求变。他指出，鸠摩罗什的翻译使佛经变成了一种新文体，元明之后的演义、清朝的文书都是早期历史上不曾有的新文体，但是人人遵用之、乐观之。黄遵宪认为"文字一道，至于人人遵用之乐观之，足矣"，希望严复能够考虑这个事实，考虑他的提议，能够"降心以从、降格以求"。"佛经""演义"这些例子，同样反映出黄遵宪对于边缘话语的喜好。

在翻译外来的匿谜能指时，严复与黄遵宪表现出了两种文化态度和翻译立场。严复假定母语中可以找到深浅广狭相符的对等语，于是，他尽量避免使用外来词汇，而在古文字、古文文体等民族文化的旧遗产中竭力寻找，通过复活旧的用法，拓展新时代下文言的生命力，这是一种保守的革新。黄遵宪则假定母语不存在严格意义上的对等语，为追求对等，只有创新才是出路，只有造新字、新词、赋予旧字以新的用法，并创造新文体，才能解决新形势下母语能指符号严重匮乏的问题。这是一种更加大胆的革新。在这两位译者的例子中都存在移情，也都存在民族中心主义（黄遵宪在译诗中用典、复古都是民族中心主义的表现）。移情使他们各自在翻译冲动的驱使下，提出不同的文字改良主张。但另一方面，民族中心主义始终在审查、遏制着翻译冲动可能带来的破坏力。

汉语能指符号不足的问题一直困扰着清末民初的翻译家们。在林鍼的例子里，翻译冲动的力量很微弱；到了严复、黄遵宪，冲动明显增强；之后，"诗界革命"的夏、梁、谭三人、民间拼音运动家沈学、民国白话文运动中的傅斯年等将陆续登场，对于如何解决能指符号短缺的难题，他们将给出越来越激进的解决方案。

3.2.1.3 夏、梁、谭"新诗"中翻译冲动的狂欢

胡适认为晚清诗歌改良中，黄遵宪的成就最大。但是在这个领域，

呼声最响亮的是提倡"诗界革命"的梁启超。诗界革命早期主要参与者是梁启超、夏曾佑、谭嗣同三人,1896年到1897年间三人每天相聚谈"新学",作"新诗",这段时期又被称为诗界革命的幼稚阶段[①]。后来因为三人地理距离分开、谭嗣同遇害等原因,"新诗"写作结束。而这次写作经历的始末,在梁启超的《饮冰室诗话》以及缅怀夏曾佑的文章《亡友夏穗卿先生》中有比较详细的记载。

早期的诗界革命以提倡"新诗"为特色,而这里的"新诗"与胡适提倡的白话诗无关。"新诗"指"新学"之诗,又称"新学诗"[②]。从语言上说,新诗充满了新名词,而这些新名词多半是外来词,其中不少还是音译外来词。这几个人当中最热心写新诗的是夏曾佑。

夏曾佑写了十几篇绝句赞颂上帝,其中一篇:

  冰期世界太清凉,洪水茫茫下土方。巴别塔前分种教,人天从此感参商。[③]

梁启超在《饮冰室诗话》中为他解释:"冰期、洪水,用地质学家言。巴别塔云云,用旧约述闪、含、雅弗分辟三洲事也。"[④]夏曾佑又写有:

  冥冥兰陵门,万鬼头如蟥。质多举只手,阳鸟为之死。[⑤]

梁启超注曰:"兰陵"指荀卿,"质多"指佛典上魔鬼的译名,或者即基督教经典中的"撒旦",阳鸟即太阳。这首诗是要把荀子打倒,因为清儒自命所做的汉学为"荀学"。同样,梁启超也在《诗话》中为谭嗣同的

---

① 参见张永芳:《晚清诗界革命论》,桂林:漓江出版社,1991:22—34。
② 参见郭延礼:《"诗界革命"的起点、发展及其评价》,《文史哲》2000(2):5—12。
③ 梁启超:《饮冰室诗话》,北京:人民文学出版社,1959:50。
④ 梁启超:《饮冰室诗话》,北京:人民文学出版社,1959:50。
⑤ 梁启超:《亡友夏穗卿先生》,载《饮冰室合集》(第五卷,文集38—45),北京:中华书局,1989:21(44册上)。标点为笔者添加。

新诗加注解释:诗句"寰海惟倾毕士马","网伦惨以喀私德,法会盛于巴力门"中,毕士马指俾斯麦,喀私德、巴力门分别是 caste、parliament 的音译。加注的原因是:难懂。难懂的原因是:这些都是传播新学中使用的翻译词汇。

夏、梁、谭三人相约,作诗非经典语不用,始终所用典故都是来自佛、孔、耶三教的经典,而"新约字面,络绎笔端"①。他们不懂西洋文字,这些词并非亲自翻译,而是从教会的译本里径直取用的。那么,为什么要在旧诗体中加上这么多翻译词汇,让诗文承受无法承受之重?他们的理由是:

> 简单说,我们当时认为,中国自汉以后的学问全要不得的,外来的学问都是好的。既然汉以后要不得,所以专读各经的正文和周秦诸子。既然外国学问都好,却是不懂外国话,不能读外国书,只好拿几部教会的译书当宝贝,再加上些我们主观的理想——似宗教非宗教,似哲学非哲学,似科学非科学,似文学非文学的奇怪而幼稚的理想,我们所标榜的"新学"就是这三种原素混合构成。②

此时,梁启超还没有流亡日本,这几位都还是完全不懂洋文、从未走出国门的人,他们却会对外国学问产生如此强烈的移情!郑敏说胡适废除文言是出自扭曲的心理,以此判断作为参照,此时梁启超等人的心理"扭曲"比胡适有过之而无不及。不懂外文,却咬定"外国学问都好""中国自汉以后的学问全要不得",教会的译书居然是诗人眼里代表新学的"宝贝"。民族自大在这些诗人的心中早已荡然无存。"异"的文化已经取代了旧文化,占据了"超我"(即自我理想)的位置。

---

① 梁启超:《饮冰室诗话》,北京:人民文学出版社,1959:49。
② 引自梁启超:《亡友夏穗卿先生》,载《饮冰室合集》(第五卷,文集38—45),北京:中华书局,1989:22(44 册上)。标点为笔者添加。

如同梁启超所说,这些诗人"颇喜挦扯新名词以自表异"①。"异"对于他们已经不仅仅是充满诱惑力的新事物,他们已经开始在"异"中寻找、建立新的自我身份,"异"是新的自我的镜像。通过翻译(在诗歌中使用大量的翻译词汇),诗人们可以在想象中接近这种镜像,满足在想象中与镜像合一、成为他者的欲望。

我们比较林鍼、黄遵宪、夏曾佑、梁启超、谭嗣同等人,就可以看出,诗人们一步步地放松了对翻译冲动的自我审查。林鍼在纪行诗歌中尽量避免使用音译,想方设法绕开译名,甚至对故事的发生地都不予介绍。黄遵宪、斌椿虽然使用外国地名,但是多止于在诗歌的标题当中。而夏、梁、谭三人翻译冲动的大爆发,使诗歌充满了艰涩的外来词汇,大量的音译词汇破坏了诗歌的可读性。虽然诗人们放松自我审查的步伐,并非与时间的推移同步,但是晚清总体的趋势是,移情逐渐增强,自我压抑逐渐减弱。"新诗"的出现是翻译冲动的一个小高潮。

意义是能指与所指的关系。能指与所指的关系靠约定俗成来维系。在新诗中,新异的能指与陌生的所指尚未完成长期有效的绑定,这些"异"的能指只能悬浮在空气里,无法在参与者之外的读者心中产生意义。诗歌写作最终成为在三人的小圈子里共享的一种精神活动。

但是在这种危险的语言游戏中,诗人们获得了极大的快感,梁启超称之为"精神解放":

> 穗卿和我都是从小治乾嘉派考证学有相当素养的人,到我们在一块儿的时候,我们对于从前所学生极大的反动,不惟厌他,而且恨他[……]我们要把当时垄断学界的汉学打倒,便用"禽贼禽王"的手段去打他们的老祖宗——荀子到底打倒没有呢?且不管。但我刚才说过,"我们吵到没有吵的时候,便算问题解决"。我们主观上认为已经打倒了。"袒裼往暴之,一击类执豕。酒酣掷杯起,

---

① 梁启超:《饮冰室诗话》,北京:人民文学出版社,1959:49。

跌宕笑相视。颇谓宙合间,只此足欢喜。"这是我们合奏的革命成功凯歌,读起来可以想起当时我们狂到怎么样,也可以想见我们精神解放后所得的愉快怎么样。①

诗人在文字符号所构成的世界里,想象"新学"打倒了汉学,通过幻想得到欲望的满足;这是言语对语言的突破,是翻译冲动对符号秩序的突破,因此它是言语和翻译冲动的狂欢。这些诗人们生活在两重理想当中,一重是处于统治地位的汉学,这虽然不是他们真心追求,但是作为文化主流,它执行着"超我"的压迫的功能;另一重是他们向往的"新学",执行着自我理想的功能。弗洛伊德如此描述主体在自我与理想之间的关系:

……超我构成自我必须默认的各种限制的总和,因此放弃理想对于自我来说,必定会是一个盛大的庆典,自我立刻就能体验到自我满足……

当自我与自我理想相合时,总是有一种得胜的感觉……②

诗人在想象中打倒了前一个"超我"——汉学和旧的诗学规范——用加入音译外来词的方法给诗歌直接输入外国的血液,以新的理想驱逐旧的超我,体验到节日的放纵。借用弗洛伊德的比方,就仿佛古罗马庆祝农神节,现代人庆祝狂欢节一样,严格的律令被暂时抛开,主体可以短暂地为所欲为。翻译冲动释放出它的破坏力,旧的诗学格式被打破,意义被置于不顾;同时主体又在与新的理想——"新学"——的短暂的融合中体验到巨大的胜利和快乐。

---

① 引自梁启超:《亡友夏穗卿先生》,载《饮冰室合集》(第五卷,文集 38—45),北京:中华书局,1989:21(44 册上)。标点为笔者添加。
② Sigmund Freud, *Group Psychology and the Analysis of the Ego* (New York: Bantam Books, 1960), p.81.

第三章 翻译冲动与清末民初的语言运动

但是"异"并不因为一时的解放而被诗学规范接受,强大的旧规范会卷土重来,逼迫诗人对翻译冲动进行自我审查。新诗并没有维持多久。梁启超1899年在《夏威夷游记》中回忆这段经历时,说"今日观之,可笑实甚也";在1924年给夏曾佑写追思文章时,又说当时的思想"浪漫"得"可惊"又"可笑"。

诗人从现实的想象域退回到符号域。但这并不意味着他要放弃对"异"的追求。他认定晚清诗歌的出路在于追求异,"若作诗必为诗界之哥仑布玛赛郎然后可"[1],诗歌必须去海外探索新的资源,才可以写出新意境。但是求异的过程中既有成功也有失败的例子。苏东坡借用印度佛学的意境在诗歌中写出新意。同时代人中,黄遵宪用欧洲意境写出好诗,但是他因为注重风格而避开新语句,因为"新语句与古风格常相背驰"[2]。夏曾佑、谭嗣同用佛教、基督教新词语同时入诗,错落可喜,但诗作有如"以金星动物入地球"[3],过多生硬的异质成分,使他们"不备诗家之资格"[4]。亦有人在诗歌中使用日本翻译西书时使用的新名词,比如,共和、代表、自由、平权、国体等,梁启超很看好这种做法,但认为这样的作品不多。

强大的诗学规范使梁启超意识到,必须在"异"与诗学规范之间取得平衡。好诗,在他看来,必须同时具备三长:新意境;新词语;以古人之风格入诗,以"竭力输入欧洲之精神思想以供来者之诗料"为目标[5]。打破古人风格,则"如移木星金星之动物以实美洲,瑰伟则瑰伟矣,其如

---

[1] 梁启超:《夏威夷游记》,载《饮冰室合集》(第七卷,专集22—29),北京:中华书局,1996:189。
[2] 梁启超:《夏威夷游记》,载《饮冰室合集》(第七卷,专集22—29),北京:中华书局,1996:189。
[3] 梁启超:《夏威夷游记》,载《饮冰室合集》(第七卷,专集22—29),北京:中华书局,1996:190。
[4] 梁启超:《夏威夷游记》,载《饮冰室合集》(第七卷,专集22—29),北京:中华书局,1996:189。
[5] 梁启超:《夏威夷游记》,载《饮冰室合集》(第七卷,专集22—29),北京:中华书局,1996:190。

不类何。若三者具备,则可以为二十世纪支那之诗王矣"①。以旧风格含新意境,就是1899年之后诗界革命的道路,诗歌创作离开短暂的狂欢,诗人自觉地对翻译冲动加以遏制,在遵守规范和满足翻译冲动之间寻求折中。

梁启超对于诗歌出路的思索,发生在去夏威夷的途中,记录在《夏威夷游记》当中,即梁启超1899年11月18日到12月10日的日记当中,使这趟旅程颇有向海外求索的象征意义。一个有趣的细节是日记使用的纪年,"光绪二十五年十一月十八日"。梁启超作为文坛领袖,率先使用了西历。他在日记中不惜笔墨,回答中国人写日记为什么要用西历的问题。他说,日期不过是和语言文字一样,发挥记号的作用,"爱国在实事不在虚文","吾国士大夫……惟于此毫无关轻重之形式与记号,则出死力以争之,是焉得为爱国矣乎?吾则反是"②。

不过,这般豪言壮语的同时,自我审查的力量还是发挥了作用,它要对诗人的翻译冲动加以遏制。"十一月十八日"可以翻译出来,但是1899年不可以,取而代之的是"光绪二十五年"。此处标记颇具讽刺意味,可谓"旧风格含新意境"的体现。它以事实在否定梁启超语言文字只是记号的断言,语言文字不是记号,而是拉康所说的符号!这里的符号代表着一个禁令,诗人必须悬崖勒马,驾驭好危险的翻译冲动。

从林鍼,到黄遵宪,到夏、梁、谭,诗人们通过海外出游、翻译、阅读翻译作品等接触了西方,这是他们与"异"的"接触区"(contact zone)③。在此过程中,他们被西方诱惑。在翻译"异"的诱惑时,他们始终在努力

---

① 梁启超:《夏威夷游记》,载《饮冰室合集》(第七卷,专集22—29),北京:中华书局,1996:189。
② 梁启超:《夏威夷游记》,载《饮冰室合集》(第七卷,专集22—29),北京:中华书局,1996:187。
③ Sherry Simon, *Translating Montreal: Episodes in the Life of a Divided City* (Montreal: McGill-Queen's University Press, 2006), p.7.

平衡母语秩序与翻译冲动的关系。偶尔,他们能够让翻译冲动纵情驰骋,更多时候他们得面对符号秩序的威力,谨慎前行。有时候,他们能够用灵活变通的方式,如创造新词汇、嫁接边缘话语的方法,对母语进行改良,有时候,也会在母语里制造出生硬的"异"。在这种新旧杂合(hybridity)的语言中,诗人们建构起新的自我,也在憧憬着新的民族自我。这些诗人大多不是专业的译者,但是不可否认,他们一直在"翻译",而这种隐秘的、含蓄的翻译,贯穿着晚清的历史。

纯粹的不加遏制的翻译冲动是要翻译一切,是要全盘"异"化,这种更加极端的做法直到辛亥革命撼动了各种符号秩序之后才出现,在梁启超等人"可笑"又"可惊"的实践里,它只是初具了雏形。在后来的废除汉字等语言运动中,翻译冲动会迎来再度的狂欢。

3.2.2　胡适:翻译与文言死亡的判决书

在晚清诗歌翻译"异"的实践中,文言暴露出的问题集中表现为能指不足、词不达意、诗形与新意境相排斥等,而诗人们不懈的努力、争执多半是围绕着要不要增加新能指、增加怎样的新能指才可以为母语规范包容等问题。到了新文化运动时期,胡适等人直接将革命矛头指向文学语言的规范本身。胡适认为文言已死,要在文学创作中用白话全面代替古文。他用来判断文言气数已尽的依据是文言的"翻译"能力。

胡适在《中国新文学运动小史》开篇提出,文学革命的目的是要用活的语言来创作新中国活的文学,文言是半死的语言,用死语言创造不出活文学[1]。胡适概括出桐城派的古文得到了最广泛运用的三个领域:一,时务策论;二,学术著作的翻译;三,小说的翻译。三个领域的代表分别是:王韬、梁启超、章士钊的报馆文章;严复翻译的学术著作;林纾翻译的小说。在这三个领域的运用当中,文言都暴露出它们不能适

---

[1]　胡适:《中国新文学运动小史》,载《胡适文集》(第一卷),北京:北京大学出版社,1998:106-139。

应急剧的社会变化的缺陷。根据在这些应用领域里的失败,胡适给文言判了死刑。

这几个领域深究起来都与翻译紧密相关。严复、林纾的例子当然与翻译直接有关,而梁启超的"新文体"和章士钊的"甲寅文体"本质上也是翻译体,是文言借着翻译冲动改良出来的产品(参见 3.2.3)。胡适认为,三个领域中最失败的是严复翻译的学术著作,其论据很简单,就是能看懂的人很少。其次是林纾用古文翻译的小说。林纾用的是借着翻译改良之后的桐城古文。翻译中没有用典的必要,加上林纾的译文用圈点断句,这些都降低了古文的难度,所以林译小说还有广泛的读者群,每部都能平均销售几百本。古文小说翻译还有后继者周氏兄弟,可是他们没有林纾那么幸运。1909 年,用古文翻译的《域外小说集》刊行的时候,销量少得惊人。按照胡适的说法,十年只卖出了二十一册。按照周作人的说法,《域外小说集》共出了两册,半年内,第一册在东京寄售处只卖出了二十一本,第二册卖了二十本,而第一册多卖一本,是因为同一个读者购买了两本①。周氏兄弟原本有一个宏伟的译介计划,打算用第一册第二册挣到的钱去印第三册第四册,直到第 N 册,以便能够比较全面地介绍各国的著作。因为销量不佳,已经印好的第三册只能堆在上海寄售处,后来在一场火灾里化为灰烬。胡适认为,鲁迅的古文功底深厚,销量极小正是古文小说气数已尽的最有力的证据。

胡适也用白话文翻译的短篇小说与《域外小说集》在销量上形成了鲜明的对照。《短篇小说第一集》于 1919 年刊行,该书收集了胡适 8 年内翻译的在各报刊上陆续发表过的短篇小说 10 部②。其中有 3 篇是全文用浅近的文言翻译的,有 3 篇是白话翻译,文言作序。末尾 4 篇从序言到正文全用白话。从 1919 年到 1940 年该书印行了 21 版③,"可算

---

① 参见周作人:《域外小说集序》,载鲁迅《译文序跋集》,北京:人民文学出版社,2006:14 - 17。胡适在《中国新文学运动小史》中的说法是十年只卖出了二十一本。
② 后来再版时变成 11 篇。
③ 胡适译:《短篇小说第一集》,上海:亚东图书馆,1919。

是近年文学书之中流传最广的"。这使胡适大受鼓舞。一部翻译小说集如此畅销,原因其实很复杂,但是胡适得到的教训出人意料地简单:只在于译文用的是白话还是古文。这种说法排除了原作的声望、译文的主题、译者的社会名望、广告推广、译文的忠实度等各种因素的综合影响。

1933年推出《短篇小说第二集》时,胡适在序言里说:"翻译外国文学的第一个条件是要使它化成明白流畅的本国文字。[……]文学书是供人欣赏娱乐的,教训与宣传都是第二义,决没有叫人读不懂看不下去的文学书而能收教训与宣传的功效的。"①这样的论述不禁让人感觉胡适文学观念的褊狭。文学水平的高低本不该以语言的难易来衡量。但是不论胡适怎样措辞,他想引向的结论是:"这个故事使我们明白,用古文译小说,也是一样劳而无功的死路,因为能读古文小说的人实在太少了。至于古文不能翻译外国近代文学的复杂文句和细致描写,这是能读外国原书的人都知道的,更不用说了。"②

梁启超的新文体是古文的大解放,严格地说已经不是古文了。而对于古文的最后一个坚守者章士钊,胡适评价,他的古文和严复译书的文字很相像,章士钊是用古文在说外国话。对于章士钊用古文写出的说理文章,胡适简单地概括了它的弊病,这种古文"不可猝解"。总而言之,胡适想要证明的是,在之前二三十年中,古文家用古文来译学术书、译小说、说理论政,种种努力全都是失败的。胡适总结说,"他们的失败,总而言之,都在于难懂难学"③。

以古文难懂难学作为唯一的论据,就此断言文言已死,断言古文的应用失败,犹如仅从作品销量去判断作品的好坏,这种论断不免有些匆忙和草率。但是胡适对文言危机的体察是不错的。文言正是在"翻译"中暴露出危机的。从闭关锁国到被迫开放门户,从甲午到民国,社会急

---

① 胡适:《译者自序》,载《胡适译短篇小说》,长沙:岳麓书社,1987:1-4,引自第3-4页。
② 胡适:《中国新文学运动小史》,载《胡适文集》(第一卷),北京:北京大学出版社,1998:109。
③ 胡适:《中国新文学运动小史》,载《胡适文集》(第一卷),北京:北京大学出版社,1998:110。

剧变化。甲午战败、戊戌变法的失败重创了国力和民族自恋,清廷的政治统治等一切的上层建筑都在风雨飘摇中。而另一方面,外国的"异"不断地随着传教士、西书、日益发达的报业、日渐增多的翻译文学等涌进国门,国内的人不停地走出去,从林鍼、黄遵宪等少数人的海外经历,到一大群青年人留学西洋、东洋,国人与"异"的接触区一步步扩大。"时代变的太快了,新的事物太多了,新的知识太复杂了,新的思想太广博了"[1],在文化移情的作用之下,翻译冲动不断地发起进攻,革命人士要求"翻译"西方的政体、经济制度、道德伦理、文学,"翻译"一切的呼声越来越高。旧的秩序,作为超我,是翻译冲动的压迫者,它与翻译冲动之间必定有一场殊死的较量。

胡适咬定,"那种简单的古文体,无论怎样变化,终不能应付这个新时代的要求,终于失败了"[2]。面对着膨胀的翻译冲动,晚清的诗界革命者们曾经要求以旧风格容纳新意境,力图让新的能指与旧风格相互妥协。而胡适则要秉承辛亥革命打倒权威的精神,彻底打碎旧风格。1917年,他提出文学改良需从八事入手:一,须言之有物;二,不模仿古人;三,须讲求文法;四,不作无病之呻吟;五,务去滥调套语;六,不用典;七,不讲对仗;八,不避俗字俗语[3]。借用白话,彻底清除用典、仿古、对仗等旧文学中文学性所依附的多种技巧,同时也去除了旧文学为"翻译"设置的各种形式障碍。

从文言到白话的转变,不仅仅是文字工具的变化,也是压抑者的回归(the return of the repressed)。在这一点上,他与黄遵宪等利用边缘话语改良诗歌有些相似。所不同的是,胡适是将白话这种边缘的文学变体放到规范(norm)的位置上,并彻底扫荡文言的生存空间。他要大

---

[1] 胡适:《中国新文学运动小史》,载《胡适文集》(第一卷),北京:北京大学出版社,1998:108。
[2] 胡适:《中国新文学运动小史》,载《胡适文集》(第一卷),北京:北京大学出版社,1998:108。
[3] 参见胡适:《文学改良刍议》,载赵家璧主编《中国新文学大系 建设理论集》,上海:上海良友图书印刷公司,1935:34-43。

家戴上"新的眼镜"①,去发现历史上一直被忽略的白话的价值,认白话为正宗,而并非古文、律诗、古诗,"推翻向来的正统,重新建立中国文学史上的正统"②,并且"把'白话文学'正名为'国语文学'"③,减少人们对"俗语""俚语"的偏见,抬高白话的地位。

胡适的文学革命使翻译冲动摆脱了旧形式、旧风格的压抑,但是白话在"翻译"时,与文言相比是否更胜一筹,并且在面对"异"时,已经具备单打独斗的能力?白话解决了新意境与旧风格的冲突的问题,但是白话文作为文学语言,同样面临着能指不足的问题,甚至有可能比文言更严重。胡适说,白话文成就了中国历史上很多优秀的文学作品,他对白话作为未来唯一的文学工具充满信心。但是白话在古代是人们说话用的"言",还不是用于文学创作的"文",所谓白话文是要按照说话的方式来写文章。至于白话文怎么写,民初很多知识分子都还搞不清。使用白话文的出发点似乎是用它来解决"翻译"问题,但是在民初的实际操作中,我们看到的是相反的情形,白话文也需要借助翻译解决自身的问题。

古文再接着变化下去,有没有可能找到新的出路?假如当年没有这场白话文运动,现在的汉语将是怎样的面貌?站在21世纪思考这个问题,我们已经无从知道答案。但是,历史告诉我们,虽然胡适等人并没有耐心地等待古文自身的变革,等到古文真正地寿终正寝,但是当年确有学者认真探索过让古文获得新生的道路。

3.2.3 章士钊:音译、欧化与古文的还魂术

章士钊坚持用古文写作、译书,被胡适斥之为"学习严复译书","用

---

① 胡适:《中国新文学运动小史》,载《胡适文集》(第一卷),北京:北京大学出版社,1998:128。
② 胡适:《中国新文学运动小史》,载《胡适文集》(第一卷),北京:北京大学出版社,1998:126。
③ 胡适:《中国新文学运动小史》,载《胡适文集》(第一卷),北京:北京大学出版社,1998:131。

古文说外国话",并且被当作古文在政论文应用中失败的典型。此后,在五四的舆论声浪中,严复的古文变成了"桐城妖孽"和"选学谬种",林纾的翻译被称为"歪译",章士钊的《甲寅杂志》则孤立在一片白话的报纸杂志中,成了文言最顽固的堡垒,以及鲁迅等进步文人文字炮轰的对象。严、林、章成了旧秩序的象征符号,连同文言一起成了革命声讨的对象。

陈福康在《中国译学史稿》中提到章士钊时,说:

> 章士钊是我国近代史上一位经历极为复杂的著名政治家和大学者,现在人们对他的研究还相当不充分;他在清末民初对译学理论也作出过特殊的贡献,也是人们所不了解,或者了解得很不全面的。
>
> [……]
>
> 章氏在译论方面的主要贡献,是在本世纪初年就国外新的学术词汇的正确译名问题发表了详尽的见解,并主持了热烈的讨论。①

但是,章士钊的贡献并不限于在技术层面上详尽地阐述译名的问题。首先,章士钊是个积极的文体改革者,如同新文化运动以后白话文通过欧化发展自己,章士钊开启了古文欧化的先河。其次,章士钊看重学术名词(主要是逻辑学术语)的音译,这与主张放弃汉字符号、专译声音的晚清官话运动,以及民初的汉字罗马化运动暗相衔接。这两点,使他跻身清末民初语言规范改革者的行列,而他对译论的贡献确实有被严重低估之嫌。

章士钊本身就是一名经验丰富的译者。章士钊前期摘译日本宫崎滔天的《三十三年之梦》②,译作标题为《大革命家孙中山》。后办反清

---

① 陈福康:《中国译学理论史稿》,上海:上海外语教育出版社,2000:172-173。
② 又译作《三十三年落花梦》。

的《苏报》，因为长期担任《苏报》《甲寅》等报纸杂志的主笔，他经常写世界新闻稿件，介绍翻译西方的自由、三权分立、政党、内阁、货币制度等。他曾逃亡日本，也曾多次游学于英国，学习西方政治经济学和逻辑学，回国传播逻辑学。20世纪20年代末，他从德语翻译了精神分析学的著作，《情为语变之原论》[①]和《茀罗乙德叙传》[②]，思想活跃且开放。

在译名的问题上，章士钊对严复的方法提出了极大的异议。1910年，他详尽地分析和批判了严复翻译的逻辑学术语[③]。严复认为，要翻译术语，需要先通西文，谙熟了西文科学术语之后，就可以对旧词加以厘定，加工而成新的中文术语。而章士钊认为，严复本人既精通英文，又精通西方科学，可是即便有"用力之勤，制思之密"，"于吾旧文中，殊未易施此厘定之法"。他认为，严复译名的问题，一方面在于他总是在现成的能指中寻找对等语，从逻辑学的视角出发，"欲于国文中觅取一二字，与原文意之范围同其广狭"的理想，"乃属不可能之事"。在这一点上，他与黄遵宪看法一致。其次，他认为，严复用"以义译名"的方法，从逻辑学上说，这是解释，不是译名。

比如，严复用"名学"翻译"逻辑"（logic）。"名"只能包括亚里士多德所说的逻辑，不能包含培根之后的逻辑。用"爱智"翻译哲学，这也只是符合哲学最初的定义，而其定义变迁已经不止十次。用"一时一己之界说"来翻译术语，会给将来做新界说设置无穷障碍，对学术发展有害。此外"爱智"是动词结构，用作术语名亦不当。而用"连珠"来翻译syllogism，用"故"翻译therefore，都是用旧文中的说法附会外国术语，"连珠"其实跟analogy更加接近。严复不取日文翻译中的"三段式"，是因为严复内心鄙贱东学，没有明察日译的用意。fallacy已经有现成的译法"谬误"，严复另辟蹊径用"窨词"翻译fallacy，容易造成术语混乱。用"调换词头"翻译conversion，则是犯了制名不简洁的毛病。章

---

① 参见师辟伯：《情为语变之原论》，章士钊译，上海：商务印书馆，1930。
② 参见茀罗乙德：《茀罗乙德叙传》，章士钊译，上海：商务印书馆，1930。
③ 参见章士钊：《论翻译名义》，载《章士钊全集》（第一卷），上海：文汇出版社，2000：448-454。

士钊还收集了报纸中严译术语被混用的例子,说明"以义译名"一大弊病是容易产生"歧义""矛盾义"。

概括起来,以义译名,往往是在翻译定义,并非翻译原术语。而在译文中拟定新术语,以一时一己的界定作为翻译,很难囊括术语定义历时的变迁,只会为未来概念定义的更新设置障碍。此外,译义还经常存在铸词不当,产生歧义、矛盾义等问题,有害学术发展。作为解决方案,章士钊主张尽可能地"以音译名",即音译术语:

> 以音译名,乃如 Logic 直译作逻辑,Syllogism 作司洛辑沁,Philosophy 作斐洛索非之类。吾国字体,与西方迥殊,无法采用他国文字,以音译名,即所以补此短也[……]故愚以为自非译音万不可通,而义译又予吾以艰窘,吾即当诉之此法,如 Public International Law,以音译之,为字当至十一,且本名亦无甚深义,无取乎音译。至 Logic 则吾宁诉之于此,而曰逻辑也。吾观严氏好立新义,而有时亦不得不乞灵于其音[……]今之妄议,实欲以狂悖诱其启发①。

简而言之,意思浅易或字数过多的概念可以译义,难译的可以考虑译音。严复的翻译以翻译定义代替翻译术语,容易造成学术的混乱。章士钊认为译音除了"生硬不可读"之外没有害处,佛经名义不滥,且用词庄严,译音是一大保障,如"涅槃""般若"等词,习惯会成自然,难读的问题即可解决。章士钊的这种"妄议",其实就是一个全盘翻译(to translate everything)的愿望,是要将术语从音到义,到意义的演变一网打尽,完整地翻译、移植到母语当中。

这与新文化运动时,在文本中直写外文,以及汉语拉丁化的主张,实质上已经非常接近。它继承了晚清切音字运动者的译音的梦想(详

---

① 章士钊:《论翻译名义》,载《章士钊全集》(第一卷),上海:文汇出版社,2000:453-454。

第三章 翻译冲动与清末民初的语言运动

见 3.3.1），又解释了赵元任等后继者在译音方面的执著努力。赵元任等人的译音努力很快就被国语罗马化运动取代。从时间上看，章士钊的音译，正处在晚清和民国这两次语言运动的中间，如果放在清末民初译者译音梦想流变的长河中去看，就能看出它是翻译冲动的一次闪现。

与这些语言运动者相比，章士钊亦有保守性，这体现在他没有突破汉字的疆界。译音还是要用汉字去记录发音，这在他看来，是一条永远不可以突破的防线，是一道禁令。可是，即便保守，对于当时另一批人来说，他坚决推崇音译的做法已经是相当新潮。章士钊的"妄议"发表以后，在社会上激起了很大的反响，不断地有读者给报社写信，与章士钊商榷，讨论逻辑术语的翻译[1]，以及日常生活中的译名问题，比如，包括民国改成阳历纪年后"月""日"的译名问题[2]。

在文体改革方面，章士钊同样是既新潮又保守。胡适要变白话为正统，他却视白话为禁区，一辈子坚持文言。但是，在古文欧化方面，他遥遥领先。他的法宝则是英文语法！

1906 年，章士钊在日本下田氏实践女学校讲授国文科。他用姚鼐编写的《古文词类纂》做古文教学的素材，在讲授时借用英文语法来诠释古文规律。次年，他根据教学实践，编著了一本古文语法书《中等国文典》，介绍字、词、句、词性、格[3]。书中例句均引自古文经典书目，"未敢自行撰句，以滋人疑"[4]，并编写了大量练习。可以说，这是英文语法与中国桐城古文的奇异结合。

这本书的目的并不在于推进汉语语法研究，而是出于汉语教学的

---

[1] 参见章士钊：《释逻辑——答马君育鹏、张君树立》，载《章士钊全集》（第二卷），上海：文汇出版社，2000：210 - 211；章士钊：《论译名——答张君礼轩》，载《章士钊全集》（第二卷），上海：文汇出版社，2000：302 - 304；章士钊：《论译名：答李禄骥、张景芬两君》，载《章士钊全集》（第二卷），上海：文汇出版社，2000：541。

[2] 参见章士钊：《论月日定名——答秦君婴盫》，载《章士钊全集》（第二卷），上海：文汇出版社，2000：292 - 294。

[3] 参见章士钊：《中等国文典》，载《章士钊全集》（第一卷），上海：文汇出版社，2000：180 - 356。

[4] 章士钊：《中等国文典》，载《章士钊全集》（第一卷），上海：文汇出版社，2000：181。

实用性目的。在吟诵教学传统难以为继的情况下，章士钊借鉴外语教学法，对汉语教学法进行了创新。学生不再需要依赖大量吟诵积累语感，靠语法规则演绎，可以触类旁通。新的教学法明显提高了语言学习的效率，在章士钊的课堂上，只是几个月时间，学生为文就已"斐然可观"了。

有了成文的语法，古文文法从无意识的感受体验，变成了可以言说、可以复制、不断生成新句子的利器。语言学家让·勒赛克勒（Jean Lecercle）认为，语法对语言的非标准用法起着压抑的作用，被语法排斥的用法称为"残余"，语法与"残余"的关系，就像人的意识与无意识[1]。可是，所谓的古文文法，并非真正地从古文中归纳出来的语法，而是和更早一点出版的《马氏文通》一样，是对英文语法的附会[2]。这种语法不可能完全正确地描述语言规律，它是借用英文文法对古文做出的粗疏的描绘，且有削足适履之弊。

比如，在指出古文中的接续词"虽"字的用法时，章士钊从古文经典中找出相应的句子，用四个例句说明"虽"经常和"犹""亦""必""况"搭配使用，又用四个例句说明"犹""亦""必""况"有时也被略去不用[3]。但是该书并没有对"虽"之后句子的长度做出描述和规定。这种描述性和规定性都不足的语法反而打开了古文的可能性，弊端反倒成了长处。在不知不觉中，它以一套新的有意识的英文的规范替代了旧的无意识的古文的规范，使古文中旧的能指能够按照外来的法则，以新的方式"合法"地组合，在词、句的组合方式和长度上都获得了更多的可能性。在当时，这套古文语法，不仅没有压抑语言，反而成了创新的法宝，给古文带来活力，它有可能让使用者不知不觉中生产出与英文神肖的古文。

---

[1] 参见 Jean-Jacques Lecercle, *The Violence of Language* (London: Routledge, 1990).

[2] 王力曾指出过章士钊的附会之处。参见王力：《中国文法学初探》，载《王力文集》（第三卷），济南：山东教育出版社，1985：89-154。王力在 97 页注脚里指出章士钊在《中等国文典》中对英文语法的勉强比附。

[3] 章士钊：《中等国文典》，载《章士钊全集》（第一卷），上海：文汇出版社，2000：337。

第三章　翻译冲动与清末民初的语言运动

章士钊的学生使用这些语法之后,写作效果如何,我们不得而知,但是章士钊自己成功地写出了欧化的古文。

章士钊的新闻写作和翻译里尽是混杂了英语句法的古文。有趣的是,这些句子虽然与姚鼐的句子风格完全不同,却不违背《中国国文典》中的古文语法。比如,1904年,汪叔贤、张东荪曾指责章士钊对行政法理解不当,章士钊在《甲寅杂志》第一卷第三号《行政法》做出回应①。他特意译出张东荪引用的一段英文:

> The ... most despotic characteristic of droit administerar if lies in its tendency to protect from the supervision or control of the ordinary law Courts any servant of the State who is guilty of an act, however illegal, whilst acting in bona fide obedience to the orders of his superiors and, as far as intention goes, in the mere discharge of his official duties.②

因为是在杂志上公开论战,章士钊对这一段的翻译尤其谨严。译文如下:

> 凡官吏有罪,无论其违法之度何似,惟若所为,诚奉上官命令,且推求其意,实在尽职,则此种官吏,自有护符,不受普通法庭之检举裁判,行政法之趋势,最含有专制性者此也。③

译文的风格已经与传统的古文有着很大的差距,大量地使用复合词、连接词、包孕句,句子信息量大,句子长,但层次不乱,条理清晰。与原文比读,译文信息准确,表达到位。章士钊论说文中也是随处可见这

---

① 章士钊:《行政法》,载《章士钊全集》(第三卷),上海:文汇出版社,2000:213-222。
② 章士钊:《行政法》,载《章士钊全集》(第三卷),上海:文汇出版社,2000:216。
③ 章士钊:《行政法》,载《章士钊全集》(第三卷),上海:文汇出版社,2000:218。

种欧化的文字。比如他于1915年在《甲寅杂志》上批评辜鸿铭著作The Spirit of Chinese People 当中反民主的言论时，写道：

> 为今一计，欧人惟有毁坏一切宪法，取法于吾中国，奉孔子服从之教为神圣，将自由之大宪章，改为效忠之大宪章，为之民者，一任君若相之所为，政之良恶不论，决不以言论行为，出而干与，则其国可治，而和平可期。是何邪说？而令欧人闻之。①

句子中同样密布着双语词汇、外来词汇，"则"之前构造出一个包含着多重复杂关系的超长条件句，而"惟有毁坏一切宪法，取法于吾中国，奉孔子服从之教为神圣，将自由之大宪章，改为效忠之大宪章"只需稍改几个字，就能变成今日的白话。欧化的词法、句法，加上章士钊注重在论说中运用西方的逻辑论证，这几点已使章士钊的文字与古文风格迥异，这种风格被称为"甲寅文体"，十分方便谈论新事物，进行谨严的论说。

对于甲寅文体，罗家伦有一段评论：

> 政论的文章，到那个时候，趋于最完备的境界。即以文体而论，则其论调既无"华夷文学"之自大心，又无"策士文学"的浮泛气，而且文字组织上，又无形受了西洋文法的影响，所以格外觉得精密。②

在1905—1915年政论文章最发达的时期，甲寅文体弥补了梁启超"笔锋常带感情"的文字在论理方面的不足，变成罗家伦所说的"逻辑文

---

① 章士钊：《说宪》，载《章士钊全集》（第三卷），上海：文汇出版社，2000：518-524，引自第521页。
② 参见罗家伦：《近代中国文学思想之变迁》，《新潮》（第二卷第五号），1920：863-888，引自第873页。

学","向着精密朴茂的方向"发展①。而语法的欧化、加强语言的逻辑性也是之后白话文建设的途径。章士钊的做法在胡适等人的眼中虽为过时保守,但是从翻译冲动的角度来看,古文的欧化与白话文的欧化都是移情的表现,都是在给"翻译"开路。它使古文更有弹性,更能灵活地承载"异",以此激活它古老的生命,它给白话文带来的则是从零开始的建设(参见 3.4)。

所不幸的是,这种古文改革运动,在胡适等发动的声势浩大的白话文运动中腰斩,古文再生的一线生机被断送。而章士钊主张的音译虽然视汉字为不可逾越的雷池,却是即将到来的废除汉字运动的先兆。

---

① 参见罗家伦:《近代中国文学思想之变迁》,《新潮》(第二卷第五号),1920:863-888,引自第873页。

3.3 语言运动二:废除汉字

废除汉字与废除文言一样疯狂,甚至更加疯狂。因为汉字不仅是中国古今文化的载体,它还带有更加强烈的民族身份的意味。可是就在民初,在胡适等将革命的大刀指向文言的前后,世界语运动者和国语运动者两支革命军将大刀指向了汉字。废除汉字的最早的一声呐喊,可能来自清末曾经与梁启超一起写"新诗"的谭嗣同。

谭嗣同在《仁学》(作于1896—1897年)中明确提出"尽改象形字为谐声":

> ……故言佛教,则地球之教,可合而为一。由合一之说推之,西人深赞中国井田之法……故尽改民主以行井田之法,则地球之政,可合而为一。又其不易合一之故:由语言文字,万有不齐,越国即不相通,愚贱尤难遍晓;更若中国之象形字,尤为之梗也。故尽改象形字为谐声,各用土语,互译其意,朝授而夕解,彼作而此述,则地球之学,可合而为一。①

刘进才认为,谭嗣同是从"言文合一的角度提出尽改西方拼音文字"②。但是从这段话的原出处,即以上引文来看,谭嗣同此处在言文合一之外,还有一个更高的目标,即打破国家、语言的界限,将地球之学合而为一,这与康有为的大同精神相符;在实践方案上,则是舍弃中国象形文字,以便与西方接轨,更加便利地双向互译。而对于国运衰弱的

---

① 参见谭嗣同:《仁学》,载《谭嗣同全集》(下册),北京:中华书局,1981:289-374,引自第352页。
② 刘进才:《语言运动与中国现代文学》,北京:中华书局,2007:42。

第三章　翻译冲动与清末民初的语言运动

清帝国来说,迫在眉睫的是翻译西方。汉字阻碍了翻译西方的冲动,所以要除之而后快。

刘师培1903年提出汉字的五大弊端:一,字形变迁,而旧义不可考;二,一字数义,而丐词生;三,假借多,而本义失;四,数字一义;五,点画之繁①。他认为,因为这五点,汉字难学难认,中国识字率低。但是看出汉字的弊端并不等于主张废除汉字。刘师培赞成汉字改良,比如,他批评严复翻译中保守的文化态度,主张使用俗语、造新字,来克服现有的弊端,这与黄遵宪给严复的信中表达的观点一致,且写作时间接近。与谭嗣同不同,他明确反对改汉字为拼音文字,认为字形是汉字的精髓,"中土之文,以形为纲,察其偏旁,而往古民群之状况,昭然毕呈"②,因此,汉字的字形对于社会学研究具有重要的佐证意义。他的另一条论据是,在汉译外国人名、地名时,汉字正是借助偏旁部首来区分同音字。若改汉字为拼音文字,舍弃汉字字形,就无法避免数字一音、意义含混的问题。

刘师培不但坚决反对废除汉字,而且还主张将汉字翻译成世界语,作为国粹发扬光大:

> 今欲扩中土文字之用,莫若取《说文》一书,译以Esperanto(即中国人所谓世界语)之文。其译述之例,则首列篆文之形,或并列古文籀文二体,切以Esperanto之音,拟以Esperanto相当之义,并用彼之文详加解释,使世界人民均克援中土篆籀之文,穷其造字之形义,以考社会之起源。此亦世界学术进步之一端也。世有抱阐发国光之志者,尚其从事于兹乎!③

---

① 参见刘师培:《中国文字流弊论》,载《刘师培辛亥前文选》,上海:中西书局,2012:154-157;作于1903年。
② 刘师培:《论中土文字有益于世界》,载《刘师培辛亥革命前文选》,上海:中西书局,2012:398。
③ 参见刘师培:《论中土文字有益于世界》,载《刘师培辛亥革命前文选》,上海:中西书局,2012:398-400,引自第400页。引用中的注释为原文所有。原载《国粹学报》第四十六期,1908年10月14日(光绪三十四年九月二十日)出版。

刘师培从西方社会学的研究中重新发现了汉字的价值,这对保守力量来说无疑是一个极其振奋人心的消息。因为在清末,19世纪末的最后十年里,民间有一批官话字母运动者在尝试拼音文字,兴起之时先于谭嗣同1896年的《仁学》。他们已经构成了一股威胁汉字的势力。他们虽然并不要求废除汉字,但是,他们的文字方案与中华人民共和国成立后的汉语拼音性质显著不同。那是一种可以脱离汉字单独使用的文字方案,所以胡适称之为音标文字运动。

3.3.1 清末仓颉的音标文字与巴别塔之梦

清末音标文字运动的活动家们,几乎都是经常与"异"打交道的人:

有厦门的基督教徒卢戆章,他曾于新加坡专攻英文,二十五岁回国后参与教会《华英字典》的翻译。他从厦门话教会罗马字中获得灵感,制作切音字。1892年,他在厦门出版《一目了然初阶》,所使用的字母形体包括拉丁字母的大小写、希腊字母以及自创的拉丁字母变体,实行词素连写,词间分开。1893年,出版《新字初阶》。

有在同文馆读书,后作为参赞出使美国、秘鲁、日本,在华盛顿生活过四年的蔡锡勇。他根据美国政治集会上的速记术,拟制汉语拼音方案。1896年,他在武昌出版《传音快字》。

有在上海梵皇渡书院精通英文的医科学生沈学。他用五年时间用英文写成 *Universal System*(《盛世元音》),采用速记符号作字母,并计划将汉字与打字机、电报等新技术对接。《盛世元音》有梁启超为其作序。1899年,其中文译本《拼音新字》在上海出版。

有在戊戌政变后逃亡日本,受日本假名文字启发,考虑拟订中国假名式切音方案的王照。1900年,王照秘密回国,借鉴清朝李光地《音韵阐微》的合声方法,制造出官话字母,以汉字偏旁作为字母,在天津出版《官话合声字母》,主张以官话统一全国的语言。1901年,《官话合声字母》又在东京出版。1902年,吴汝纶出访日本,看到此书,赞成切音字,并开始主张语言统一。

第三章 翻译冲动与清末民初的语言运动

一言以蔽之,晚清与"异"的接触,给一些思想活跃的知识分子带来了精神养料,他们学会了从与"异"的比较中反观自身。他们比较母语与他者文字(主要是西洋文字、日语假名),反观汉语的不足。而对于"异"的移情、向往,构成了师"异"长技以制"异"的心理动力。他们将西洋的字母、速写符号、东洋的假名统统搬运过来作为新文字的材料。除了希望通过使用这些简易文字普及教育,引进打字机、电报等新技术,与世界接轨,他们中有人还隐藏着更大的仓颉式的梦想。他们要制造出以准确记录声音为特色的新文字,记录方言的声音、外语的声音,制造出一种网罗各种声音能指的新文字。

他们认为,西方从格致之学到语言文字都是最好的,所以要全面学习西方,包括学习文字。有了西方先进的文字,就能实现富强梦。对于他者的移情,他们总是溢于言表。

比如,卢戆章说,改用简易的文字可以节省学习的时间,"将此光阴专攻于算学、格致、化学以及种种之实学,何患国之不富强也哉?当今普天之下,除中国而外,其余大概皆用二三十个字母为切音字……日本向亦用中国字,近有特识之士,以四十七个字简易之画,为切音之字母,故其文教大兴"。[①]

沈学将欧美乃至后来日本等国富强的原因归结为使用切音字[②],他说:"今之英法俄德,昔日之野人也。天使野人得罗马文化,罗马一统,天下音以罗马字母之。今有新字于此,用可同文,亦将以中华为罗马乎?"[③]

刘孟扬亦将中国的落后归结为文字的差异:"……所以不能尽识者,以其非音标字耳。中国人读书之难,进化之迟,盖由于此。"[④]

文字改革的主张,于是与晚清的富强梦紧密联系在一起。对汉字

---

① 参见卢戆章:《一目了然初阶》,北京:文字改革出版社,1956:3-4。
② 参见沈学:《盛世元音》,北京:文字改革出版社,1956:5。沈学在此处论述了切音文字与国力强盛的关系。
③ 沈学:《盛世元音》,北京:文字改革出版社,1956:16。标点为本书添加。
④ 参见刘孟扬:《弁言》,载《中国音标字书》,北京:文字改革出版社,1957:1-4,引自第1页,标点为本书添加。

的不满往往与对官员只懂舞文没有实学、对八股考试制度不满等各种对现实的批判混合在一起。推广切音字最低目标是制作与汉字并行、专供下层大众使用的文字。它们是采用拉丁字母、汉字笔画、速记符号组成的切音新字或者是简字，既可以为汉字注音，也可以代替汉字单独使用，提高识字率，普及教育。最高目标是与世界文明一体化，不落后于世界，最终自强于世界，使中国人无师自通识汉文、著书立说、翻译古今中外，"成为自古以来一大文明之国矣。切音字乌可不举行，以自异于万国也哉？"①

但是，这些改革者往往谨小慎微，反复地强调和澄清自己毫无废除汉字的动机，犹如惊弓之鸟。

1900年，王照在《官话合声字母》中提醒读者，"有力读书有暇读书者，仍以十年读汉文书为佳，勿因有此捷法而轻视汉文。汉文及俗话互有长短，不特吾国。旧书终古不能废。以后翻译西书，用汉文俗话并行，互相辅助，为益更多。若令人厌故喜新，非我同人之志"②。但是，说话人似乎又不甘如此自贬。王照暗示，俗话（即切音字）在初阶教育、翻译中使用，功效优于汉字可能令人喜新厌旧。

1907年，劳乃宣出版的《简字丛录》中收录"推行简字非废汉字说"③。

1908年，借用英文字母作音标字书的刘孟扬，在《中国音标字书》弁言开篇第一句就写道："或问于予，曰：子撰音标字将欲废固有之文字而不用乎？曰：否。固有之字何可以废也？"④

但是，从他们对自己的文字优越性的夸耀当中，以及对汉字弊端的

---

① 参见卢戆章：《中国第一快切音新字原序》，载《一目了然初阶》，北京：文字改革出版社，1956：1-8，引自第6页。
② 引自王照：《官话合声字母》，北京：文字改革出版社，1957：18。标点为本书添加。
③ 参见劳乃宣：《简字丛录》，载《简字谱录》，北京：文字改革出版社，1957：163-260，引自第223页。该版本是《增订合声简字谱》《重订合声简字谱》《简字丛录》《京音简字述略》《简字全谱》五本的合订本。
④ 刘孟扬：《中国音标字书》，北京：文字改革出版社，1957：1。原文无标点。

批判当中，又可以看出他们内心的矛盾，这使不废弃汉字的立场显得口是心非。他们公开的请求是希望新字能与汉字并行，能补汉字之不足，但新字的字形始终是敏感问题。拉丁字母、假名等都是外国符号，会遭到民族主义情结的抵触，甚至是官方意识的抵触。改革者的自我审查因此从未停息过，他们意见分裂，甚至相互攻击。制作拼写温州话新字瓯文的陈虬，在演讲中以不赞成的语气，将沈学与卢戆章、蔡锡勇三家归为一类，认为他们都是"效洋人的法子"①。卢戆章在1905年和1906年将《中国切音新字》方案呈交外交部时，将1892年的拉丁字母切音字方案改成了汉字笔画式新字，自动避免与官方保守的意识形态发生冲突②。沈学猛烈抨击汉字之弊，新字主张创造便于翻译，但也不得不申明，绝不能让国人尽学西文，否则西文的便利性会使汉人尽弃汉文，会导致国音、汉文从此消失，如同历史上的埃及、巴西、印度、日本，会导致千古之精英尽失。

没有官方的支持，这些方案很难得到广泛推行。于是，这些文字改革家，用十几年的光阴，穷其余生，不断地修改方案，甚至上书朝廷，请求批准，希望获得合法性以及官方力量的支持。但是除了卢戆章获得外交部批示，劳乃宣为慈禧召见，多数上书无果，书籍销量有限，只能靠民间力量推行。加上方言阻隔，为一种方言设计的拼音文字方案不可以直接运用到另一种方言中，推行难上加难。改革者尽管全心全意，却逃不了孤独者的命运。沈学最后沦落成乞丐，而王照始终生活在政治犯的阴影当中。

清末的文字改革是废除汉字运动的前奏。它为民初废除汉字的提议做出了舆论和实践上的准备，并且将人们关注的重点从至尊的

---

① 有关清末拼音文字的历史，参见倪海曙：《清末汉语拼音运动编年史》，上海：上海人民出版社，1959，引自第108页。
② 参见卢戆章：《北京切音教科书》，北京：文字改革出版社，1957；卢戆章：《中国字母北京切音合订》，北京：文字改革出版社，1957。最初出版时间均为1906年，均使用汉字笔画式切音方案。

书写符号突然转向语音。胡适说,文学革命的历史背景中有不相关的两幕:

> 一幕是士大夫阶级努力想用古文来应付一个新时代的需要,一幕是士大夫之中的明白人想创造一种拼音文字来教育那些"芸芸亿兆"的老百姓。①

从翻译冲动的角度来看,这却是完全相关的两幕。一幕是严复、章士钊等人通过用古文翻译西书,不断地改良母语,另一幕是王照、沈学等民间的语言学家(未必属于胡适所说的士大夫阶层)通过翻译方言、外语来制造一种音标文字。这两幕的共通之处在于,它们都是在增添新的能指,以解决翻译过程中遇到的不可译的问题。不同之处在于它们使用的符号。章士钊等人用于记录新能指的是旧符号:汉字。即便使用音译,也是用汉字去记录语音。音标文字运动者使用的是"异"样的符号,是用从他者文化里搬运过来、经过改造的文字符号,他们要翻译的是方言、外语中的声音,这些语音都受到当时的书写文字的压抑。

索绪尔在《普通语言学教程》中指出:

> 当语言和拼写之间出现任何差异时,这种矛盾对于非语言学家总是很难解决。语言学家的声音经常被忽视,所以书写形式几乎总是得胜,因为根据书写解决问题总是容易一些。于是书写就获得了它本来无权获得的权威。②

清末的语言学家们直觉到语音与文字的紧张关系,即通常所说的

---

① 胡适:《中国新文学运动小史》,载《胡适文集》(第一卷),北京:北京大学出版社,1998:119。
② 参见 F. de Saussure, *Course in General Linguistics* (Beijing: Foreign Language Teaching and Research Press, 2001),引自第 26 页。

言文不一致，并致力于解决这种矛盾。他们不敢提出打倒汉字的权威，于是要在保存汉字的基础上，另立一套表音文字符号，首先用来翻译受"书同文"压抑的众多方言，因为方言是老百姓日常生活中实际使用的语言。当时只有全国统一的文字，却没有全国统一的语言。除了翻译方言，表音文字的设立也是在为翻译外文做好预备。在他们看来，汉字重形，表音功能不足，无论是用来翻译方言，还是音译外语，都不如他们理想中的音标文字。

音标文字运动从翻译方言开始，这是受到传教士的启发。传教士给一些没有文字的地方发明了记录方言的拼音文字，简单易学，文盲都能够很快掌握。但是，除了个别地方的土音有教会制定罗马字母记录，绝大多数方言没有专门的文字记录。清末的语音文字运动者就从这里入手。

卢戆章记录的是厦、漳、泉的土音，王炳耀的《拼音字谱》记录的是粤东话，朱文熊的《江苏新字母》记录的是苏州话，陈虬的《新字瓯文七音铎》记录的是温州话，这些切音方案一旦走出方言区域，推行起来就变得困难。这使改革者明白，要想使新文字在全国范围内通行，就必须要有统一的国音或者官话，于是在言文一致之外产生了统一语言的需求。

很多人误以为，音标文字的功能仅限于一些小用，如汉字注音、扫盲、开启民智等。音标文字确实辅助汉字教学，但是在仓颉们这种说法的背后，隐藏着危险的野心和梦想。从文字设计上看，这些改革家并不满足于简单易学、笔画节省、方便注音等特征，而是很明显地在追求一种大而全的，可以包罗世界各种语音的语音系统。它不仅要与世界发达国家的拼音文字接轨，还要在语音系统的完整性上有所超越，具有浓厚的理想主义情怀。虽然现代语言学、语音学此时还没有诞生，但是强烈的声音意识，在清末这批民间语言学家的思维中凸显出来，在第一位改革者卢戆章的作品中就有所表现，而在稍迟几年的沈学、李文治等人的新文字里尤为突出。

1892年,卢戆章在帮助教会翻译《华英字典》的间隙,"欲自著作华英十五音,然恐漳泉刻本之十五音字母不全,于是苦心考究"[1],悟出切音字的功用,考察天下三百多种表音字母,选定五十多种记号,编写出《一目了然初阶》供厦、漳、泉地区使用,"全中国可用此字母,各处土腔不等,当依腔音之多少,输出其当用之音之字母"[2]。他称自己的文字是中华第一切音字,可与外国的拼音文字比较,掌握后"不但能识切音字,亦可无师自识汉文,兼可以快字书信往来,登记数项,著书立说,以及译出圣贤经传,中外书籍,腔音字义"[3],即第一切音字可以通译土音、古音和外国音,可以开民智,然后引向国之富强。

1896年,蔡锡勇在武昌出版《传音快字》,借鉴他出使美国期间看到的美国文字速记术,发明一套具有切音功能的简笔字,可拼3072种音,"正音言语,可以取用不穷"[4]。这套语言在传音达意时也是以音不以字,跳出汉字的束缚,专写白话,不写骈词藻语。使用这套语言写作就和说话一样,简单易学。书后有花县人汤金铭作跋。汤金铭点明了这种方案在翻译时的优越性。凡是古文都可以从文字转成语言,凡是外文在翻译时,"西音既与中国不同,各省以土音相近者代之,其字互异,若以切音对译,庶得其真"[5]。也就是说,这套快字可以将文言翻译成可以言说的白话,也可以在音译外文时,避开因为口音差异而造成的汉字译音不准确的问题。很明显,切音字的一大功用就是在为翻译开路。

如果说,在卢戆章、蔡锡勇的文字方案中,翻译的踪影只是一闪而

---

[1] 参见卢戆章:《中国第一快切音新字原序》,《一目了然初阶》,北京:文字改革出版社,1956:1-8,引自第1页。
[2] 参见卢戆章:《一目了然初阶》,北京:文字改革出版社,1956。书前图片《中国切音新字总字母写法之次第》旁边文字,无页码。
[3] 卢戆章:《一目了然初阶》,北京:文字改革出版社,1956:6。标点为笔者添加。
[4] 参见蔡锡勇:《传音快字》,北京:文字改革出版社,1956,引自第9页,标点为本书添加。
[5] 参见汤金铭:《传音快字书后》,载蔡锡勇《传音快字》,北京:文字改革出版社,1956:75-82,引自第80页,标点为本书添加。

过，到了沈学、李文治的方案出现，翻译就变成了方案制定者最为关心的问题。同年，沈学的英文著作 *Universal System* 的中译本《盛世元音》的序得以在《时务报》上发表①，梁启超为其作导言。沈学在序中标榜，他要制造的文字能够切天下语音，是古今未曾有的，其一大好处在于，便于用新的母语轻松准确地翻译洋音，避开汉字记音不准，无法再现原文的重音、节奏等弊端，从而将翻译造成的损失降到最低：

> 西字不作字义，只以字音连句读，通行天下。足证**字音胜字义**，字义难载字音（汉文音随地而变，义不少变），字音尽载字义（观西字汇可证），是切音字不独广远，兼能恒久。［……］余谓欲深通格致，力求富强，非兼通洋文汉文不可。尽驱国人学洋文，势所不能，必赖出洋之徒，译其书，翻其语，注以汉文授子弟。然汉文不能注西字音者甚多，且快慢脱节，轻重失序。在在皆是汉文一字皆各随方音而异，欲其惠于后学得乎？［……］然则汉文处今日，有不得不变之势，又有不能剧变之情。［……］余阐详体用得盛世元音十八笔字母，可公天下，**能切天下音，兼分文理音同义异之字以译汉文洋文书籍**。［……］古今未曾有也，一载通国皆能诵读有用之书，三年遍地尽属有用之人，得文字之捷径，为自强之源头，同文之盛，始将见矣。②

沈学明确指出，字音胜过字义，这是他从对西文的观察中得出的结论，他甚至认为，这套依据语音编制的文字可以使用千秋万代，翻译万国图书，其优越性超过罗马字等各种古今中外的文字。沈学在正文《性理》篇中写道：

---

① 参见沈学：《盛世元音》，北京：文字改革出版社，1956。1956年《盛世元音》根据《申报》《时务报》上发表的内容影印，只包含原书的理论部分，没有方案部分。原书未见。
② 参见沈学：《盛世元音》，北京：文字改革出版社，1956：6-7。标点以及粗体为笔者添加。

生平精力在此，**法则十全，能用万世**。或问新字何以有此绝大功用，余今日历试而知。**今日可译天下音义，是千古可译天下音义**，今日之口齿心思，即后日之口齿心思，尽得脑内之原义，天下之义莫能逃，尽得口内之原音，**天下之音莫能逃**。①

这似乎是一套专为翻译，或者说是专为音译，量身打造的一套文字系统。它企图将世界上的语音一网打尽，这样就可以直接、准确、全盘地翻译外文，通过字音尽载字义，将外文毫不费力地不露踪迹地融进汉文，通过推行元音，实现盛世的梦想。这是晚清仓颉们向往的大同世界，一个崭新的、构思精密、设计科学的音标文字体系是通往这个梦想世界的康庄大道。但是，现实很无情。沈学从此在茶楼推广元音十八笔，并且在报上登广告，高价悬赏更优秀的方案，最后却穷困而死。

1905 年，留学日本的杨琼和李文治出版《形声通》。他们的文字方案兼顾形声，但是突出声音。杨琼负责形，李文治负责音。他们设计出二十四音父，与二十音母，音父音母相拼，再假以音调口型等的变化，共生出 7 680 种不重复的音。这与沈学的方案，尽管在使用的符号的形状和个数上不尽相同，但都是要颠覆六书以象形为主、谐声为辅的造字传统。这套方案笔画简易，"务使耕夫贩妇朝而诵之，暮而能解之，而下焉以之通谚语，上焉以之通文言，外焉以之通西音，庶乎，新学可求，教育能普，则亦何所禁忌而不为之"②。使用这套简易的方案，可以为四书五经注音，就像日本人用和文为汉字注音一样；可以通方言俗语；可以翻译西文，避免用汉字音译造成的语音因地而异的问题：

近来读英法文字，必待教师口授。偶有著书之家，**以汉文译西音**，多有误谬。良由各省方音不同。本省人注之，本省人读之，已

---

① 参见沈学：《盛世元音》，北京：文字改革出版社，1956：18。标点以及粗体为笔者添加。
② 杨琼，李文治：《形声通》，北京：文字改革出版社，1957：2。标点为笔者添加。

多牵强。其在他省,更多龃龉……**今此书声类自口中探原,音无不备者,用之以注西音,虽不必曲肖其神,而其音之大分,固已确然有定矣**①。

……

故虽注以汉音,亦属虚以待用之列,**非必仅可为汉字谱,而不可为西字谱也**。今以汉字为主,无字可求者,以西音识之,以西证中,以中证西,庶几两有裨益。**即用是法以证法德各国之音,按谱填之,亦可以得其大凡矣**。②

《形声通》的理想寄托在"通"字当中。它设计的声音数目大于汉字数目,以至于一些声音"无字可求",需要"以西音识之"。建立这样庞大的声音符号的数据库,志在转写(transcribe)方言土语、四海之音,从而变成一套在语音上比汉字更加精确完备的文字系统,可以在引进他者的声音时,突破旧的书写系统的压抑、禁锢,为膨胀的翻译冲动松绑。"通"畅地翻译不仅是目标,也是检验拼音文字方案是否完备的重要标准。但即使这样,《形声通》的作者并不敢要求废除汉字,他们主张仿秦朝篆书、殳书、署书并存的体制,只求汉字的疆土里,保留他们开拓发展的一席之地便好。

1904年,王金绶上书袁世凯,促请推广王照的以京话为语音基础,专拼白话的汉字笔画式官话字母③。直隶学务处在官话字母与刘孟扬的《天籁痕》之间比较利弊④,在给袁世凯的复文中指出:

奏定章程中言之甚详,若仍执他省之音相纠绳,是所谓适楚而北其辙也。此无庸置议者也。刘孟扬所呈《天籁痕》似较此法更加

---

① 杨琼,李文治:《形声通》,北京:文字改革出版社,1957:16-17。标点以及粗体由笔者添加。
② 杨琼,李文治:《形声通》,北京:文字改革出版社,1957:19。标点以及粗体为笔者添加。
③ 参见王照:《官话合声字母》,北京:文字改革出版社,1957。
④ 《天籁痕》原稿未见。

完密,然细考之,其拼切之音急读之时或歧混。王金绶等禀中所指摘,试之良然。**其谓能拼洋音,亦属似是而非。盖以此国之文字切他国之音,从来不能密合。观于日文切英音、英文切华音,往往乖异,可类推矣。此亦无庸置议者也。**又日本伊泽修二氏近用此本增改付印,名曰《清国官话韵镜》,日人之学华语者颇传习之。惟彼所增之字,以我国京音审之,大都重复可省。盖日本人之发音与我国不尽同,有同母两字我以为同而彼以为异我,但求足于我国之用足于我国京音之用而已。①

直隶学务处虽然觉得刘孟扬的拼音系统更加完密,但是认为他以新字拼外国音的想法不切实际。因为日本假名切字音在记录外国音时不够准确,他们便依此判断,刘孟扬方案的运用前景不会达到制作者的预期,因此更加倾向于王照的方案,况且,王照使用的符号是汉字笔画,从民族心理上看,比较容易接受。官方的立场趋向保守:拼音方案只要能满足于国内使用需求、满足于京音使用要求即可。

不管直隶学务处的评价如何,1908 年,刘孟扬又出版《中国音标字书》,我行我素,继续坚持新字要方便翻译外国音:"日本译新书,其人名地名皆以该国通用之假名计之,故其音易定。我中国译书如用此音标字以记各国之人名地名,其音万不致错误。"②要推广自己的方案,刘孟扬必须为新字的字形辩解,文字仅仅是记录符号,新字即便使用外国字形,也不存在忘本的问题。这让人联想起梁启超冒天下之大不韪,率先在日记中使用西历纪年,也曾用类似理由为自己开脱(详见 3.2.1.3)。改革者自觉行为冒险时,往往将文字的作用降级为简单的记录符号,正因为文字不是简单的记号,它承载着巨大的使人畏惧的符号意义,改革者才需要担心颠覆符号秩序的后果,以及自身的安危。

---

① 参见直隶学务处:《直隶学务处复文》,载王照《官话合声字母》,北京:文字改革出版社,1957:65-71,引自第 69-70 页。标点以及粗体由笔者添加。
② 引自刘孟扬:《弁言》,载《中国音标字书》,北京:文字改革出版社,1957:2。原文无标点。

第三章 翻译冲动与清末民初的语言运动

倪海曙在1959年《清末汉语拼音运动编年史》中提到刘孟扬的《中国音标字书》时说,"在半个世纪以前,刘孟扬已经把译名问题看得很重要"①。但是,这绝对不是刘孟扬一个人的远见。此时,音译再也不是一个简单的翻译技术问题,而是沈学、李文治等一代语言改革者共同的巴别塔之梦,是准确、直接、全盘翻译"异"的梦想,是超越现有文字符号的束缚,直接去接近他者声音的梦想。

3.3.2 万国新语"以译他国语为急"

清末民初各种切音字在民间推广,一时间形成一种众语喧哗的局面。各种简字切音方案在全国各地各种方言区传播。据倪海曙估计,在1892年到20世纪前二十年间,这些文字方案多于30种。而美国华人学者石静远认为,倪海曙的统计没有包括一些活跃在中国香港、新加坡等海外地区的文字改革者,实际方案不止30多种②。

1908年,吴稚晖如此评价这场造字的狂热:

> 奈何简字诸公,不思及此,而必欹于作仓颉第二,离于旧文字,炫耀之以惟创造新字?且至今分为简字课本,官话课本,惹得保守国粹之诸公,又有天雨粟鬼夜哭之景象,若丧考妣然,在中外日报时报等屡打蛆虫混闹之笔墨官司。至于简字到处切合土音,报馆主笔恼惧,以为将分裂中国者,简字固妄,主笔亦愚!夫苟切简音,如何算得文字,何以能分中国?汉文者,同人所认定以为野蛮文字,然其为别之条理,亦为数千年野蛮学者所厘定,根底至盘深矣,而欲以苟简切情直截代之文字,真梦呓耳!③

---

① 倪海曙:《清末汉语拼音运动编年史》,上海:上海人民出版社,1959:179。
② 参见 Jing Tsu, *Sound and Script in Chinese Diaspora* (Cambridge: Harvard University Press, 2010), p.23.
③ 参见吴稚晖:《书神州日报〈东学西渐篇〉后》,载《吴稚晖先生全集》第一册第二卷,上海:上海群众图书出版社,1927:73-101,引自第93页。最先以笔名"燃"发表于1908年《新世纪》第101、102、103期上。

吴稚晖将这些造字方案统称"简字"。在他的文字描述中,可以看到简字在当时的社会造成了很大的冲击力,表现在这几个方面。一,简字危及了汉字的地位,引起了保守的汉字国粹论者的恐慌,造成"天雨粟鬼夜哭"的景象;二,提升了方言的地位,引发了分裂中国的恐慌,引起媒体上众多笔墨官司。

可是在吴稚晖眼里,这些草根简字方案根本算不上文字,真正能与根深蒂固的汉字相对抗的,只有世界语和西语。20世纪初,正值世界语风靡全球,在吴稚晖看来,世界语有希腊文、拉丁文的古典根基,又消除了各国特色,不牵涉民族身份问题,在切音以及所承载的学理方面,甚至在排版与印刷新技术接轨方面,均优于汉文。使用世界语代替汉语,可以使中国能够跨越翻译障碍迅速与世界对接。但是,可以先采用西文、汉字杂写的方法,作为一种过渡手段。至于汉文本身,仿佛病入膏肓的人,已经没有再对之改革的必要了:

> 故以吾人自由判断,西文新名词,或可即以原文杂汉字内用之,不必改造汉文,此即徐立采用西文之基础。一方面上策即采门公用之文字,如万国新语等,次亦采用任何一国,通行较广之语,其说已详于前节,不重复举。[①]

吴稚晖、李石曾等一批在巴黎的无政府主义者开始在《新世纪》周刊上大力推广世界语,掀起了一场国语运动。清末音标文字者希望将汉字通过某种手段、方案转化成拼音文字,让它们与汉字并存,或者至少成为辅助汉字的注音系统。国语运动者则是一批激进主义者。他们不仅要废除汉字,还要废除汉语,以世界语,或者是欧洲科学精进国之语言文字取而代之。万国新语运动(即世界语运动)也不依靠政府,因

---

① 参见吴稚晖:《书神州日报〈东学西渐篇〉后》,载《吴稚晖先生全集》第一册第二卷,上海:上海群众图书出版社,1927:73-101,引自第101页。

第三章 翻译冲动与清末民初的语言运动

为政府和汉字一样,都是被革命的对象。

吴稚晖和《新世纪》的同人,于是成了继谭嗣同之后最早旗帜鲜明地提出汉字必废的。他们为此与章太炎展开激烈辩论。吴稚晖痛斥汉字:因为中国的科技学术不发达,汉字已经不是一种能够承载先进学理的文字,而是一种不适合进化、势必要淘汰的文字,汉字不是至尊的国粹,而是"甘蔗渣""野蛮文字",是迟早要进博物馆的文字,理当废弃。日本当年从文化先进的中国取用汉字,中国应当效仿日本,直接取用先进的世界语或者其他西语作为母语文字。

而汉字的不适用,在《新世纪》同人的眼中,是在翻译过程中显现出来的:

> 中国现有文字之不适于用,迟早必废;稍有翻译阅历者,无不能言之矣。①

> 今日西洋尤较文明之事理,即西洋人自取其本国之文字为代表,尚再三斟酌而后定,通行甚久而后信。若欲强以中国文字相译,无人不以为绝难。故欲以中国文字,治世界较文明之事理,可以用绝对之断语否定之。居较文明之世界,不随世界之人,共通较文明之事理,而其种可以常存在者,亦可以用绝对之断语否定之也。②

在一个为"异"包围、对文化他者产生移情的翻译时代,翻译中的不可译不断地暴露出汉字之穷,催生了对于跨越翻译障碍的种种梦想。世界语运动是继制造包罗世界所有语音(所有的洋音、土音、古音)的切音字的梦想之后,又一个实现齐一与大同的梦想。与前者相比,它愈发

---

① 参见吴稚晖:《评前行君之〈中国新语凡例〉》,载《吴稚晖先生全集》第一册第二卷,上海:上海群众图书出版社,1927:102-110,引自第102页。最早于1907年3月28日以笔名"燃"发表于《新世纪》第40号。收录在《全集》中署名是吴稚晖,但实际上是将前行的文章和吴稚晖的评论放在一起。此处引文是前行著《中国新语凡例》中的开篇第一句话。
② 参见吴稚晖:《新语问题之杂答》,载《吴稚晖先生全集》第一卷第二册,上海:上海群众图书出版社,1927:111-122,引自第115页。

西化。它已等不及先让本土音标文字发展、壮大，而是用一个淡化了民族身份的西方语种作为现成的替代品，以便迅速在学理等方面与国际接轨。这实际上也是一个从语言文字，到学理，在各个层面全面模仿他者、成为他者的梦想，是当年谭嗣同梦想的具体化。

但是，章太炎强烈反对。既然吴稚晖大谈汉字在翻译中的不足，章太炎就攻其要害，指出世界语在翻译中的欠缺。他认为，尽废汉文而用世界语犯了两个错误。一是，世界语是以欧洲为准，方便欧洲使用，而与中国人情相差甚远，互相抵牾。在改汉文为世界语时，必然要首先涉及翻译，要将汉语原来有的东西翻译成世界语，而很多汉语特色没法完全翻译，如汉语中"道"的观念，而汉语文学的特色，包括汉语声韵特色，也必然在翻译成世界语或者欧洲语言时消失殆尽：

> 夫寻常译述，得其大义可也。至于转变语言，必使源流相当而后可。泛则失实，切则失情，将以何术转变之也？且万国新语者，学之难耶，必不能舍其土风而新是用，学之易耶，简单之语，上不足以明学术，下不足以道情志，苟取交通，若今之通邮异国者，用异国文字可也。宁当自废汉语哉？岂直汉语耳？印度欧洲诸语，犹合保存[……]学之近文者，其美乃在节奏句度之间，不专以文辞为准。若其纽母不同，韵部有异，名词长短，往复皆殊，则在彼为至美者，于此乃反为僿劣。摆伦①之诗，西方以为凄怆妍丽矣，译为汉文，则率直不足观。采其稍可者，必增损其文身句身，强以从我[……]由是知汉土篇章之美者，译为欧文，转为万国新语，其率直鲜味也亦然。本为谐韵，转之则为无韵，本为双声，转之则异声，本以数音成语，转之则音节冗长，失其同律，是则杜绝文学，归于朴儜也。[……]若徒以交通为务，旧所承用，一切芟夷，学术文辞之章

---

① 今译"拜伦"。

章者,甚则弃捐,轻乃裁减,斯则其道大觳,非宜民之事也。①

其二,文字以"声繁则易别而为优,声简则难别而为劣"②。中国的音韵经过梵文音韵的丰富之后,比世界语二十八个字母含孕的声音要复杂很多,在声音上优于世界语。将人名地名译成世界语,必然同样存在削足适履的问题。章太炎推出一套由36个纽文、22个韵文符号,上纽下韵,相切成音组成的新的汉字注音系统,方便汉语学习,力求解决汉字难学难教的问题。

在这段辩论中,非常有趣的是,吴稚晖只关心外译汉的难处,强调放弃汉字之所得;章太炎考虑的是汉译外的难处,强调翻译之所失。实际上语际翻译不论对内对外,都存在有得有失的问题。无论向哪种目的语翻译,理论上说,都会暴露出目的语能指的缺陷,都会遭遇不可译。清末民初的翻译冲动之所以如此强烈,关键并不在于母语的缺陷,而是在于移情。

移情关乎的是主体与他者的关系。章太炎在批驳中向吴稚晖抛出一个有关翻译的问题,直指民族自我与他者的关系:"语言之用,以译他国语为急耶?抑以解吾故有之书为急耶?"③是坚持民族中心主义,还是保留对他者的迷恋,究竟谁占上风?清末的音标文字运动、吴稚晖的国语运动,以及五四后的国语罗马字母运动,显然都是以是否能适合翻译外语作为判断新文字价值的重要依据,而"解吾故有之书"根本无关紧要。强烈的移情,使这些革命者认为自己的文字、文化全没有价值,一切都要翻译他者,翻译西方。所谓的世界主义,其实主要是西化,要和他者相像,甚至一模一样。

---

① 章炳麟:《驳中国用万国新语说》,北京:文字改革出版社,1957:7-8。章炳麟即章太炎,引文中标点为笔者添加。
② 章炳麟:《驳中国用万国新语说》,北京:文字改革出版社,1957:8。引文中标点为笔者添加。
③ 参见章炳麟:《驳中国用万国新语说》,北京:文字改革出版社,1957:22。引文中标点为笔者添加。

吴稚晖等人对于从世界语向汉语翻译的要求是：逐字翻译，世界语用一个词的，汉语绝对不要用两个词，世界语的尾助词也要翻译出来，所以汉语的复数后面也要加"们"，形容词后要加"的""然"①。对于尚未走向成熟、前途未卜的世界语，吴稚晖们充满信心，宁愿放弃汉语的一切特色，希望不要自异于世界语言。这无异于一种自我殖民，但吴稚晖却说："美人何以能操英语，反对英人？比利时何以能操法语，表异法国？此妨碍何在也？"②吴稚晖没法预测美国等国家在后殖民时代因为语言殖民而遗留下来的种种问题，以为仅凭一番强辩，就可以抹杀文字符号在构建符号秩序、象征民族身份方面的意义。

3.3.3　国语罗马字：民族身份的建设与译音情结的妥协

3.3.3.1　民族身份与"异"的矛盾

按照黎锦熙的说法，中国从古到今不断地有汉字革命军③。今隶、小篆、通假、破体都是对汉字的暗中破坏，它们是第一期汉字革命军。从清末直到20世纪20年代初，使用政治话语来概括，中国并存着三种主义，即吴稚晖的《新世纪》所代表的废除汉字的"无治主义"；官话字母、简字、教会罗马字所代表的平民政府的"共和主义"；《新世纪》中主张改良汉字使用俗体省笔字的"立宪主义"。他们是第二期汉字革命军。

在黎锦熙写作的20年代初，正逢第三期革命的开始，即国语罗马字母运动。与第二期革命军不同，他们虽然旗帜鲜明地主张废除汉字，但是反对废除汉语。相反，他们要统一国音，建立民族语言，建立与统

---

① 参见章炳麟：《驳中国用万国新语说》，北京：文字改革出版社，1957。
② 参见吴稚晖：《书苏格兰君〈废除汉字议〉后》，载《吴稚晖先生全集》第一册第二卷，上海：上海群众图书出版社，1927：123-129，引自第129页。最早发表于1908年10月31日。
③ 参见黎锦熙：《汉字革命军前进的一条大路》，载《黎锦熙语言学论文集》，北京：商务印书馆，2004：26-64。最早发表于《国语月刊》1922年第7期汉字改革专号，由中华民国国语研究会编辑，中华书局印行。

一的国音相对应的拼音文字。强调语言的民族性，这是他们与吴稚晖们的不同之处。与晚清的音标文字者相比，新的国语罗马字不是用来给方言切音，而是为统一的国语服务，统一国音是前提，而不是结果。

虽然废除汉字的呼吁依旧是冒天下之大不韪，第三期革命军的行动发生在民国成立以后，得到了蔡元培主持的民国政府教育部门的支持，因此是公开的官方行为。它与国语文学建设、五四运动相配合，是民族身份建设中的重要一部分。它标志着晚清以来拼音文字运动中的"民族转向"(the national turn)①。参与者包括海内外的语言学家，比如傅斯年、钱玄同、赵元任、黎锦熙等。

这次运动以 1919 年傅斯年在《新潮》杂志上发表的《汉语改用拼音文字的初步谈》为先声。傅斯年首先廓清与吴稚晖的不同立场。他认为，使用世界语、外语等代替母语是不可能的空想，汉字要废除，但是汉语必须保留。因为不让中国人说中国话，即是剥夺了他们表达的自由：

> 任凭国家的偶像破除了，中国不国了，我们总得要发展这国语的文学。老实说吧，我近来对于白话文学主义竟是信的很坚，中国可以不要，中国的语言不可不存。何以呢？因为外国语是极难学的，更不是中国人都能学得的，万一改用外国语当做国语，大多数得中国人登时变成哑子，意见不能发泄，岂不要闷死人呢？一边觉得汉文用起来不方便，一边又觉得外国语用起来不方便，所以把全力注重在汉语上，所以才要替汉语造一个拼音文字。②

在他看来，国语文学并不一定依附于国家而存在。国家、中国等权

---

① 参见 Jing Tsu, *Sound and Script in Chinese Diaspora* (Cambridge: Harvard University Press, 2010), p.39.
② 参见傅斯年：《汉语改用拼音文字的初步谈》，载《傅斯年全集》（第一卷），长沙：湖南教育出版社，2003：160-179。引自第 164 页。原载于 1919 年 3 月 1 日《新潮》杂志第 1 卷第 3 号。

威的概念都是可以打破的，而中华民族使用母语表达自己的权利是必须受到尊重，不可压抑的。所以，傅斯年提倡创造一种新的拼音文字作为汉语的载体，但是这种文字必须不同于汉字、不同于外语。他的文字方案从实用性的角度出发，力求简单易学，目标是要人能够自由地发泄意见，准确地表达、翻译自己的内心和外部世界。而汉字是野蛮时代造出的野蛮文字，"断不容许多可爱的时间，消耗在书写这种笨极的文字上"[1]。

在字形的设计上，傅斯年还是要学习、模仿西方的拼音文字，但是他强调突出民族特色。傅氏方案以罗马字母为依据，但不是照搬罗马字母或者拉丁语。在他看来，罗马音没有汉语声韵丰富，所以还要采用种种补足手段：罗马字母不能发的音，用希腊、斯拉夫等国的字母来补足；中国独有的音，用自造新字母表示，一个字母只表一个声音等。在朝国语罗马字过渡的阶段，汉字和罗马字母可以同时使用，但汉字最终必须完全被国语罗马字取代。受到了官方的倡导和支持，拼音文字运动从清末切音的小用，摇身一变，融入中华民国成立后的民族身份建设的宏伟大业中。周作人概括出了这种变化：

> 我们既然觉得这一种办法于我们很不便利，或感到困苦了，我们当然可以设法改变或除去他；关于一切的习俗和道德都是如此，汉字也是一例。我相信汉字应当为我们而存在，不是我们为汉字而存在[……]
>
> [……]我们主张汉字改革不是单替不认识字的'小民'设法，[……]先前的白话运动和简字运动，在初起的时候都是专替"小民"设法，作为通俗教育之一种；但是民国以后形势一变，国语与注音字母成为全体而非部分的问题，于是这个运动才算上了正轨，可

---

[1] 傅斯年：《汉语改用拼音文字的初步谈》，载《傅斯年全集》（第一卷），长沙：湖南教育出版社，2003：162。

第三章 翻译冲动与清末民初的语言运动

望逐渐的达到目的地了。①

废除汉字合法化了,新的拼音文字与新的民族身份结合起来。随着民族身份在民族意识里变得愈加突出,这种新的文字符号尚未得到普及就开始表现出一种排外、排"异"的倾向。它不仅要彻底抛开以前的书写符号汉字,又要禁止直接使用外文词汇。书写符号必须是新的,但必须是本民族独有的,而译音是排在译义之后的不得已的选择。傅斯年明确地反对在中文里夹杂外文的做法,主张译义而不是译音:

> 但是中国的拼音文字定要如此吗?定要多嵌外国语吗?[……]我主张文学定要写 Wenxue,定不要写 Literature。哲学定要写 Zhexue,定不要写 Philosophy。总而言之,一切名词,除非在极困难的所在,非用原音不可的时候,务须先以义译,再拿音拼[……]中国未来的拼音文字里,所含的书名词,径用汉语的翻译,不用西文的嵌入,实在是理论上无不可通,而且西洋人有此先例了。②

他所列举的西洋的先例,是指德语偏向使用本土词汇的案例。虽然有拉丁文词汇 Epistemologie(认识论)、Biologie(生物学)等,但是德国人倾向于使用德国制造的 Erkenntnislelne 和 Lebenskunde。但是,在民初实际的写作实践里,大量汉语作家喜欢在作品中夹上外文,以此为时尚。郭沫若的诗歌和郁达夫的散文,以及各种新潮杂志上刊登的文章,夹杂外文的例子比比皆是。时至今日,估计不会有人说,他们的作品不属于民族文学,或者伤害了民族身份。相反,这种杂合正昭示着五四时期特殊的民族自我。它的身份在吸收"异"的过程中不断地发生

---

① 参见周作人:《汉字改革的我见》,《国语月刊》(汉字改革号),1922(7):71-73,引自第71-72页。
② 傅斯年:《汉语改用拼音文字的初步谈》,载《傅斯年全集》(第一卷),长沙:湖南教育出版社,2003:165-166。

131

变化。从精神分析学的视角来看，身份本来就是动态变化的，主体的身份正是在一次次地认同他者、翻译匿谜能指的过程中建构出来的。

傅斯年要在国语中抵制外来词，但有时外来词还是会潜入母语当中，防不胜防。比如，在傅斯年所列举的例子当中，"哲学"一词就是在翻译中直接从日文中借用来的。因为借用的是日语汉字，所以能够不着痕迹地融入汉语。傅斯年有意识地抵抗民族身份被"异"化，挡住了在明处的西洋化，却没挡住暗处的东洋化。

从清末的拼音文字运动，到吴稚晖的国语运动方案，这些运动都在为翻译声音开道。而傅斯年反对音译，显然是逆这股音译潮流而动，它昭示着在民族主义的新阶段翻译冲动遇到的新阻力。但是在参与国语罗马字建设的其他学者身上，依旧可以看到明显涌动着的译音情结。

3.3.3.2 译音情结与"汉字革命"的大旗

通过使用拼音文字译音，来实现对西方语言的等值翻译，不着痕迹地在汉语中吸收西方语言中的外来词汇（如同在汉语中直接吸收日语汉字"革命""哲学"等），是清末一批民间语言学家的梦想。沈学的《盛世元音》、杨琼和李文治的《形声通》、刘孟扬的《天籁痕》等都属于这一类作品。民初，章士钊坚持用汉字音译，郭沫若等现代作家在母语写作中夹杂外文，这些做法同样携带着在母语中输入外来血液的梦想。

无论是通过直接在母语中写入西方能指，还是用拼音文字切音，转写出外语的发音，或者用汉字记录外语的发音，这些都能够快速解决匿谜能指不可译的问题，并且使母语实现大换血，逐渐向外语贴近。这种对母语急骤的、翻天覆地式的改变，总是与民族中心主义发生抵触，所以音标文字运动要获得成功，难度极大。但是晚清几十年频繁的翻译，已经悄然地改变了民族身份，文化、语言都呈现出新旧杂合的特征。

第三章 翻译冲动与清末民初的语言运动

到了民初,民族自我开始壮大,它憧憬着一种区别于他者的独立的身份。傅斯年的拼音文字的方案即以建立这种独立的民族身份作为出发点。这种拼音文字开始偏离巴别塔式的大同梦想。清末理想中的拼音文字可以用来拼方言、洋音、古音,而相比之下,国语罗马字运动中,拼音文字的用途就狭隘了很多。它最主要的用途是用于拼统一之后的官话,洋音被放到次要的位置,对方言研究的热潮几乎陷于停顿①。它不再憧憬一切的"异",而是开始选择性地翻译。毕竟,此时的民族自我相对弱小,它还离不开"异"的哺育。

但是,国语罗马字运动中的语言专家赵元任、钱玄同等,依旧有着强烈的译音情结。尤其是从赵元任不懈的译音实验中,可以明显看出,与晚清的语言学家相似,他使用拼音文字替代汉字的目的,依然是在为翻译"异"开道。

赵元任对官话字母、国语罗马字的探索,都与他从事的翻译工作有着紧密的关联。从 1914 年《科学》杂志创刊开始,赵元任就一直担任其海外编辑,负责私名的翻译问题②。他深谙专有名词翻译中的各种混乱,对此,他曾经多次生动地描述。在他看来,译名已经成了困扰译者的一个弗洛伊德式的情结:

> 1914 年前是一个无意识无系统无主义的糊涂时代,那时我译起音来同人家用一样的方法,就是叫无方法。广东人译广东音,江苏人译江苏音,学过英文的把法文名子读做英文音再译中文,学过法文的把英文名子读做法文音再译中文。(例如 Newton 作奈顿是广东人拿英文字当德文念译成汉字的结果。)又有人喜欢音准的,有人喜欢好看简略的;又有同等好看或拼音同等近似的,而有多字同音可以任意拣的,就个人拣个人的字,结果是怎么呢?就是

---

① 对方言研究的衰弱,可以参见 Jing Tsu, *Sound and Script in Chinese Diaspora* (Cambridge: Harvard University Press, 2010), p.39-47.
② 私名是赵元任使用的术语,主要包含人名、地名等专有名词。

在人人心中生出一种畏怕外国私名的"Freud 的 Complex"。①

其中种种困难的地方,例如(1) 西字太长:Christopher Columbus 作克列斯托否哥仑孛斯,(2) 各处读音不同:无锡人译 Ohio 为瓦海瓦,北方人读起来变作 Wahhiwah 了!(3) 用字又须避用不雅观的字:某君曾经译 Masschusetts 为麻杀朱色紫,(4) 一音可用多字:今天 Kelvin 叫恺尔文,明天忘记了又译作开尔坟。②

赵元任担任的一项重要的编辑工作,就是修改稿件中的音译。凭借着语言学家的专业知识,及其个人对于音的敏感,他一直追求最严格的音译,即声音上最大程度的近似。围绕着这个译音的情结,他不断地探索寻找解决方案。这大致包含着三个阶段性的工作:

第一阶段是用汉字译音。为此他制造了一个"极复杂极完全的中西译音系统,画起好几张的对照表来。那系统的原则是一方面要查原名最准确的读音,一方面参阅中国古声母今韵母的分类来同西音对照。每个西文的音节都有一个或几个汉字的译法"③。比如,将 Faraday 从"法那对"改成"法勒第"。总结起来,就是竭尽汉字所能,去追求最准确到位的音译,然后尽可能将音译固定化、统一化,避开汉字同音字太多造成译名混乱的问题。这种做法费时费力,需要制定详细的规则,并且在实际运用中经常要求译者对规则死记硬背,除了统一译音并无别的益处。随着《科学》杂志编辑增多,只要编辑一更换,统一就很难实现。于是又回到不得不放任作者任意翻译的状况。在这个实验中,汉字暴露出诸多短处,如声音能指符号数量储备不足;同音字多;在音译时难

---

① 参见赵元任:《再论注音字母音译法》,载《赵元任语言学论文集》,北京:商务印书馆,2002:90 - 102,引自第 91 页。原载于 1923 年《科学》杂志第 8 卷第 8 期。
② 参见赵元任:《官话字母译音法》,载《赵元任语言学论文集》,北京:商务印书馆,2002:1 - 20。引自第 1 页。原载于《科学》杂志 1921 年第 6 卷第 1 期。
③ 赵元任:《再论注音字母音译法》,载《赵元任语言学论文集》,北京:商务印书馆,2002:91。

以消除自身携带的意义,表意功能干扰其表音功能。

第二个阶段是使用官话注音字母音译的阶段。1920年,赵元任使用国家颁布的三十九个官话注音字母,在回国的船上制定出官话注音字母译音的方案。虽然每个音对应着固定的注音字母,但是英名有英音表,法名有法音表。赵元任为此制作出了非常详尽的《官话字母表》《英中对照表》《法中对照表》《德中对照表》《常用前名译音》《地名人名例表》《希腊字母名称》《常用字首字尾表》《字译与音译的比较表》等共九份字母对照表①。即便如此,这个工作还不算终止,因为世界语种远大于这几种。这项实验又暴露出官话注音字母在翻译"异"时的不足②。

第三阶段,是使用国语罗马字的阶段。他的《国语罗马字的研究》③由五篇文字组成。第一篇专门针对反对罗马字的十大疑问一一作答;第二篇是国语罗马字的草稿;第三篇给出拟国语罗马字时应该遵循的二十五条原则;第四篇,谈关于汉语罗马字未定的十二个疑点;第五篇谈国语罗马字推行的方法,提议在国语统一筹备会中设立国语罗马字委员会,制定试行的国语罗马字。赵元任主张有见识、有耐心地持一种研究的态度,平心地、准确地、周到地调查之后再进行宣传,充满着实验主义的精神。

使用罗马字母代替官话字母,其好处之一是:可以直接照抄西文中的专有名词,无须翻译!因为官话字母字形像日语假名,而罗马字母是国际上英法德等先进国家通行的字母。他心中推广国语罗马字的目标是:

---

① 参见赵元任:《官话字母译音法》,载《赵元任语言学论文集》,北京:商务印书馆,2002:1-20。
② 三十九个注音字母制成时,正是袁世凯虐杀民党蓄意破坏共和的时候,因此该计划被搁置,直到1916年袁世凯去世,国语的呼声高涨,1918年年底,教育部重新推出注音字母。参见钱玄同:《注音字母与现代国音》,载《钱玄同文集》第三卷,北京:中国人民大学出版社,1999:20。
③ 参见赵元任:《国语罗马字的研究》,载《赵元任语言学论文集》,北京:商务印书馆,2002:37-89。原载于《国语月刊》汉字改革专号,即1922—1923年第一卷第七期。

不多年可以使全国人识字，不十年可以产出新文学里的更新的发展，不几十年可以把世界上的文字科学的精华都译成中文，不一世纪我们的学术思想可以发展到比哪一国都高深丰富。[①]

而他所说的"把世界上的文字科学的精华都译成中文"，此处的"中文"（指国语罗马字）是不排斥直接输入外文专有名词的，这是他与傅斯年观点的重大分歧，也是晚清译音梦的延续。为了翻译出西文中的匿谜能指，赵元任先后选择用汉字译音，放弃汉字用假名式的官话字母译音，放弃汉字和官话字母用国语罗马字母译音。而母语字形方案的一步步调整、改变都源自翻译他者的实际需要。

在这一时期，另一位声音迷恋者是音韵学家钱玄同。刘师培曾经主张用世界语翻译《说文》，向世界传播汉字的价值。但是，钱玄同从《说文》当中看到汉字象形价值走向衰弱的趋势。按照钱玄同在《汉字革命》一文中的算法，在《说文》中，象形和指事的汉字加起来总共393个，只占汉字总数的23％，《说文》以后的文字以形声字为绝大多数，象形字几乎没有增加，到《康熙字典》修订时汉字已有四万多，393个象形文字只占全体汉字的1％[②]。六书使汉字数目逐渐增加，这说明汉字在三千年以前就已经有了离形就音的趋势。汉字变迁的趋势是从象形变为表意，再从表意变为表音。形声是以表音济表意之穷，要变表意为表音，而结果却为意符束缚。而从表音功能上讲，假借与拼音文字就只有一步之遥了：

假借是把字形看成一个无意识的表音的记号，形声字则字形是有意识的。要是有了假借以后，不再造形声字，则假借虽不统一，然大家可以专记声音，不问形体，久而久之，自然可以作到某字

[①] 赵元任：《国语罗马字的研究》，载《赵元任语言学论文集》，北京：商务印书馆，2002：89。
[②] 参见钱玄同：《汉字革命》，载《钱玄同文集》（第三卷），北京：中国人民大学出版社，1999：59-102。最先发表于1923年《国语月刊》第一卷"汉字改革专号"。

第三章 翻译冲动与清末民初的语言运动

专写某形,而"再进一步"的思想就容易发生了。而事实上则常常用假借字,常常造形声字,弄得大家看着字形,时而觉得是有意识的,时而觉得是无意识的,目迷五色,莫名其妙。只有明代的黄生、清代的戴震、王念孙、王引之、阮元、俞樾等等几个聪明人,能够看准它无论是"用假借字",无论是"造形声字",总之都应该从声音上去研究,所以这几位先生没有着了它的道儿。其他读书识字的人,都早已被它带进迷魂阵中去了,还有什么闲情别致去作再进一步之想呢?①

面对着这一步之差,汉字要做的就是再前进一步,干脆改为拼音文字。拼音文字会产生什么样的魔力?钱玄同认为,汉字造成的种种不便全都可以用拼音文字来解决:

> 我敢大胆宣言:汉字不革命,则教育决不能普及,国语决不能统一,国语的文学决不能充分的发展,全世界的人们公有的新道理、新学问、新知识决不能很便利、很自由地用国语写出。何以故?因汉字难识、难记、难写故;因僵死的汉字不足表示活泼泼的国语故;因汉字不是表示语音的利器故;因有汉字做梗,则新学、新理的原字难以输入于国语故。②

拼音文字肩负着普及教育、统一国语、发展国语文学、方便吸收世界上的新学问、新知识、新道理的重任。拼音文字何以能够有这么大的魔力?答案就在引文最后一句里。其中一点是,使用拼音文字,便于输入新学、新理的"原字"。所谓使用"原字",就是直接在国语中写入外文,从而消除因为使用音译、意译等各种翻译方法所造成的文本变形。

---

① 钱玄同:《汉字革命》,载《钱玄同文集》(第三卷),北京:中国人民大学出版社,1999:75-76。
② 钱玄同:《汉字革命》,载《钱玄同文集》(第三卷),北京:中国人民大学出版社,1999:62。

汉字难学、难写、难以排版等都不是最关键的问题,它最致命的要害是,"和现代的世界文化的格格不入",表现为,它常在翻译中做"梗","一讲到用国语翻译或编述它们,立时三刻就发生一件困难的事,就是学术名词的翻译问题"①。

接着,钱玄同用了差不多四页的篇幅大谈翻译,谈到音译、意译带来的种种问题:

>……音译自然比较的要好些。但……吃了难记、难读的苦头,还是与原音不相符合;即使偶然符合,原字的面孔还是没有看见。我老实说罢,人家的拼音文字,本就比我们的汉字要合理些。这种学术,又是人家先发明的,人家用的名词,早已"约定俗成"了,我们除了照用,是没有第二种好方法的。我主张这些学术上的名词,老老实实的把原字写进我们的国语中来,才是正办。什么"意译",什么"音译",都是吃饱了饭,没事干,闲扯淡。
>
>……
>
>为和世界文化不隔膜计,为补救国语的贫乏计,**我以为非无限制的采纳外国的词儿并且直写原字不可**。但用此法,汉字又是一种障碍物。因为被采纳的外国词儿,都是用罗马字母拼成的,和这四四方方的汉字很难融合。将来日本的词儿,也有应采纳的……日本虽借用汉字,而别有读音;依原音读,也只有用罗马字母拼音之一法。……要是保留了汉字,则外国原字总难无限制的输入——虽然我们竭力提倡写汉字的文章中间尽可夹杂许多外国字,而且那"音译"和"意译"的魔鬼一定常常要来作祟。……
>
>所以若承认中国应该和世界文化不隔膜,应该设法补救国语贫乏的缺陷,而主张无限制的采纳外国的词儿并且直写原字到国语中来,则非将国语改成罗马字母式的拼音文字不可。——这便

---

① 钱玄同:《汉字革命》,载《钱玄同文集》(第三卷),北京:中国人民大学出版社,1999:77。

第三章　翻译冲动与清末民初的语言运动

是我主张"汉字之根本改革的根本改革"的理由。①

钱玄同这大段的文字，无疑是对清末以来时隐时现的音标文字梦的一个详尽的总结。钱玄同也因此举起了"汉字革命"的大旗，"汉字之根本改革"就是使用罗马式的拼音文字，全面取代汉字，以便"无限制的采纳外国的词儿并且直写原字到国语中来"。对西方文化的移情和迷恋，促使钱玄同们将翻译的最高目标定位成照搬他国语言中约定俗成的原词原字。这酷似《译者的任务》中本雅明式的翻译，既要译出了原文的意指（intended object），又要翻译出了原文的意指方式（mode of intention），它消除了直译、意译、音译的界限，以全盘翻译作为结果②。

但是，在翻译中让母语无限地接近原文，直至与原文相同，这始终是一个梦想，是一个冲动，国语罗马字运动、清末的音标文字运动都是清末民初众"语"喧哗的世界大同梦中的片段。这些方案终究受到现实的阻拦，受到民族中心主义的审查。时至今日，汉字依然以其强大的生命力存在，同时，如同世界上的其他语言，它也终究不能逃离译文变形的宿命。而汉语和汉字本身也已经发生了很多重大的变化。大陆的简化字和汉语拼音的推广，降低了汉字学习的繁难程度；电脑技术不断发展，即使是复杂的繁体字输入起来也不成问题；而汉语语法在无数次的翻译中不断地欧化，其吐故纳新、包容"异"的能力也在不断提升。

---

① 钱玄同：《汉字革命》，载《钱玄同文集》（第三卷），北京：中国人民大学出版社，1999：78-80. 粗体为笔者添加。
② 参见 Walter Benjamin, "The Task of the Translator," in *The Translation Studies Reader*, ed. Lawrence Venuti (New York: Routledge, 2000), pp.15-25.

3.4 语言运动三：白话文欧化

3.4.1 翻译与清末民初汉语的欧化

如何在与"异"的接触中保护母语的纯净度，是一个拥有文明语言的国度不肯放弃讨论的话题。国家机关、法律、教育机构对于如何正确使用母语通常有一些规定。中国的 21 世纪是一个与"异"有众多交涉的年代。针对外来语大量涌入的现状，2014 年 4 月 11 日《人民日报》登出消息，"教育部和国家语委目前启动了《〈国家通用语言文字法〉实施办法》研制工作，《外国语言文字使用管理规定》也进入立法程序。此外，外语中文译写规范部际联席会议制度已经建立，今年将适时发布《推荐使用外语词中文译名表》"①。截至 2019 年 3 月，已经发布了七批《推荐使用外语词中文译名》②。

从上文的讨论可以得知，在与"异"的接触中保护母语的纯净度这个话题并不新鲜。无论是在贝尔曼研究的德国，还是在清末民初的中国，只要"异"的诱惑引发了翻译冲动，就会对母语造成影响。在清末民初，强烈的翻译冲动与母语规范形成巨大的张力。文言、汉字都是翻译冲动从语言规范中找到的突破口，这股膨胀的冲动最终转化成一股暴力，威胁甚至冲垮了旧日的语言规范。汉语的欧化同样是对规范边界的挑战和改写。此时，民族中心主义都会在冲动造成实质性的损害之前，力挽狂澜，自觉对这种危险的冲动加以批评、限制和规约。

---

① 参见人民网网页：http://paper.people.com.cn/rmrb/html/2014-04/11/nw.D110000renmrb_20140411_9-01.htm。录入时间：2014 年 6 月 21 日。
② 参见新浪网页：http://finance.sina.com.cn/roll/2019-02-12/doc-ihqfskcp4581440.shtml。录入时间：2021 年 4 月 2 日。

第三章　翻译冲动与清末民初的语言运动

汉语的欧化首先在晚清的古文里出现。不仅在章士钊的古文文字里表现明显,在林纾的翻译中,欧化也在语序、用词、句子长度等方面屡屡露出破绽,"很多句子不像不懂外文的古文家的'笔达',倒像懂得外文而不甚通中文的人的狠翻蛮译"①。欧化的句子方便了"异"的表达,却会遭到规范的排斥。严复、林纾虽然被奉为古文翻译大家,但是他们译书时使用的古文,同样受到本土古文权威的排斥。比如,章太炎就将严复、林纾的古文看作清代古文的末流:

> 并世所见,王闿运能尽雅,其次吴汝纶以下,有桐城马其昶为能尽俗。(注:萧穆犹未能尽俗。)下流所仰,乃在严复、林纾之徒。复辞虽饬,气体比于制举,若将所谓曳行作姿者也。纾视复又弥下,辞无涓选,精采杂污,而更加浸润唐人小说之风。夫欲物其体势,视若蔽尘,笑若龋齿,行若曲肩,自以为妍,而只益其丑也。与蒲松龄相次,自饰其辞,而衹敬之曰:此真司马迁、班固之言![……]若然者,既不能雅,又不能俗,则复不得比于吴、蜀六士矣!②

到了文学革命时,古文的欧化因为古文被白话文替代而不得不终结。胡适等人空前抬高了白话文的地位,认为白话在中国历史上产生了"无数的文学杰作",包括禅门语录、理学语录、白话诗词曲子、白话小说等③,白话是"最有价值最有生命的文学工具"④,是文学的正统。可是,白话文此时的发达程度,与其正统地位完全不相称。

---

① 参见钱钟书:《林纾的翻译》,载林纾译《林纾译著经典》(第一册),上海:上海辞书出版社,2013:13。
② 章太炎:《与人论文书》,载《章太炎全集》(第四卷),上海:上海人民出版社,1982:168-169。
③ 胡适:《中国新文学运动小史》,载《胡适文集》(第一卷),北京:北京大学出版社,1998:121。
④ 胡适:《中国新文学运动小史》,载《胡适文集》(第一卷),北京:北京大学出版社,1998:131。

事实上,白话在此前的文学创作中始终是一个受压抑者。它虽然通俗易懂,却没有得到过足够的文学锻炼。民初的人会说白话(在国语统一前,说的就是方言),但是大都不会用白话作文。对于"绝对不能做白话文章的"杂志同人,《新青年》杂志容许他们在学会白话作文之前使用文言投稿①。从傅斯年专门撰文《怎样写白话文》,到胡适本人创作的儿歌一般的白话诗歌,以及语言"粗浅""笼统"的白话文章《易卜生主义》②,这些都见证了民初白话文学起步的艰难。

幼稚的白话文,需要为自己的成长寻找一个乳母。这时,可以供它模仿的资源当中,国外的主要有西方文字,本土的有方言、俗语、古语等。而在民初文化移情的作用之下,西方文字的地位最高。首先跳出来发表白话文"欧化"观的是傅斯年。1919年,他在《新潮》杂志上发表《怎样做白话文》一文,大声疾呼:

> 直用西洋文的款式,文法、词法、句法、章法、词枝(figure of speech)……一切修辞学上的方法,造成一种超于现在的国语,因此成就一种欧化国语的文学。③

通过欧化造就出"独到的","有创造精神的","与西洋文同流的","逻辑的","哲学的","美术的"白话文,这种白话文不同于作为简单口头交际工具的白话,也必须有别于当时铺天盖地的白话报上的简易的白话文。在傅斯年看来,欧化就是未来汉语的发展目标,汉语需要每时每刻、全面、有意识地模仿西方文字的文法和修辞,才有可能创作出真正的文学,而直译西文就是全面学习的方法。伴随着"欧化"的呼声,直

---

① 陈独秀:《三答钱玄同》,载《陈独秀学术文化随笔》,北京:中国青年出版社,1999:150-151,引自第150页。
② 参见鲁迅:《玩笑只当它玩笑(上)》,载陈漱渝编《鲁迅论争集》,北京:中国社会科学出版社,1998:136-137。
③ 参见傅斯年:《怎样做白话文》,载《傅斯年全集》(第一卷),长沙:湖南教育出版社,2003:125-136,引自第132页。

译被推崇,意译变成了归化、随意更改删节原文的代名词:

> 所以直译一种办法,是"存真"的"必由之径"。一字一字的直译,或者做不到的,因为中西语言太隔阂——一句一句的直译,却是做得到的,因为句的次序,正是思想的次序,人的思想却不因国别而别。[……]老实说罢,直译没有分毫藏掖,意译却容易随便伸缩,把难的地方混过![……]直译便是诚实的人,意译便是虚诈的人。直译看来好像很笨的法子,我们不能不承认它有时作藏拙的用,但是确不若意译专作作伪的用。[……]何必定要逼着外国人说中国学究的话?况且直用西文的句调译书,更有一种绝大的用处——就是帮助我们自做文章的方法。我们有不能不使国语受欧化的形势,所以必须用西文的意味做中国文。惟其如此,所以更不能不用直译,更不能不把直译所得的手段,作为自己做文的手段。①

于是,白话文成为正统之后,为了发展自己应对"异",也不得不走文言欧化的老路。文言与白话在面对"异"时同样都面临能指不足的问题,但是问题表现的方式有所不同。文言的问题多半来自其自身规范的沉重。作为长期处于统治地位的威严的文学语言形式,文言束缚、压制了语言的自由创新。但是白话在面对"异"的时候,其文学"能指"储备极度有限却是更加突出和迫切的问题。纵使摆脱了文言规范的束缚,白话文学同样不能随心所欲地自由表达。而白话能指的有限,在晚清的翻译实践中就已经有所暴露。

3.4.2 梁启超杂合体的俗话翻译

晚清,梁启超已经开始尝试白话翻译。人们可能会以为既然古文

---

① 参见傅斯年:《译书感言》,载《傅斯年全集》(第一卷),长沙:湖南教育出版社,2003:189-196,引自第194页。最先发表于1919年3月1日《新潮》第1卷第3号。

在翻译中捉襟见肘,那么用"我手写我口"的白话来翻译就应该容易很多。但是梁启超在实践中发现,情况并非如此。

1902年,梁启超翻译了《十五小豪杰》①。《十五小豪杰》最初的原本是凡尔纳的法文作品《两年的假期》②。梁启超根据的是日本翻译家森田思轩的日译本《十五少年》,而日译本依据的是英译本 *Two Years' Holiday*。作品经过从法文到英文,到日文,再到中文三次转译的过程。日文译本一共十五章,中文译本有十八章。梁启超按照说部章回体译出前九回,后九回由罗孝高译完。译文在《新民丛报》连载,每期一回。梁启超对译文的格式做了不少改写和添加,比如,按照中国章回体小说的习惯,给每回添加对偶的回目;在每回的开头添加上回介绍;在全作品的开头添加一首自作的《调寄摸鱼儿》。除此之外,他还在文中多处地方插入对翻译过程的议论。其中,在翻译完第四回之后,梁启超在文末感叹白话翻译之难:

> 本书原拟依《水浒》《红楼》等书体裁,纯用俗话,但翻译之时,甚为困难,参用文言,劳半功倍。计前数回文体,每点钟仅能译千字,此次则译二千五百字。译者贪省时日,只得文俗并用,明知体例不符,俟全书杀青时,再改定耳。但因此亦可见语言文字分离,为中国文学最不便之一端,而文界革命非易言也。③

"语言与文字分离"的问题具有两面含义,一面是文言不能用来说,另一面则是白话不能用于写,人们经常会关注前者而忽略后者。这里的白话不是今日的白话,说白话不能写,不是说白话不能用于写家书之类的简易文字,而是指白话用于表现复杂事物和严密思想的能力有限。

---

① 梁启超:《十五小豪杰》,载《梁启超全集》第十九卷,北京:北京出版社,1999:5674-5687。
② 本书有从法文译出的中译本。参见儒勒·凡尔纳著,刘扳盛译《孤岛历险记》,广州:广东科技出版社,1981。
③ 梁启超:《梁启超全集》第十九卷,北京:北京出版社,1999:5674。

第三章　翻译冲动与清末民初的语言运动

梅光迪反对使用白话,但是他用白话写家书①。1917年,陈独秀在《安徽俗话报》上用的是白话,可是发表在《新青年》上的文章用的是文言。白话、文言被用来处理不同的体裁、面对不同的读者,各有分工,各司其职。在翻译中使用白话有利于接近普通读者,但是这种浅易的语言工具却未必承载得起沉重复杂的"异"。

梁启超曾经在《饮冰室诗话》里说纪行诗最难写,《十五小豪杰》的主题也与探险、纪行有关。小说讲述的是十五个少年在太平洋上漂流的冒险故事,对当时的读者具有非凡的吸引力。据作家端木蕻良回忆,《十五小豪杰》是他平生看到的第一部科幻作品,只在幼年时读过,却是他一生憧憬重温的一本书,因为它增添了人们"健康的幻想"②。对一个打开国门不久,世界知识并不丰富的国家,翻译"异",不仅是对译者个人文字能力的挑战,也是对一个民族的语言表现力的考验。译者要用现有的能指去表达未曾见过、想过的陌生经历。加上翻译是戴着镣铐跳舞,文本的细节不由自己安排,其难度可想而知。

梁启超有意用方便开启民智的俗话来做文学翻译,竟然在实践中发现,有时俗话用起来比文言还吃力。以下段落选自译文第四回《乘骇浪破舟登沙碛　探地形勇士走长途》,对应日文译文第三回(日译本无标题):

　　这样看来,这孩子们可以若干月内无忧困乏。……到了中午,那年纪小的从海边捡得许多蚌蛤之类同着莫科**归**到船中。据莫科说道,那石壁一处,有鸽子**数千**。那喜欢打猎兼且熟练的杜番,搔着心痒,逐约出伙伴定议明日**往打鸽去**。此次午餐,不消说是要享用那蚌蛤等鲜味了,随搭些咸牛肉,从溪中汲些冽水,滴几滴波兰地**酒**,皆觉饶有珍味。午后,大家检点船身破坏之处,共修补之。

---

① 参见梅光迪:《梅光迪文存》,武汉:华中师范大学出版社,2011。文集中收录大量白话家书。
② 端木蕻良:《〈十五小豪杰〉和我》,《民主》,1995(11):24。

145

那年纪小的便往溪边钓鱼,晚饭后一齐就寝。……**抑此地到底是海岛还是大陆,是武安、俄敦、杜番等几个年长的所最关心之第一问题也**。他们屡屡聚谈,互斗意见,但大略看来,此地决不属于**热带,何以故**?[……]**果尔**,则交到冬令严寒,将不可耐。[……]至十五日天气稍霁,**晴雨表**亦升高度,于是武安预备一切,明日起程,以上探险之途。随身带短**铦一枝**,短铳**一枝**,又要袋里装饼干**若干枚**、腌肉及波兰地各少许,又带**一个望远镜**,行了一点多钟已到半路,约算上午八点钟便可到岬头。[……]**或脱靴徒涉,海水没膝;或失足跌倒于石矶上,不止一次**。[……]武安乃小憩石上,从袋子里掏出食物及波兰地酒,**少疗饥渴**。①

与使用古文相比,俗话译文流畅易懂。"波兰地酒""望远镜""热带"等新名词与今天的用法相同或者接近。不过,梁启超是从日文转译,有些新名词在日译本中已经有现成的译法,中文翻译可以直接取用,这已经使翻译的难度降低了不少。但是即便如此,译文混合着大量文言语法和外国语法,已经是一种明显的杂合体。将所选段落与日文文本相比②,可以发现中文译者采用了一些有趣的处理方法:

(1) 使用文言、古字

如上文所述,梁启超社会文化活动活跃,事务繁忙,而《十五小豪杰》是报刊连载小说。为了能让译文及时见报,梁启超经常需要和时间赛跑。此处选段出自第四回,与第三回在发表时间上间隔了两期。在第四回开头,梁启超为拖延稿件一个月向读者道歉。该选段出现在第四回中后部,可以看出,为了赶时间,梁启超在不成熟的白话中,插入了较多的文言成分,因为"参用文言,劳半功倍"。

而选段中的文言词汇来源不一而足。有的是从日文本中移植过来

---

① 梁启超:《十五小豪杰》,载《梁启超全集》第十九卷,北京:北京出版社,1999:5673。粗体为笔者添加。
② 日语原文参见森田思轩译:《十五少年》,东京:岩波书店,昭和十三年(1939):41-45。

的,有的则是译者自行添加的,这两种做法都是为了省时省力。比如,"筇"字是古字,指古书中的一种竹子,是从日文中直接照抄的日文汉字。"抑""果尔""何以故"等词是文言中的接续词和疑问词。其中,"何以故"是梁启超根据语气添加的;"抑""果"是日文本里直接有的,从"抑も""果して然らば"中提取出来的。有趣的是,日文发语词"抑も"的意思是"说起来/说到底/其实",不表示选择关系,而文言中的"抑"作发语词时虽然可以表示选择,但是后面的句子本身是选择句型,等于取消了"抑"的作用,翻译成句子虽能解,但并非地道文言,以至于整个句子变成文言、白话和翻译体的杂糅。

(2) 引进新的表达法

从日文直译,给中文带来了新的词汇和表达法。比如,新词汇"望远镜"照抄了日文汉字;"少疗饥渴"是对日文"其の飢渴お療しつ"的直译,只是按照汉语语言习惯,调整了语序,以此引进了隐喻修辞,生成了富有新意的文言表达。

但译者在照搬日文本时,并非总是充满自信。就在该选段上面的一个段落里,日文中有"望遠鏡三個",梁启超选用了区别于日文的表达,将其译为"千里镜"三个。行文相隔如此近,译者却选用了两种完全不同的译法,其选择相当耐人寻味。它给研究者开放了一个洞察译者心理的窗口。译者在仓促赶稿中未能顾及译名一致,却披露了内心的疑惑和顾忌。究竟是用本土的表达应对新名词,还是借助外来语引进新的概念?此处,译者经历的是一个从排"异"到接受"异"的微妙的心理转变。

(3) 引进新句法

所谓引进新句法,是指译文中出现了文言或者白话中少见的新的句法,并非意味着这些新的表达将在日后的白话里得以保存。体现在该段引文里,译文引进的新句法包括判断句型"是……也",超长前置定语,数量词前置等。

比如,"是武安、俄敦、杜番等几个年长的所最关心之第一问题也",

其中"是……也"是现代欧化的系动词"是"与文言判断句中"也"组合杂糅的结果;"武安、俄敦、杜番等几个年长的所最关心之第一问题"一句当中,"问题"之前的超长定语不是汉语里原有的,看起来非常欧化。

比较日语的原句"……武安、吴敦、杜番等年長者の此地に漂着して以來、常に關心しつありし所の第一問題にして",可以发现,日语中"第一問題"之前的定语更长,照直译成中文是:"……(是)武安、吴敦、杜番等年长者漂流到此地以来时常关心的第一问题"。但超长前置定语并非日语传统句式。明治维新以后的日语经历了很多欧化的变化,除了定语的变化,还包括抽象名词的用法扩大,"所"增添了关系代词的用法等。汉语的欧化一部分是欧洲语言直接影响的结果,一部分则是从欧化的日文翻译的结果①。此处即是吸收欧化日语的一个例证。

另一处欧化体现在数量词的使用上。"鸽子数千""短筇一枝""短铳一枝""饼干若干枚"虽然使用的是现代汉语中的双音节名词,但在数量词的使用上,遵照的是文言语法中数量词后置的原则。有趣的是,此处日语原文是"渠は護身の用として一條の筇、一個の連發短銃お携えたる外、其の帶繫けたる小袋子の裡には、若干枚の幹餅、些の鹽漬肉、及びブランダーと水と調和して盛一個のフラシク納め、又た一個の望遠鏡お携えたり"。日文已经使用了欧化的定语前置用法,即遵照"数量词+の+体言"的语序,如果照直翻译成现在的白话,他们携带的物品应为:护身用的一条短竹,一支连发短枪,几块饼干,一些腌肉,一壶兑水白兰地,一只望远镜。对于这些数量词,梁启超只在"一个望远镜"中照搬了日语句式,其他全部按照汉语文言语序,对日语中的量词按照汉语习惯加以修改,比如从"一個の連發短銃"改成"短铳一枝"。现代汉语欧化的进程还将在梁启超之后继续下去。

此外,该选段中"往打鸽去"的说法通俗却别扭,与现代汉语中"往

---

① 参见内田庆市:《关于语言接触和"新兴语法"》,《東アジア文化交涉研究(別冊)》,2011(7):35-43。

北京去"的句式相似又不同;比照原文,"往きてこれを獵すべし",就不难发现这是模仿日文的结果,同时它昭示着汉语白话语法中连动句式的缺乏①。

梁启超的白话译文以俗话为主,但是调动杂合了各种异质元素为我所用,包括日语新名词、欧化句法、文言、古字甚至方言等②,以弥补单纯使用俗语的弊端,保证译文顺利完成及时连载。翻译《十五小豪杰》正值梁启超在日本逃难期间,他独创的"新文体"正在此时诞生。梁启超这样描述"新文体"③:

> 启超夙不喜桐城派古文,幼年为文,学晚汉魏晋,颇尚矜炼,至是自解放,务以平易畅达,时杂以俚语、韵语,及外国语法,纵笔所至不检束,学者竞效之,号新文体。老辈则痛恨,诋为野狐。然其文条理明晰,笔锋常带情感,对于读者,别有一种魔力焉。

梁启超的译文与这种"新文体"的共通之处在于混杂搭配新旧元素,调动语言"残余"。当母语在面对"异"感到捉襟见肘时,这是一种变通的语言方案。外国语法、词汇、方言的使用,都为新文体增添了传统古文所没有的魔力,辅助俗语完成翻译和写作的任务,从而达到引进"异"和更新母语的目的。杂合新旧元素无疑是俗语翻译的唯一出路,单纯地使用既有的俗语翻译,即使对于像梁启超这类文豪级别的译者来说,也几乎是一件不可能完成的任务。可以大胆推测,"豪杰译"中的删节可能也与俗话翻译的难度有关。删节毕竟可以省时省力,使译者

---

① 参见王力:《汉语语法史》,北京:商务印书馆,2006。第十八章介绍了中国语法中连动式的发展。
② 梁启超对小说中人物姓名的处理也比较有趣。日汉翻译中姓名一般都是直接取用日文汉字的,梁启超对"武安""杜番"都是这样处理,唯独把"吴敦"译作"俄敦",置换了一个汉字。笔者推测梁启超这是按照粤语"俄"(ngo)的发音对译日文中的"吴"("ゴ"),而粤语中的"吴"字与日语中的"吴"中发音差别较大。
③ 梁启超:《清代学术概论》,北京:中华书局,2010:128。

避免纠缠于一些难译之处。

清末民初号称选择用白话来翻译的,多半得和梁启超一样,实际使用的是半文半白、时文时白的文字。以胡适为例,1911年出版的《最后一课》、1916年的《决斗》、1917年的《二渔夫》用白话翻译,却是用文言作序,《决斗》和《二渔夫》译文内还添加了文言注释,其原因可能在于文言更简洁;同一时期,胡适发表在《甲寅》上的《柏林之围》与发表在《新青年》上的《梅吕哀》却完全用文言①,这当然与这些杂志特定时期的语言偏好也有关系。

总体上说,这一时期大多数译作很难简单地分成纯文言或者纯白话类,很多文字摇摆在文白混杂的灰色地带,很难归类。译者们斟酌着译文的销量、翻译的难度、译文的文学地位、投稿杂志的要求等诸多因素,在有意无意间变成了语言的实验者。

3.4.3 伍光建的纯白话翻译

在白话文极度不发达的年代,伍光建是一位从头至尾坚持使用白话翻译的译者。伍光建何以能如此坚持到底,这不得不让人称奇。伍光建走红的年代正是林纾的古文小说翻译风行的年代。起初,他以君朔的笔名在《中外日报》上发表译作,辛亥革命前,其译作改由商务印书馆出版,其中,以大仲马的《侠隐记》和《续侠隐记》最受欢迎,"封面格式与林译《说部丛书》相同,这说明语体翻译在吸引着更多读者了"②,小说翻译刮起了白话风。

胡适、茅盾和徐志摩等都对伍光建的白话大加赞赏。20世纪20年代中期,《侠隐记》成为茅盾评注的两本外国文学作品之一,由商务印

---

① 参见胡适:《胡适译短篇小说》,长沙:岳麓书社,1987。此处提到的译文均收集于该译文集。
② 参见伍蠡甫:《前记》,载伍光建《伍光建翻译遗稿》,北京:人民文学出版社,1980:1-6。引自第3页。

书馆作为中学国语文科补充读本之一出版①。茅盾认为,伍光建的白话译文"既不同于中国旧小说(远之则如'三言''二拍',近之则如《官场现形记》等)的文字,也不同于'五四'时期新文学的白话文,它别创一格,朴素而又风趣"。而其删节"很有分寸,务求不损伤原书的精采"②。1928年,胡适在一封信里写道:"近几十年中译小说的人,我认为伍昭扆先生最不可及。他译大仲马的《侠隐记》十二册(从英文译本的),用的白话最流畅明白,于原文最精警之句,他皆用气力炼字炼句,谨严而不失为好文章,故我最佩他。"③

考察伍光建的译本,单独阅读,确实是妙趣横生。但是与原文比较,却发现这流畅明白的译文是以大量地删节"异"作为代价的。总体上看,他采用章回体,用67回对应原文67章。序言经过大幅删节后,用文言译出梗概,正文部分使用白话。可是,无论是文言的序言还是白话正文中,其删节处往往正好对应着翻译困难区。比如,正文开头第一段:

> 话说一千六百二十五年四月间,有一日,法国蒙城地方,忽然非常鼓噪:妇女们往大街上跑,小孩子们在门口叫喊,男子披了甲,拿了枪赶到弥罗店来,跑到店前,见有无数的人,在店门口,十分拥挤。当时系党派相争最烈的时候,无端鼓噪的事,时时都有。有时因为贵族相争;有时国王与红衣主教争;有时国王与西班牙人争;有时无业游民横行霸道,或强盗抢劫;有时因耶稣教民与天主教民相斗;有时饿狼成群入市。城中人常时预备戒严,有时同耶稣教民打架,有时同贵族相斗,甚至同国王相抗击的时候也有,却从来不敢同主教闹。这一天鼓噪,并不因为盗贼同教民。众人跑到客店,

---

① 另一本是林纾的《萨克逊劫后英雄略》。
② 参见茅盾:《文学与政治的交错——回忆录[六]》,《新文学史料》,1980(1):165-182。
③ 参见胡适:《论翻译》,载《胡适译短篇小说》,长沙:岳麓书社,1987:194-196。这篇名为《论翻译》的文章实为胡适给曾孟朴的一封信,引自第195-196页。

查问缘故,才知道是一个人惹的祸。①

对照英文版,译者是将原文前两段综合成一段。作为译述,这是常见的做法,无可厚非。但是比较原文和译文,可以发现这些删节之处呈现出一些规律性的特色。为了方便读者比较,笔者将伍光建未译出的部分用粗体标出:

On the first **Monday** of the month of April, 1626, the market-town of Meung, **in which the author of the "Romance of the Rose" was born,** appeared to be in as perfect a state **of revolution as if the Huguenots had just made a second Rochelle of it.** Many citizens, seeing the women flying towards the **Grand Street,** leaving their children crying at the open doors, hastened to don the cuirass, and supporting their somewhat uncertain courage with **a musket or a partisan,** directed their steps towards the hostelry of the Jolly Miller, before which was gathered, increasing every minute, a compact group, vociferous and full of curiosity.

In those times **panics** were common, and **few days passed without some city or other enregistering in its archives an event of this kind,** there were nobles, who made war against each other; there was the king, who made war against the cardinal; there was Spain, which made war against the king. Then, **in addition to these concealed or public, secret or open wars,** there were robbers, mendicants, **Huguenots,** wolves, and scoundrels, **who made war upon everybody.** The citizens always took up arms

---

① 大仲马:《侠隐记》,伍光建译,茅盾校注,长沙:湖南人民出版社,1982:1.

readily against thieves, wolves, or scoundrels, often against nobles or Huguenots, sometimes against the king, but never against the cardinal **or Spain**. It resulted, then, from this habit that on the said **first Monday of the month of April**, 1626, the citizens, on hearing the clamour, and s**eeing neither the red-and-yellow standard nor the livery of the Due de Richelieu**, rushed towards the hostel of the Jolly Miller. When arrived there, the cause of this hubbub was apparent to all.①

根据原文,故事发生的时间是1626年4月的第一个星期一。原作者两次强调这个信息,Monday("星期一")在两段当中出现两次。对于今天的译者,"星期一"是再容易不过的词汇了,可是当时的白话中却找不到对应的表达。直到民国初年,人们对于西历中不少表达法都感到混淆,比如,1912年,还有读者给《民立报》写信,咨询对于西历中月、日的译法是否可靠:"欧美各国沿用阳历已久,鄙人苦于不解西文,不能识其名词,尝见一二译本,于岁时之记述,皆曰月曰日,其取其从我国耶,抑西文意义果如是耶? 闻之历象家言,谓既用阳历,日当称'号',月则当易之为'宫',称正月曰'初宫',余则以数递推。鄙人又不解历学,亦不敢断其当否。"②

伍光建在译文中写"一千六百二十五年四月间,有一日"。译者做出这样的改写是因为原文这一细节不重要? 这样写会引起国人混淆? 还是因为白话中对应的表达尚未出现,而不得已做出的模糊处理呢? 中国古代有"七曜"的说法,在唐代的汉译佛经中有所使用。星期一叫

---

① Alexandre Dumas, *The Three Musketeers* (London, Melbourne and Toronto: Dent, 1906), p.1. 伍光建是从英文转译,译本中未交代依据的是什么版本。《侠隐记》译于1908年。本书引用的英文版本最早于1844年出版,后来一直在重印。

② 秦婴盦:《附录:论月日定名——致《民立报》记者》,载章士钊《章士钊全集》第二卷,上海:文汇出版社,2000:295。

月曜日，这种说法随着佛经东传到达日本，至今保存在日语里。1909年，清政府学部图书编译局确定七天一周的星期制度，此后汉语中才开始启用"星期一"的说法。而《侠影记》译出的时间是 1908 年。1936 年曾孟浦重译的《侠隐记》将这一句修改为"一六二五年四月的某星期一"①。虽然没有文字资料证明译者当时的确切想法，但不可否认，母语缺乏能指符号是信息删节的原因之一。

　　承载着"异"的专有名词和复杂句式一直都是翻译中的难点。除了"星期一"，大量的专有名词或被删除，或被简略化处理。比如，Romance of the Rose 和 a second Rochelle 涉及文化典故，如果直译免不了要加注解释，被直接略去；the Grand Street 和 the Due de Richelieu 等地名一概不译；在翻译 Huguenots（现译"胡格诺派教徒"），和 musket（现译"火枪"）时，伍光建使用"耶稣教名"和"枪"，部分翻译了原文的信息，为读者也为自己清理了"异"造成的难题。引文中第二段第一句颇为幽默俏皮，"… few days passed without some city or other enregistering in its archives an event of this kind"（大意：三天两头里，必有某些个城市要在其档案里为此类事件记上一笔）。此句为双重否定句，必然对当时不发达的白话表达构成困难，也被译者直接跳过。

　　诚然，如茅盾所言，伍光建的删节"很有分寸，务求不损伤原书的精采"，但是，删节之处与文化信息高密度处往往相合，这用巧合来解释不免牵强。不禁让人推断，这其中隐藏着译者的一大秘密，这也是清末民初白话译者和文言译者在删节时共同的难言之隐：笔力不逮。如果此论成立，译者伍光建此时与清末最早出洋的林鍼、黄遵宪等文人一样，在用母语表达"异"时遭遇了失语症，若强行直译，必然破坏译文可读性，弄出让人半懂不懂的句子。删节貌似是译者基于文学性考虑对译

---

① 参见大仲马：《侠隐记》，曾孟浦译；上海：启明书局，1936，引自第 1 页。译文对依据的原文没有交代，但据笔者推测也是从英文转译，且多处参照了伍光建的译文。

第三章 翻译冲动与清末民初的语言运动

文做出的合理编辑,无疑可以发挥遮羞布的作用。

删节改写是晚清以来的翻译很突出的一个特色,严复、林纾的古文翻译中有,梁启超的俗话翻译中有,伍光建的白话翻译中还是有。很多学者倾向于用翻译态度来解释这些删节,认为晚清译者对原文普遍缺乏尊重。本书认为,母语表达力有限,同样是促使译者删节的重要原因。当"异"向民族语言的表现力发起大规模的挑战时,翻译绕开了这些困难区,也就放弃了在与"异"的交涉中突破语言极限、释放语言潜能的机会。但是如果强行硬译,也可能对自身造成毁灭性的打击。

从上述伍光建译本接下来的一段人物形象描写当中,可以看出译者保守的翻译立场[1]:

> 此人:年纪约十八岁;外着羊绒衫,颜色残旧,似蓝非蓝;面长微黑,两颧甚高,颊骨粗壮,确系法国西南角喀士刚尼人;头戴兵帽,上插鸟毛;两眼灼灼,聪明外露,鼻长而直;初见以为是耕种的人,后来看见他挂一剑拖到脚后跟,才知道他是当兵的。

英文:

> A young man,—we can sketch his portrait at a dash. Imagine to yourself a Don Quixote of eighteen; a Don Quixote without his corselet, without his coat-of-mail, without his cuisses; a Don Quixote clothed in a wollen doublet, the blue colour of which had faded into a nameless shade between lees of wine and a heavenly azure; face long and brown; high cheek-bones, a sign of sagacity; sign by which a Gascon may always be detected, even without his cap,—and our young man wore a cap

---

[1] 大仲马:《侠隐记》,伍光建译,茅盾校注,长沙:湖南人民出版社,1982:1。

set off with a sort of feather; the eye open and intelligent; the nose hooked, but finely chiseled. Too big for a youth, too small for a grown man, an experienced eye might have taken him for a farmer's son upon a journey, had it not been for the long sword which, dangling from a leathern baldric, hit against the calves of its owner as he walked, and against the rough side of his steed when he was on horseback.[①]

作者介绍主人公形象时,采用了与西方经典人物形象堂吉诃德相比较的方法,逐一介绍人物的年龄、穿着、五官等特色,描写细致、幽默。译作将比较文字完全略去,这种做法在当时可以理解,没有西方文学知识作为背景的读者不可能明白堂吉诃德是什么样的形象。但是译者的句式也非常传统,充斥着"两眼灼灼""鼻长而直"之类四字主谓短句,对颜色、五官等的描写笼统而不精准,与传统小说或者林译小说中的人物描写差别不大,译作在句式结构和描写手段上向西方文字学习的不多。原文中生动、滑稽、调侃式、铺陈式的描写,一下子变得朴素、单调而趋向于大众化。

这种白话文翻译具有接济性质,它迁就底层读者。译者凭借职业经验,预测读者在接受译文时可能遇到的困难,将困难之处删去。在方便读者的同时,也方便了译者自己,造成了一种通顺流畅的译文。这在读者群大多数不具有双语能力的时代,不失是一种讨好读者的做法,也配合了20世纪初日益膨胀的民主诉求。它与晚清某些不负责任的翻译,那些"融会贯通得太利害,又每每不署原著者姓名,所以难于查考"[②]的译文完全不同。译者对翻译抱着严谨认真的态度,在林纾的古文翻译风行的年代,吹起一阵白话翻译之风,其作品具有开先河的意义。

---

① 参见 Alexandre Dumas. *The Three Musketeers* (London, Melbourne and Toronto: Dent, 1906), p.1-2.
② 参见周作人:《空大鼓》,《新青年》,1918(5):482。

但是，开启先河的同时也就是危机显现的开始。如同文言在翻译西洋文字中遭遇捉襟见肘的尴尬一样，早期白话作为一种未经过文学创作历练的语体文，在翻译中，在与原文的较量中，已经将其词汇、句法匮乏的短处展露无遗。只是它是以古文反对者的姿态呈现，其短处没有受到后来者太多的攻击。相反，译者通过抑制翻译冲动，调和语言规范与翻译冲动的关系，使得删除难译的"异"之后的译作，依然是自成一体的文学作品，从而为白话翻译赢得了声誉、读者，赢得后来的白话文运动者的好评。

但是，尽管胡适说伍光建的白话译文"最不可及"，澎湃的翻译冲动使新文化运动时的国语文学建设者们并不止步于这样的译文。胡适提倡通过多多翻译西洋名著来给国语文学做榜样，他有一个非常宏大的翻译计划：

> 西洋的文学方法，比我们的文学，实在完备很多，高明得多，不可不取例。即以散文而论，我们的古文家至多比得上英国的倍根（Bacon）和法国的孟太恩（Montaigne），至于像柏拉图（Plato）的"主客体"，赫胥黎（Huxley）等的科学文字，包士威尔（Boswell）和莫烈（Morley）等的长篇传记，弥儿（Mill）、弗林克令（Franklin）、吉朋（Gibbon）等的"自传"，太恩（Taine）和白克儿（Buckle）等的史论……都是中国不曾梦见过的体裁。更以戏剧而论，二千五百年前的希腊戏曲，一切结构的工夫，描写的工夫，高出元曲何止十倍。近代的萧士比亚（Shakespeare）和莫逆尔（Moliere）更不用说了，最近六十年来，欧洲的散文戏本，千变万化，远胜古代，体裁也更发达了，更重要的，如"问题戏"，专研究社会的种种重要问题；"象征戏"（Symbolic Drama），专以美术的手段作的"意在言外"的戏本；"心理戏"，专描写种种复杂的心境，作极精密的解剖；"讽刺戏"，用嬉笑怒骂的文章，达愤世救世的苦心［……］更以小说而论，那材料之精确，体裁之完备，命意之高超，描写之工切，心理解剖之

细密,社会问题讨论之透切……真是美不胜收。至于近百年新创的"短篇小说",真如芥子里面藏着大千世界;真如百炼的精金,曲折委婉,无所不可;真可说是开千古未有的创局,掘百世不竭的宝藏。①

这是一个几乎要将西洋文学全盘输入的计划。胡适认为西洋的各种文学形式精彩纷呈,需要赶快翻译过来用作国语文学的"模范"②,从这段文字的表述中看出,他注重作品的文学性、表现形式、体裁,胜过其故事性。对于翻译的要求,胡适在当时(1918 年)只提出两条要求,一是,只译名家著作,不译二流著作;二是,全用白话韵文的戏曲,也要全部译成白话散文。但这第二项要求似乎与尊重原文的形式相互矛盾。直到 1919 年,傅斯年提出欧化的国语时,白话文的翻译才开始了直译、逐句翻译、不删节的翻译新风尚。

3.4.4 新文化运动时期白话文的欧化

新文化运动彻底改变了文言与白话的地位。推翻文言的统治之后,白话成了正统。使用流畅的白话译书,或者写几首白话小诗,就可以在文坛刮起清新之风,那样的时代已经过去。文学界对白话提出越来越高的要求,白话自身的问题严重暴露出来,成了新一代作家的共识。比如,周作人指出:

两三年来文学革命的主张在社会上已经占了优势,破坏之后应该建设了;但是这一方面成绩几乎没有;这是什么原故呢? 思想未成熟,固然是一个原因,没有适当的言词可以表现思想,也是一个重大的障害。前代虽有几种语录说部杂剧流传到今,可以备参

---

① 胡适:《建设的文学革命论》,载《胡适文集》(第二卷),北京:北京大学出版社,1998:56。原载于1918年4月15日《新青年》第四卷第四号。
② 胡适:《建设的文学革命论》,载《胡适文集》(第二卷),北京:北京大学出版社,1998:56。

考,但想用了来表现稍为优美精密的思想,还是不足。①

1919年,傅斯年在《新潮》第一卷第二号上发表《怎样作白话文》,该文指出白话文在翻译中词不达意的困境。他说,将精彩的西文演说集译成白话时,"文字的妙用全失了,层次减了,曲折少了,变化去了——总而言之,词不达意了"②。

新时期的白话要和过去的文言斩断一切关系,因此,在创作和翻译中都不能再像梁启超时代那样,乞灵于文言古字,白话文失去了行走的拐杖。傅斯年的"欧化国语的文学"正是在这一背景下提出。他的主张概括起来,就是通过直译西文学习欧化的国语,为此,他规划好了学习的步骤:

(1) 读西洋文学时,在领会思想感情之外,应当时时刻刻,留心它的达词法(expression),想法把它运用到中文上。常存这样的心理,自然会使用西洋修辞学的手段。

(2) 练习作文时,不必自己出题,自己造词。最好是挑选若干有价值的西洋文章,用直译的笔法去译它;径自用它的字调。务必使它原来的旨趣,一点不失。这样练习久了,便能自己作出好文章。这种办法,不特可以练习作文,并且可以练习思想力和想像力的确切。

(3) 自己做文章时,径自用我们读西文所得、翻译所得的手段。心里不要忘欧化文学的主义。务必使我们作的文章,和西文相似,有西文的趣味。

(4) 这样办法,自然有失败的时节,弄成四不像的白话。但是

---

① 参见周作人:《圣书与中国文学》,载《知堂书话》下册,海口:海南出版社,1997:1303-1313。引自第1311页。
② 傅斯年:《怎样做白话文》,载《傅斯年全集》(第一卷),长沙:湖南教育出版社,2003:131。

万万不要因为一时的失败,一条的失败,丢了我们这欧化文学主义,总要想尽方法,融化西文的词调,作为我用。①

此时的白话文仿佛一个嗷嗷待哺的婴儿,它的成长呼唤一个喂养它、教育它的成人的角色。郑振铎在1923年用了一个奶娘的比喻,说在一国的文学史变化最急骤的时代,翻译者常是最需要的人,翻译者不仅是郭沫若说的"媒婆","却进一步而有类于'奶娘'"②,这无意中与精神分析学中的移情说相吻合。

诚然,欧化是出于需要,如同鲁迅所说,

欧化文法的侵入中国白话中的大原因,并非因为好奇,乃是为了必要……要说得精密,固有的白话不够用,便只得采些外国的句法。③

但是需要之外,文化移情是重要原因。汉语如要取得发展,要向世界上各种语言学习,这才是比较客观的说法。之所以选择欧化,而不是中亚化、非洲化,是出于移情。对特定他者的移情引发了翻译和模仿的欲望,继而引发了对自身不足的认识,以及改变自身、变得和他者一样的愿望。清末民初中国移情的对象就是西方,它的理想是全面充满激情地学习西方的政治、经济、文学、科技,乃至语言。以《新青年》杂志为例,民初《新青年》每一期都在不断地、热情地介绍西方的政治、经济、心理学、人口理论、文学等方方面面。现在的中国没有一家杂志会是以这样的方式全方位宣扬西方,而当时少年中国的新青年们却以介绍西方、学习西方为己任。

---

① 傅斯年:《怎样做白话文》,载《傅斯年全集》(第一卷),长沙:湖南教育出版社,2003:135-136。
② 参见西谛:《翻译与创作》,《文学旬刊》,民国十二年七月二日(1923.7.2)。
③ 参见鲁迅:《玩笑只当它玩笑》(上),载陈漱渝编《鲁迅论争集》,北京:中国社会科学出版社,1998:136-137,引自第137页。

第三章　翻译冲动与清末民初的语言运动

　　清末民初的"欧化"也不仅仅是采用一点国外的语法。它表现为从根本上觉得汉语样样不如人，憎恶、敌视汉语，以崇拜、仰慕的眼光去看待他者。白话文的欧化运动者肯定历史上通过欧化发展古文的策略。傅斯年称赞章士钊欧化的古文，说是"几百年的文家所未有"，他在古文中学习西洋词法，"层次极深，一句话里的意思，一层一层的剥进，一层一层的露出"。① 不仅古文、白话文走上了欧化的道路，清末的音标文字方案、民初的国语罗马字方案，从本质上说也是在欧化，它们是文字符号欧化的尝试。不管汉语采用哪种语言文字形式，欧化是当时的首选。

　　民初的语言试验者不仅愿意进行白话文的欧化试验，也愿意接受殖民者欧化白话文的成果。周作人曾经建议，传教士翻译圣经时的白话译本，也可以成为国语文学的样板，因为那是"经过多少研究与试验的欧化的文学的国语"②，在文法、标点等方面都做出了很多的改进，可以供国人的参考与取法。周作人甚至说，那是解救中国文字"七年之病"的"三年之艾"。

　　在傅斯年提出欧化倡议的同时，甚至更早的时候，很多作家译者就自发开始了直译的尝试。刘半农第一个明确提出，要通过不懈的尝试造成一个直译的文体③。在翻译《我行雪中》时，他采用逐句直译的办法，不妄改原文，放弃以诗赋歌词各体归化之的企图，且在注释中存疑，发出了主动欧化的先声。在1918年到1921年间，《新青年》几乎每期上都有周作人的译作④，从最早的《古诗今译》⑤，到1920年的《晚间

----

① 傅斯年：《怎样做白话文》，载《傅斯年全集》（第一卷），长沙：湖南教育出版社，2003：133。
② 周作人：《圣书与中国文学》，载《知堂书话》下册，海口：海南出版社，1997：1313；原文最早发表于1921年1月《小说月报》12卷1号。
③ 参见刘半农：《〈我行雪中〉译者导言》，《新青年》，1918（5）：433。
④ 1922年《新青年》停刊，1921年周作人因病在北京西山疗养，稿件减少，1921年后周译作发表阵地开始从《新青年》转向《小说月报》。比较这几年间周作人的译文可以直观感受到白话文的变化。
⑤ 参见周作人：《古诗今译》，《新青年》，1918（2）：124-127。

的来客》》①，单看周作人译作中语言的变化，就能直观感受白话在短短几年内的欧化的历程。直译成了新文化运动之后翻译论争中炙手可热的关键词。究竟什么是直译？直译意译的界限在哪里？都是人们争执不休的问题。更有与直译相对的"硬译""歪译"等各种概念出炉。这些都折射出人们对于母语需要引进多少"异"、能够消化多少"异"、要不要抑制或者如何升华翻译冲动等诸多问题的困惑。

王宏志曾经评论傅斯年的欧化论，"这样的言论，今天看来是一种'自我的殖民'"②。语言是一种有象征意义的符号，它和民族身份认同总是紧密联系在一起。欧化、直译的提法，足以引发主体对于丢失自我身份的恐慌和警惕。20世纪20年代经历了好几场关于欧化的讨论。继傅斯年之后，1921年，茅盾、郑振铎在《小说月报》十二卷六号、王剑三在《曙光》第二卷第三号上、傅东华在六月三十号的《京报》上都先后讨论过欧化的问题。1921年七月十号的《文学旬刊》第七号将这些文章一起登载，做成一期"语体文欧化的讨论"专号③。

在这期专号中，沈雁冰（茅盾）、郑振铎是欧化的支持者，傅东华是反对者。傅东华认为，欧化是一种模仿，而模仿不算是新文学追求的创新。针对傅东华的文字，郑振铎、茅盾进一步定义什么是"欧化"。茅盾说：

> 我所谓"欧化的语体文法"是指直译原文句子的文法构造底中国字的西洋句调。这种句子在念过西洋文，或看惯西洋文的人看去，一点也不难懂，但不曾念过西洋文，或不看惯西洋文的人，可就和"看天书"一般了。④

---

① 参见周作人：《晚间的来客》，《新青年》，1920；(5)1—6(124-129)。
② 参见王宏志：《"欧化"："五四"时期有关语言的讨论》，载谢天振主编《翻译的理论构建与文化透视》，上海：上海外语教育出版社，2000；119-139，引自第129页。
③ 参见沈雁冰：《语体文欧化之我观（一）》；郑振铎：《语体文欧化之我观（二）》；王剑三：《语体文欧化的商榷》；傅东华：《语体文欧化》；郑振铎：《语体文欧化问题与东华先生讨论》；沈雁冰：《"语体文欧化"答冻蕙君》，《文学旬刊》，民国十年七月十日第七号。
④ 沈雁冰：《"语体文欧化"答冻蕙君》，《文学旬刊》，民国十年七月十日第七号。

欧化可以打破旧的文学形式和文法的束缚,释放想象力,更好地表达思想和情感。从茅盾的文字,可以看出欧化了的文字给予当时的读者的观感:对于懂洋文的人,欧化是熟悉的,亲切的;对于不懂洋文的,欧化的汉语是对母语规范很大的偏离,可能让人不知所云。

需要指出的是,虽然翻译使汉语欧化,偏离了母语原先的特色,但欧化的汉语并非是在复制原文的一切特色。拉普朗什绘制过一幅移情模式图[1]。在移情过程中,"匿谜能指"不断被翻译,经历了"翻译—去翻译—再翻译"的过程。拉普朗什将每次翻译的结果分别标记为:S1(能指1),S2(能指2),S3(能指3)……它们都是对原文的部分翻译,因为原文能指总会包含不可译的部分。翻译的过程是无止境的,而主体的意识、无意识、身份也随着每次翻译结果的变化而发生变化。

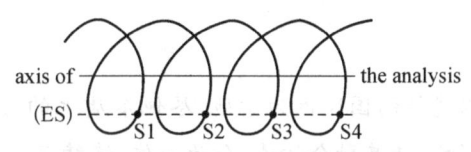

图3-2:拉普朗什绘制的移情模式图

语际翻译中的翻译冲动遵循着相同的道理,无论是"译者,逆者"(trauttore, traditore)的拉丁文的教训,还是钱钟书的翻译"囮"字说,或者是拉普朗什的翻译冲动说,都说明译文不管欧化到什么程度,只要使用的依旧是汉字,译文就怎么都不可能变得和原文一模一样。汉语语法总要发挥作用。用王力的话来说,是"中国原有的语法有时候也发生一种反动力,对于欧化的趋势成为一种平衡锤(counterbalance)"[2],比如,在汉语中就无法造出英文定语从句中的关系代词来。所以,欧化实际上是中西语法的杂糅,是对西文特色的部分翻译。

---

[1] 图片引自 Jean Laplanche, "Transference: Its Provocation by the Analyst," in *Essays on Otherness*. ed. John Fletcher (London: Routledge, 1999), p.231. 图中的S1,S2等分别表示主体在翻译"匿谜能指"(ES: enigmatic signifier)时使用的不同的能指(signifiers)。
[2] 王力:《王力文集》(第一卷),济南:山东教育出版社,1984:435。

新文化运动以后大多数白话译者,与伍光建时代的白话译者相比,翻译立场要开放很多。但是他们一般并不以与原文完全严格的等同作为奋斗目标,而是倾向于探索汉语白话在欧化中所能承受的最大限度,最大化地翻译西文中的匿谜信息,在汉语的容许范围内将欧化推向极致。周作人、赵元任等翻译家都是这一类积极的语言实验者。

周作人主张利用欧化给汉语造成新的活力,反对中学为体西学为用,反对国粹优胜的偏见,主张"就单音的汉字的本性上尽最大可能的限度,容纳'欧化',增加他表现的力量,却也不强他所不能做到的事情[……]只不必到'三株们的红们的牡丹花们'的地步"①。而他对于欧化促成新的国民性的论述,竟然和精神分析学的理解完全一致。

> 我却以遗传的国民性为素地,尽他本质上的可能的量去承受各方面的影响,使其融合沁透,合为一体,连续变化下去,造成一个永久而常新的国民性,正如人的遗传之逐代增入异分子而不失其根本的性格②。

他认为,通过欧化,不断地吸收"异",可以造成常新的国民性,但是这种新的国民性并不会从根本上威胁到民族身份,所以不必要对欧化有过度的戒备心。

赵元任则专门选择翻译一部颇具挑战性的作品——《阿丽思漫游奇境记》。这部著作中充满了高密度的文字游戏,大量"非意义"的童谣,充分调用了英文中的"残余"。法国语言学家让-雅克·勒赛克勒(Jean-Jacques Lecercle)称其为"非意义的文本"(a nonsense text),并

---

① 参见周作人:《国粹与欧化》,载《自己的园地》,长沙:岳麓书社,1987:11-13,引自第13页。
② 周作人:《国粹与欧化》,载《自己的园地》,长沙:岳麓书社,1987:13。

且认为全译这本书是一个不可能的尝试①。赵元任在翻译这部作品时不仅要解决"他"/"她"/"它"、"的"/"底"/"得"、"那"/"哪"、"了"/"嘚"/"啦"等常用代词、助词如何区分的问题,还得尽全力,用完不精密的白话去逐字逐句地翻译:"尽力照'字字准译'的标准修改,到改到再改就怕像外国话的时候算危险极度。"②尽管周作人对赵元任的这部译作给出了很苛刻的评价,认为赵元任的尝试从总体上看是一个失败③,但其实验白话文的眼光和价值不可低估。

众多的翻译和写作实验推动了汉语欧化的进程。王力的语言学研究发现④,现代汉语语法的变化在民初的二十多年里最为迅猛,比之从汉至清有过之无不及。在 20 世纪二三十年代,中年以下的人做起白话文章来都免不了使用欧化的词汇和句法。他比较了《红楼梦》《儿女英雄传》中的白话与二三十年代书报文章在语法上的差异,指出欧化大致就是英化,体现在种种新的构词法和句法上,而这些新的文法多半是由于翻译造成的,"译品、准译品和以西语为腹稿的作品——实在是欧化语法的来源;青年们的欧化文章都是从它们里面展转学来的。因此,我们不妨把欧化和翻译混为一谈。"⑤

---

① 参见 Jean-Jacques Lecercle, *Philosophy of Nonsense*: *the Institutions of Victorian Nonsense Literature* (London and New York: Routledge, 1994),引自第 20 页。
② 参见赵元任:《凡例. Lewis Carroll》,载赵元任译《阿丽思漫游奇境记(附:阿丽斯漫游镜中世界)》,北京:商务印书馆,1988:1。
③ 参见周作人:《阿丽思漫游奇境记》,载《知堂书话》(下),海口:海南出版社,1997:1316-1319。
④ 参见王力:《中国语法理论》,载《王力文集》(第一卷),济南:山东教育出版社,1984:433-502;王力:《中国现代语法》,载《王力文集》(第二卷),济南:山东教育出版社,1985:460-517。
⑤ 王力:《中国语法理论》,载《王力文集》(第一卷),济南:山东教育出版社,1984:502。王力所说的准译品是指参照外文文献内容,用汉语写出来的文字;以西语为腹稿的作品,是指用英语思维,用汉语写成的作品。也就是说,王力将这种思维转化也看成是翻译活动的一种。如此一来,林纾、章士钊等人的很多文字都可算作准译品,或者以外文为腹稿的作品,都可算作翻译。这与弗洛伊德对于广义翻译的理解十分吻合,也与雪莉·西蒙对于文本翻译的广义定义相符合(参见 2.2.4)。

3.5 症候的背后

概括起来,从白话文言之争,到各式各样的拼音文字方案、诗体改良、新诗运动,再到古文、白话文的欧化,在清末民初层出不穷的语言运动背后,都有移情的推动。这些都体现着在西方匿谜信息的强烈诱惑之下,国人翻译"异"的冲动。

在这个不断翻译西方的过程中,中国的语言发生了翻天覆地的变化。无论是古文,还是后来替代古文的白话,都在翻译"异"的过程中体验到自身能指的不足,又都在"异"的诱惑下,将自身朝着"异"的方向发展。在各种纷繁的表象下面,我们可以看到两个潜在的共同追求:制造新的能指、新异的能指符号。归纳起来,黄遵宪主张在六书之外造新字、梁启超等人在新学诗中糅入翻译新词汇、章士钊引进古文新句法、傅斯年倡导欧化白话新句法,黄遵宪以杂合体改良新诗,以及梁启超开启新旧元素杂合的新文体,这些都是在为汉语引进新的能指;而各种以假名、罗马字、速记符号等面目出现的拼音文字是在为汉语引进新的能指符号。

这一切大大小小的语言运动都是在为"翻译"开道(如图3-3)。在清末民初的语境下,翻译冲动要翻译出两种受到压抑的声音(the repressed)。一种是来自方言的声音,它受到汉字和文言的压抑,拼音文字方案可以将方言的声音翻译出来,解决言文不一的问题;二是来自异域的声音,面对这种不可译的任务,增添新的汉字、词汇、句法或者用汉字译音非常有助于引进"异",拼音方案则可能更加直接有效,而使用罗马字方案能够一步跨越汉字的藩篱——使用与西方发达国家一样的能指符号,就可以在母语中直接写入外语,最终变得和他者一样。

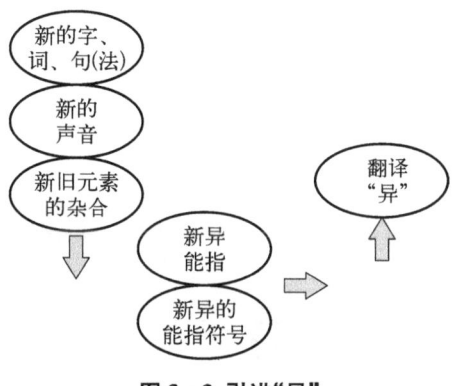

图 3-3:引进"异"

  翻译冲动展现出它破坏性和建设性的两面。作为一种破坏性的力量,它挑战了旧的语言规范的权威,不断消解规范的力量。在清末民初的翻译实践中,它消解了文言的权威、汉字的权威,最终剥夺了古文的正统地位,形成多种拼音文字方案,威胁汉字的存在。作为一种建设性的力量,它使主体在翻译、再翻译的过程中,不断地模仿"异",增加新的字、词、句法。古文、白话文各自都通过翻译丰富了自身的内涵,在不断的更新中获得生机。

第四章　对于《墓畔哀歌》中误译的症候阅读

本书第三章是对清末民初语言运动的断代研究,涉及众多翻译与写作的案例,从精神分析学的视角出发,揭示了翻译冲动是众多语言运动背后的推手。接下来的第四章将从清末民初的大时代当中,截取个案,从译文症候出发,结合个体历史的研究,揭示无意识在翻译过程中所发挥的作用。

选取的案例是译者郭沫若和他在 20 世纪 20 年代初翻译的《墓畔哀歌》。郭沫若一生从事外国文学的翻译,从 20 年代初以白话新诗人的身份登台开始,他的翻译生涯就拉开了帷幕。他大量地翻译泰戈尔、歌德、海涅、雪莱的诗歌,20 年代末开始翻译屠格涅夫等进步作家的小说。1949 年后,其文学生命逐渐枯竭。可是到他逝世之后,人们发现了他在"文革"期间翻译的英诗遗稿。在热闹的政治生涯背后,翻译是他秘密的伴侣。可以说翻译贯穿着这位大名鼎鼎的文学家、政治家一生不同的时期,直到人生落幕。

翻译对于郭沫若有着独特的意义。此外,本书选择郭沫若作为研究对象,与他的诗学主张紧密相关。作为中国现代浪漫派诗人、作家的代表,他披露私人情感与心理的文字比较多,而其文学作品又往往具有自传和自我表现的性质,这为研究者探索、比较和分析提供了丰富的语料。

4.1 翻译与梦

作为精神分析学家,弗洛伊德对于文学和艺术有着特殊的爱好。他写过一系列文章,从精神分析学视角探讨艺术创作者的心理,如《米开朗基罗的摩西》[①];以及文学作品中所包含的人类心理,如《歌德的〈诗与真〉中童年的回忆》[②]、《三个匣子的主题》[③]。《诗人与白日梦的关系》是他关于文学创作心理的名篇。

在《诗人与白日梦的关系》中,弗洛伊德指出,文学作品就是作家的白日梦[④]。白日梦的理论与梦的理论相通[⑤]。弗洛伊德认为,梦是主体在想象的世界中对愿望的满足(wish fulfillment)。因为意识的审查作用,人们会压抑自己的愿望。但是在睡眠中,意识的自我审查作用放松,愿望会乘虚而入地表现自己。因此,梦是无意识的症候,是对无意识的变形的翻译。而文学作品是作者的白日梦。所有文学作品都包含以"自我"(ego)为中心的幻想(phantasy)[⑥]。作家们都会像在梦中一样,对自我的愿望进行加工和伪装,从而使其中包含的"自我"变得难以辨识。

---

① 参见 Sigmund Freud, "The Moses of Michelangelo," in *On Creativity and the Unconscious*. ed. Benjamin Nelson (New York: Harper & Row, 1958), pp.11-41.

② 参见 Sigmund Freud, "A Childhood Recollection from Goethe's *Dichtung und Wahrheit (Poetry & Truth)*," in *On Creativity and the Unconscious* ed. Benjamin Nelson (New York: Harper & Row, 1958), pp.111-121.

③ 参见 Sigmund Freud. "The Theme of the Three Caskets," in *On Creativity and the Unconscious*, ed. Benjamin Nelson (New York: Harper & Row, 1958), pp.63-75.

④ 参见 Sigmund Freud, "The Relation of the Poet to Day-dreaming," in *On Creativity and the Unconscious*, ed. Benjamin Nelson (New York: Harper & Row, 1958), pp.44-54.

⑤ 参见 Sigmund Freud, *Interpretation of Dreams*, trans. A. A. Brill (Beijing: Foreign Language Teaching and Research Press, 1998).

⑥ 在 Freud 的英文文献里,dream(梦),daydream(白日梦),fantasy/phantasy(幻想)是近义词,都是主体愿望(wish)的载体。

第四章 对于《墓畔哀歌》中误译的症候阅读

在分析中,弗洛伊德提到两类作家:第一类是一般的小说作家。小说家全凭想象力写作,作品中的主角可能身经万劫,却总能化险为夷,这表现了战无不胜的"自我"。现代作品虽然创作手段越来越复杂,但并没有彻底摆脱以自我为中心的模式,只是在伪装"自我"的技巧上更加高明。第二类是史诗和悲剧作家,他们虽然不是单纯地依靠想象力,而是以既有的民族神话等作为创作素材,但是神话之类也是幻想,是远古人类的幻想,是民族幻想变形之后的遗迹,史诗悲剧作家的自主性表现在对材料的遴选和改写上。

弗洛伊德希望通过这两类作家的例子来说明,无论哪一类作家的文艺作品都是对于人类白日梦的记录。"白日梦"是一个隐喻,主要针对文艺创作,与其连接的是精神分析学的一整套关于意识和无意识的理论。弗洛伊德无意识的理论,贯穿在他对白日梦、幽默[1]、口笔误[2]、夜梦的解释当中。

尽管分析师帕特里奇·马奥尼认为,弗洛伊德是"翻译领域里的伟大的思想家和革新家"[3],弗洛伊德并没有专门研究语际翻译,未曾解释翻译中的"白日梦"。这个工作由后来人完成。精神分析师艾伦·巴斯(Alan Bass)分析过弗洛伊德的一处误译中所包含的"白日梦"[4]。而韦努蒂以其人之道还治其人之身,分析了巴斯一处误译背后的"白日梦"[5],

---

[1] 参见 Sigmund Freud, *Jokes and Their Relation to the Unconscious* (London: Penguin Books, 1978).

[2] 参见 Sigmund Freud, *The Psychopathology of Everyday Life* (Middlesex: Penguin Books, 1978). 该书中 Freud 讨论了口笔误、误读、遗忘等各种症候性行为当中的无意识。

[3] Patrick Mahony, "Towards the Understanding of Translation in Psychoanalysis," *Meta* 27,1(1982):63.

[4] 参见 Alan Bass, "On the History of a Mistranslation and the Psychoanalytic Movement," in *Difference in Translation*, ed. Joseph F. Graham (Ithaca and London: Cornell University Press, 1985), pp.102-141. Bass 文章概要请参见第二章 2.1.1.2 节。

[5] 参见 Lawrence Venuti, "The Difference that Translation Makes: The Translator's Unconscious," in *Translation Studies: Perspectives on an Emerging Discipline*, ed. Alessandra Riccardi (Cambridge: Cambridge University Press, 2002), pp. 214-241. Venuti 的论文概要请参见第二章 2.1.1.2 节。

并接着阐发了他对翻译与梦的关系的理解:

> 翻译自身就是一个梦的场景,译者的无意识可以通过对语言和话语结构的改变,通过一个残余展现出来。译者创造的意指链并非翻译出存在于外国文本中的梦,而是用译者自己的无意识的欲望,对于某一特别意义的欲望,替代之。[1]

而根茨勒从后结构主义学者对翻译的思索中总结出,在译者找到合适的措辞之前,在有意识的理性思维和压抑性的生存保存机制降临之前,翻译的状态是一种"梦的状态"(dream state)[2]。

韦努蒂与根茨勒实际上指出了翻译与梦具体的相似点。在翻译的过程中,理性、意识有过片刻的放松,译者的无意识会变得活跃,会通过梦的语言被翻译出来。而梦的语言是隐喻式的,扭曲变形的。译者不会在译文中明白地书写出他的欲望,但是可以在译文的变形处留下欲望的影踪。翻译因此也具有隐性的以自我为中心的特色。

弗洛伊德之后,拉康对精神分析与文学艺术的关系做了进一步的发挥,其"符号秩序"(symbolic order)[3]的概念对于我们从精神分析的角度研究翻译活动有更大的启发。就像弗洛伊德认为文明对人造成巨大的压力一样,拉康认为,符号系统把人囚禁在内,无法摆脱:

> 的确,符号用一张恢恢之网将人的一生笼罩得如此紧密,以至于在人呱呱落地之前,符号就已把那些将以"血肉"赋予他生命的

---

[1] Lawrence Venuti, "The Difference that Translation Makes: The Translator's Unconscious," in *Translation Studies: Perspectives on an Emerging Discipline*, ed. Alessandra Riccardi (Cambridge: Cambridge University Press, 2002), p.221.

[2] Edwin Gentzler. "Translation, Poststructualism, and Power," in *Translation and Power*, eds. Edwin Gentzler and Maria Tymoczko (Beijing: Foreign Language Teaching and Research Press, 2007), p.199.

[3] 又译为"象征秩序"。

第四章　对于《墓畔哀歌》中误译的症候阅读

人们连成一体；而在他出生时，符号不仅带给他群星的厚礼，即便不是仙女们的礼物，还框定了他命运的轮廓；而符号提供的词语，将决定他是忠诚还是离经叛道，它们提供的行动之法，将一直追随他，到其尚未涉足之地，超越他死亡的界限；而他的结局，通过符号，才在最后的审判中找到意义，由"道"（the Word）来对他的存在或是赦免，或是定罪——除非他能作为主体，实现"向死而生"（being-toward-death）。[1]

就像婴儿面对先它而在的文明及其高度发达的符号秩序会受到束缚、压抑，拉康的符号秩序确认了译者压抑的来源。译者面对的亦是几重秩序的压抑，除了社会的各种秩序规范、诗学规范以及出版商、批评家所代表的审查机制等，还有母语的秩序以及作家们不必面对的原文的秩序等。作为翻译主体的译者，生活在他者的话语里，与自身的欲望相分离，想要"作为主体，实现'向死而生'"，就必须打破符号秩序，构造新的，或是自己独有的言语秩序。

我们在很多译者的自述中，可以看到翻译之于他们的特殊心理意义。比如，杨绛说自己在翻译《堂吉诃德》的过程中，悄悄地保存自己言语的权利[2]；借翻译有关灵魂不死的著作《斐多》，缅怀远去的钱钟书先生和他们的女儿钱瑗，度过这段心灵的危机[3]。周作人一生著作等身，却说一生中其他的著作都没有什么意义，平生最终的愿望就是完整地翻译出《希腊对话录》[4]。巴金校完《夜未央》译本后，说自己"仿

---

[1] 参见 Jacques Lacan, "The Function and Field of Speech and Language in Psychoanalysis," in *Ecrits: A Selection*, trans. Bruce Fink (W.W. Norton & Company, 2002), pp.197-268, 引自第231页, 中文根据英文版本译出。
[2] 参见杨绛：《我们仨》，北京：生活·读书·新知三联书店，2013。
[3] 参见杨绛：《斐多：柏拉图对话录》，北京：中国国际广播出版社，2013。
[4] 参见王友贵：《翻译家周作人》，成都：四川人民出版社，2001：195-274。

173

佛做了一场痛苦的、但又是值得人留恋的梦"①。而郭沫若翻译歌德作品的时候，禁不住在自己身上寻找歌德的影子，总结出五点相像之处，在现实生活中又经常以歌德自比②。

当原文能指变成译者面前充满诱惑力的匿谜能指时，它们对于译者究竟意味着什么？在提供文本信息之外，它们还向译者传达着什么？译者在制造译文中的能指时，究竟有没有突破原文秩序，构造出属于自己的言语秩序，并将自己的梦包裹其中？这样的研究与翻译冲动的研究有什么关系？这是本章研究兴趣所在。

---

① 参见巴金：《〈夜未央〉后记》，载《巴金译文全集》（第七卷），北京：人民文学出版社，1997：281。
② 比如在《少年维特之烦恼》的译者序中，郭沫若就详细比较了他自认为的与歌德相同的五大特征。参见郭沫若：《序引》，载歌德《少年维特之烦恼》，郭沫若译，北京：中国青年出版社，2012：V-XIV。

4.2 写作与翻译中的宣泄

在研究译者的无意识时,译者本人对于精神分析学是否认同并不重要。但是,民初恰巧是精神分析学传入中国的起点,年轻的作家几乎都受到它的影响。1920 年,罗素来华演讲,对精神分析学有所介绍①。文学研究社创办的《文学旬刊》在 1922—1923 年间分十次连载了日本作家松林武雄的文艺理论作品《精神分析学与文艺》②。1924 年,鲁迅翻译了日本厨川白村根据精神分析学写出的文艺理论书《苦闷的象征》③。1929 年,章士钊与弗洛伊德有过通信,并且翻译了弗洛伊德的德文著作④。这些作家、译者普遍关注文艺心理。对精神分析学的热情不仅是赶时髦,也表达了作家译者们对文艺在调节心理方面的功能的认同。

郭沫若也是在中国文学界引进精神分析学的重要贡献者。1921 年,他对《西厢记》的作者王实甫展开精神分析,指出"文学是反抗精神的象征,是生命穷促时叫出来的一种革命"⑤。他还创作了一系列心理小说,在小说中写梦,并且要求批评家和读者像解梦一样地解读他创作

---

① 参见罗素:《中国到自由之路:罗素在华演讲集》,北京:北京大学出版社,2004:109 - 202;收入演讲《心的分析》专题。
② 参见松林武雄:《精神分析与文艺》,路易译《文学旬刊》,第 57 期(1922 年 12 月 1 日);第 58 期(1922 年 12 月 11 日);第 59 期(1922 年 12 月 21 日);第 60 期(1923 年 1 月 1 日);第 61 期(1923 年 1 月 11 日);第 62 期(1923 年 1 月 21 日);第 64 期(1923 年 2 月 11 日);第 66 期(1923 年 3 月 1 日);第 68 期(1923 年 3 月 21 日);第 71 期(1923 年 4 月 22 日)。《文学旬刊》是《文学周报》的前身。
③ 参见厨川白村:《苦闷的象征》,载《出了象牙之塔》,鲁迅译,北京:人民文学出版社,1988。
④ 参见茀罗乙德:《茀罗乙德叙传》,章士钊译,上海:商务印书馆,1930。
⑤ 参见郭沫若:《〈西厢记〉艺术上的批判与其作者的性格》,载《郭沫若全集(文学编)》(第十五卷),北京:人民文学出版社,1990:321 - 327,引自第 321 页。

的小说《残春》等,认为"文艺的批评譬如在做梦的分析"①。1938年,他又说,文人多少都是歇斯底里的患者,"尤其是在整个民族受着高压的时候,文人的较为敏锐的神经是要加倍感觉着痛苦的。许多不愉快的事情遏在心里说不出来,一个烟囱塞满了烟煤,满肚皮氧化不良的残火在那儿熏蒸,当然是要弄得彼此都不愉快的",主张"一切文人把自己的不愉快的记忆,尽可能地吐泻出来。那是使自己健全的一种方术,同时也是使社会健全的一种方术"②,他的诗歌《密桑索普罗之歌》即是"在痛苦的人生的负担之下所榨出来的一种幻想"③。郭沫若这里明显借鉴了弗洛伊德的文艺观。其中,"扫烟囱"更是精神分析学中著名的比喻,患者安娜·欧(Anna O)在接受谈话治疗(talking cure)之后曾用该譬喻描述治疗效果④。

郭沫若对于精神分析学的知识未必系统深刻,但是初步的涉猎和认同,增强了作家译者对于自己文艺创作心理的认知,对压抑的认知和反抗,使他们能够积极利用文艺的宣泄、治愈作用。民国初期,郭沫若作为一个敏感的文人,正如他自己所说,在民族受着高压的时候倍感痛苦。以郭沫若自己的描述作为线索,他早年可能是患了抑郁症和躁狂症。不能排除的一种可能性是,他关心精神分析学的动机与自己的精神状态有关。

20世纪20年代初,郭沫若与宗白华、田汉的通信汇编成《三叶集》。这本书信集记录了郭沫若当时颇为抑郁的精神状态。信中的他

---

① 参见郭沫若:《批评与梦》,载《郭沫若全集(文学编)》(第十五卷),北京:人民文学出版社,1990:230-241,引自第241页。
② 参见郭沫若:《创造十年续篇(1924—1926)》,载《沫若文集》(第七卷),北京:人民文学出版社,1959:169-274,引自第171页。
③ 参见郭沫若:《创造十年》,载《沫若文集》(第七卷),北京:人民文学出版社,1959:15-168,引自第60页。
④ 参见 Josef Breuer, and Sigmund Freud, "Studies on Hysteria," in *The Standard Edition of the Complete Psychological Works of Sigmund Freud*, Volume II (1893—1895), Sigmund Freud (London: The Hogarth Press Limited, 1955), pp.1-335.

第四章　对于《墓畔哀歌》中误译的症候阅读

总是泪水涟涟。1920年1月18日给宗白华的信件里，郭沫若说自己"比Goldsmith还堕落，比Heine还懊恼，比Baudelaire还颓废。我读你那'诗人人格'一句话的时候，我早已潸潸地流了些眼泪"①。他随信抄上自己在1916年到1920年间作的3首死亡主题的旧体诗《寻死》《夜哭》和《春寒》，其中记录了他寻死的念头。比如，1919年的《春寒》一诗中写道："欲飞无羽翼，欲死身如瘫。我误汝等耳，心如万剑穿。"而郭沫若后来发表的第一首白话新诗就叫《死的诱惑》。

在1920年3月3日给宗白华的信中，郭沫若记录了他和田汉共读《浮士德》时因为落魄的处境而流出的自怜的眼泪："我读Zwinger一节，我莫有不流眼泪的时候。"②写到此处附上他的新作《泪之祈祷》，全诗23行一共12个"泪"字，眼泪如"庐山底瀑布一样""黄河扬子江一样""洪水一样，海洋一样""倾斜着""奔流着""汛滥着"，估计创下了诗歌中同字重复之最。

《泪之祈祷》中《浮士德》的女主人公Margareta和Gretchen的名字也音译成了"玛尔瓜泪达"和"葛泪卿"。这在郭沫若译的《浮士德》里，译作"玛甘泪"和"甘泪卿"③。这个"泪"字用得颇为有趣，它既是，又不是对原文的翻译，可惜未曾引起学者注意。汉语中"泪"的同音字很多，音译人名时很少用这个字，这种译文与原文既相似又背离，它用与原文声音相似的一个能指符号，指向了一个完全不同的意义。用韦努蒂的话来说，译文通过一个"残余"，一个不常用于音译的汉字，指向了译者自己的无意识，译者在翻译的掩护下做的一个"白日梦"。因为指向无意识的能指和原文相像，无意识被掩饰起来，而这个"残余"就是译者的无意识在译文中的症候。译者在翻译原文的同时，翻译出了自己。汉字在翻

---

① 参见郭沫若：《三叶集》，载《郭沫若全集（文学编）》（第十五卷），北京：人民文学出版社，1990：1-140，引自第16-17页。
② 郭沫若：《三叶集》，载《郭沫若全集（文学编）》（第十五卷），北京：人民文学出版社，1990：114。
③ 参见歌德：《浮士德》，郭沫若译，合肥：安徽人民出版社，2013。

译声音时,难以摆脱自己的表意功能,这一点弊病为当时主张废除汉字的人所痛恨,却被郭沫若赋予了诗学价值。徐志摩笑话郭沫若"泪浪滔滔"[1],却不知道这极有可能是郭沫若这一时期抑郁症的症候。

自卑、自责、罪恶感、自杀企图都是抑郁症(depression)的症候[2]。抑郁症会向躁狂症(mania)转化。躁狂时病人情绪高涨,思维敏捷,言语动作增多。抑郁和躁狂的症候轮流出现,合称双相障碍(bipolar disorder)。弗洛伊德认为,抑郁症是因为超我压迫自我,使自我处于强烈的自责、自卑的状态,而躁狂时,自我会变得异常自大,觉得自己与超我一样,自我短暂性地打破超我的控制,逃避其压迫,因此躁狂是抑郁症患者的一种自我保护[3]。

郭沫若在1920年的诗剧《湘累》中描写了屈原的躁狂症,诗剧中郭沫若借屈原之口说出诗人自己的精神状态,"那里面的屈原所说的话,完全是自己的实感。[……]在当时我自己的生理状况就是这样的。[……]我当时实在是有些燥性狂的征候"[4]。

寻找作品中的人物与自己的相似性,在精神分析学中叫认同(identification)。认同作品中的某个人物,然后夫子自道,这是郭沫若的艺术创作中常用的手法。郭沫若除了自比过屈原,在《湘累》中夫子自道[5],在《哀时古调九首》中借阮嗣宗、刘伶夫子自道[6],在《聂嫈》中借盲叟吐露心里"最深奥处的表白"[7],也在《孤竹君二子》中借写伯夷、叔

---

[1] 参见徐志摩:《杂记:坏诗、假诗、形似诗(未完)》,《努力周报》,1923(51)。对于郭沫若在什么情况下写这首诗,《创造十年》有介绍,参见郭沫若:《创造十年》,载《沫若文集》(第七卷),北京:人民文学出版社,1959:94-95,引自第95页。

[2] 参见 G. Charles Costello, *Symptoms of Depression* (New York: John Wiley & Sons, INC., c1993).

[3] 参见 Sigmund Freud, *Group Psychology and the Analysis of the Ego* (New York: Bantam Books, 1960), pp.78-84.

[4] 郭沫若:《创造十年》,载《沫若文集》(第七卷),北京:人民文学出版社,1959:69-70。

[5] 参见郭沫若:《创造十年》,载《沫若文集》(第七卷),北京:人民文学出版社,1959:69。

[6] 参见郭沫若:《创造十年》,载《沫若文集》(第七卷),北京:人民文学出版社,1959:136。

[7] 郭沫若:《创造十年续篇(1924—1926)》,载《沫若文集》(第七卷),北京:人民文学出版社,1959:212。

第四章 对于《墓畔哀歌》中误译的症候阅读

齐来写自己的境遇和心理①。

在翻译时,他也常常认同原作作者,在其身上寻找自己的影子。比如在翻译《少年维特之烦恼》时,他说与歌德产生了五种共鸣②。在翻译雪莱时,声称"译雪莱的诗,是要使我成为雪莱,是要使雪莱成为我自己","我和他合而为一了。他的诗便如像我自己的诗。我译他的诗便如像我自己在创作的一样"。③ 他还直接用所认同、翻译过的诗人的名字,来命名自己诗歌创作的几个阶段(太戈尔式、惠特曼式、歌德式)④。虽然很多时候郭沫若翻译是为了挣稿费⑤,但是对于不能认同的作者,他往往避开不译。比如,他从不译拜伦,因为拜伦"是贵族,他有钱,有幸福,他的世界终不是我的世界"⑥。同样,他不愿意翻译托尔斯泰,"有点小儿病地不高兴托尔斯泰,因为他是贵族,又还倡导无抵抗主义也"⑦。虽然在瞿秋白的劝说下,他翻译了《战争与和平》,但是翻译了三分之一便中断了。

1921年,他在从日本回国的轮船上初读屠格涅夫的《新时代》,被其吸引⑧。1924年重读,找到共鸣,立志翻译。"这部书的自身我很喜欢,我因为这书里的主人翁涅暑大诺夫,和我自己有点相像。""诸君,你们不要以为屠格涅甫这部书是写的俄罗斯的事情,你们尽可以说他是把我们中国的事情去改头换面地做过一遍的呢!""我译成了这本书后,

---

① 参见郭沫若:《创造十年》,载《沫若文集》(第七卷),北京:人民文学出版社,1959:135。
② 参见郭沫若:《序引》,载歌德《少年维特之烦恼》,郭沫若译,北京:中国青年出版社,2012:V-XIV。
③ 郭沫若:《雪莱的诗》,《创造季刊》(雪莱纪念号),1923年第1卷第4期雪莱纪念栏:19-20。
④ 参见郭沫若:《创造十年》,载《沫若文集》(第七卷),北京:人民文学出版社,1959:68。
⑤ 参见郭沫若:《创造十年续篇(1924—1926)》,载《沫若文集》(第七卷),北京:人民文学出版社,1959:197。
⑥ 郭沫若:《创造十年续篇(1924—1926)》,载《沫若文集》(第七卷),北京:人民文学出版社,1959:180。同时参见该文献187页对创造社拜伦纪念专号流产原因的介绍。
⑦ 郭沫若:《创造十年续篇(1924—1926)》,载《沫若文集》(第七卷),北京:人民文学出版社,1959:253。
⑧ 《新时代》又译作《处女地》。1925年译作初次发表。

把我心中的'涅暑大诺夫'枪毙了。"①郭沫若不仅在男主角涅暑大诺夫身上、在故事当中找到自己的影子，他甚至在涅暑大诺夫身上"找"到了躁狂的症候：

[……]他是异常的神经质，异常敏感，容易兴奋，性情是很浮游不定的。[……]

[……]

[……]他在瑞士人门下得了不少的学识，他并不怕用功，他还乐意去钻求——不过他终竟有些燥[sic]狂而且不能持久。[……]

[……]

这种支配着他的沉闷的感情，是忧郁者和梦想家在迁转地方时所容易唤起的；勇敢的多血质的人却没有这样的经验[……]

涅暑大诺夫沉闷到他的感情的深处，他渐渐地几乎无意识地，想动手咬嚼文字了——在他心中发酵着的感情换取了一种韵律的形式。②

涅暑大诺夫充满了忧郁的诗人气质，忧郁、躁狂而又有神经质。郭沫若的翻译根据的是威廉·兰格（Wilhelm Lange）的德译本 *Die Neue Generation*，翻译中参照了康斯坦斯·加内特（Constance Garnett）的英译本 *Virgin Soil*。在加内特的英译文里，提到躁狂的这一句是：

Thanks to his Swiss schoolmaster, he knew a good many facts, and was not afraid of hard work; he even worked with positive fervour, though rather spasmodically and irregularly.③

---

① 参见郭沫若：《序》，屠格涅夫《新时代》，郭沫若译，北京：中国青年出版社，2013：Ⅵ-Ⅶ。
② 屠格涅夫：《新时代》，郭沫若译，北京：中国青年出版社，2013：026-027。
③ Ivan Turgenev, *Virgin Soil*, trans. Constance Garnett (New York: Grove Press, 1956), p.28.

第四章 对于《墓畔哀歌》中误译的症候阅读

郭沫若对抑郁躁狂症有亲身体验,译写涅暑大诺夫的精神状态仿佛是在写自己,他从中看出主人公的神经质。而巴金根据该段英文译出的中文里,却看不出主人公的躁狂倾向。巴金将"he even worked with positive fervour, though rather spasmodically and irregularly"译作"他读书做事甚至十分热心,不过说实在话,常常是冷一阵、热一阵,并不能持久"①。"十分热心""冷一阵、热一阵"等词汇可以用在精神正常的主体身上,未必指向神经质时病态的狂热。

从精神分析学的视角出发,郭沫若的著作、传记、译作都构成了研究"病人"郭沫若的私人文献,从这些文献中可以追踪出他患有双相障碍的症候,但是并不能找到他为此就医的记录。奇妙的是,将他"从死的暗影里救出",从此结束了自杀的念头的却是一部翻译作品。1925年翻译河上肇的《社会组织与社会革命》,是他一生的"转换期",纠缠多年的自杀的念头就此结束②。根据这些线索,可以推测出,诗人患躁狂抑郁症的时间,大约开始于去日本之初,在1914年到1916年之间,终止于1925年,有可能长达十年之久。

正是在这段患病时间里,诗人的创作和翻译的作品在情感的两极徘徊,既有在《女神》中与宇宙融为一体的无限风光自由的"自我",亦有脆弱、自卑、自责、在死亡边缘行走的"自我"。表现死亡和虚无的作品有诗歌《死的诱惑》、诗剧《湘累》(自杀的屈原)、译作《少年维特之烦恼》《浮士德》(自杀的维特和浮士德)、译诗集《鲁拜集》,以及所翻译的雪莱系列悲情诗歌,如《拿波里湾畔书怀》《招"不幸"辞》等。实际上,在郭沫若翻译的雪莱诗歌中,与死亡、抑郁等主题相关的作品占绝大多数。翻译大量的悲情作品,是郭沫若这一时期鲜明的特色。

抑郁苦闷是民初文人中比较普遍的心理问题。民初政治文化风云

---

① 屠格涅夫:《处女地》,巴金译,载巴金《巴金译文全集》(第三卷),北京:人民文学出版社,1997:3-400,引自第37页。
② 郭沫若:《创造十年续篇(1924—1926)》,载《沫若文集》(第七卷),北京:人民文学出版社,1959:183。

181

变幻。外部急剧的变化冲击着文人敏感的心灵,提供了抑郁症滋生的土壤。从民初梁巨川的自杀,到《新青年》上围绕自杀主题的一系列讨论文章①,再到郁达夫的忧郁、作为"零余者"的哀痛②,以至于到各种文艺作品中所描述的自由欲望与压抑的现实之间的冲突,这些都反映出现代性追求途中困扰人们的心理问题。

具体到郭沫若身上,通过各种传记资料以及郭沫若的日记、通信集等,可以看出当时使他苦闷的种种事情,其中有旧式包办婚姻、婚外同居、经济的窘迫、医学专业与文学梦的冲突、异乡漂泊等。本书并不打算找出抑郁症的最后之因,但是可以想象这个敏感而年轻的心灵所压抑的种种欲望、在面对现实时的无奈和脆弱,以及他在时代阴郁的空气里感受到的切肤之痛。

《墓畔哀歌》的翻译就在1921年,正是郭沫若的文学梦做得最炙热的时候,浪漫的文艺梦想与经济窘迫发生了激烈的冲突,诗人不得不为了生计去学医③。1920年,郭沫若在给宗白华的信里说:"我现在很想能如Phoenix一般,采集些香木来,把我现有的形骸烧毁了去,唱着哀哀切切的挽歌把他烧毁了去,从那冷静了的灰里再生出个'我'来!可是我怕终竟是个幻想罢了!"④《墓畔哀歌》里对于死亡的想象,正满足了郭沫若唱着哀切的挽歌把自己埋葬了的愿望。

---

① 参见陈独秀:《对于梁巨川先生自杀的感想》,《新青年》,1919年第6卷第1号:19-20;陶履恭:《论自杀》,《新青年》,1919年第6卷第1号:12-18;陈独秀:《自杀论》,《新青年》,1920年第7卷第2号:1-13。
② 参见郁达夫:《零余者》,载《郁达夫文集》(第三卷),广州 & 香港:花城出版社 & 三联书店香港分店,1982:84-90。
③ 《新时代》译者序开头介绍了1921年的心理纠结。
④ 郭沫若、田汉、白宗华:《三叶集》,载郭沫若:《郭沫若全集(文学编)》(第十五卷),北京:人民文学出版社,1990:19。

4.3 葛雷的"自我"隐身

葛雷(Thomas Gray)的"Elegy Written in a Country Churchyard"发表于1751年，整个写作历时数年，几易其稿。最后发表的诗歌一共32个诗节，128行，用了抑扬格五音步和隔行押韵的诗体，做工精巧，在元音、形容词和副词等细节上都非常慎重，从技巧上看是英诗中的精品。

最早的手稿称为伊顿手稿，共有22个诗节(共88行)，情节简单：叙事者是一位诗人，他在夜幕降临时孤独地徘徊在乡村教堂的墓地里，想象下葬在那里的村民们的一生。他们默默无闻，无功却也无过，死亡便是永久的安宁。诗歌讽刺了权贵们对于成功和荣耀的徒劳追求。弗兰克·H.埃里斯(Frank H. Ellis)阅读了葛雷的信件和手稿，追踪了诗稿逐步修改的过程。他注意到葛雷删去的第20和22节中的几个代词：

> And *thou*, who mindful of the unhonour'd Dead
> Dost in these Notes their artless Tale relate
> By Night & lonely Contemplation led
> To longer [sic] in the gloomy Walks of Fate
> …
> No more with Reason & *thyself* at Strife;
> Give anxious Cares & endless Wishes room
> But thro' the cool sequester'd Vale of Life
> Pursue the silent Tenour of *thy* Doom.①

---

① 参见 Frank H. Ellis, "Gray's Elegy: The Biographical Problem in Literary Criticism," *PMLA* 6(1951):971-1008，引自第979-980页。

埃里斯认为，Thou、thyself、thy(你/你自己/你的)是叙事者的自指，是诗歌的叙事者"我"(诗歌第四行的 me)转而与自己展开对话，"你，念着无名的死人/在笔记中写出他们朴实的性情……"[①]因为葛雷的诗歌当中含有大量的"自传性细节"(autobiographical details)[②]，即诗歌中的众多细节与作者的生平经历吻合，读者很容易就此认为故事中的叙事者"诗人"就是葛雷本人。

埃里斯研究发现，葛雷多年的修改实际上就是在完成诗歌"去个人化"(depersonalize)的过程[③]。这不禁让人联想起弗洛伊德的观点，复杂的作品在隐藏作家的"自我"方面更高明[④]。经过修改的诗歌新增 14 个诗节，活着的主体从一个变成 4 个，叙事者"我"、石匠、村翁和路人，增加了一个戏剧性场景。叙事者"我"在墓园里漫步沉思，石匠为贫穷而无闻的死者创作和刻写诗文，"我"于是想象将来石匠死后不知由谁来为他谱写碑文，想象他死后有同情的路人来询问石匠的命运，有白发的村翁给路人讲起石匠生前身后的故事。上面引用的被删去的 22 节变形之后融入了第 19 节：

Far from the madding Crowd's ignoble Strife;
Their sober Wishes never knew to stray:
Along the cool sequester'd Vale of Life

[①] 这是笔者为了方便读者与郭沫若的译文比较给出的粗略译文，重在译意。对应引文中的 "And thou, who mindful of the unhonour'd Dead/ Dost in these Notes their artless Tale relate".

[②] Frank H. Ellis, "Gray's Elegy: The Biographical Problem in Literary Criticism," *PMLA* 6(1951):971.

[③] Frank H. Ellis, "Gray's Elegy: The Biographical Problem in Literary Criticism," *PMLA* 6(1951):983.

[④] 参见 Sigmund Freud, "The Relation of the Poet to Day-dreaming," in *On Creativity and the Unconscious*, ed. Benjamin Nelson (New York: Harper & Row, 1958), pp.44-54.

第四章　对于《墓畔哀歌》中误译的症候阅读

They kept the silent Tenour of *their* Way,[1]

　　原来第 22 节的第二人称代词"你"变成了修改后的第 19 节里的 their 和 they,葛雷"将 y 从 thy 中划掉,添上 eir,借此完全改变了诗歌的所指和意图"[2]。从"你"(诗人)"不再与理性和你自己争斗/不再给愁虑和无尽的欲望以空间"[3],变成了村里的穷人们不再如此,叙事者的道德选择变成了贫民们的选择。葛雷在对情节进行复杂化处理的过程中,将"自我"逐步请出诗歌,而"自我的元素"(ego components)被分散投射到多个主体的身上[4]。诗人"自我"的隐身推动了诗歌走向客观化和获得普遍意义的进程。该诗虽然名为挽歌,但并不是为了追思某位个体,而是对死亡和人生的思索,文字哀而不伤。英诗客观化后来被 20 世纪的艾略特在"Tradition and the Individual Talent"一文中定义为 impersonality[5],之后在客观诗派(Objectivists)那里达到顶峰。

---

[1] Frank H. Ellis, "Gray's Elegy: The Biographical Problem in Literary Criticism," *PMLA* 6(1951):983. 大小写和斜体随引文原文。

[2] Frank H. Ellis, "Gray's Elegy: The Biographical Problem in Literary Criticism," *PMLA* 6(1951):983.

[3] 笔者自译,原文为"No more with Reason & *thyself* at strike/ Give anxious Cares & endless Wishes room",引自 Frank H. Ellis, "Gray's Elegy: The Biographical Problem in Literary Criticism," *PMLA* 6(1951):984.

[4] "自我的元素"是 Freud 用语。参见 Sigmund Freud, "The Relation of the Poet to Daydreaming." in *On Creativity and the Unconscious*, ed. Benjamin Nelson (New York: Harper & Row, 1958), pp.44 – 54.

[5] 参见 T. S. Eliot, "Tradition and the Individual Talent," in *Selected Essays*:1917—1932 (London: Faber and Faber Limited, 1932), pp.13 – 34.

4.4 郭沫若的译者自悼

葛雷的这首诗由郭沫若于 1921 年 4 月间译出[①],郭译是国内最早的译本。后来又有卞之琳和丰华瞻的译本。郭沫若的译诗风格颇具争议。在民初,他的误译就经常被人指出[②]。郭沫若翻译的一个特点是快。长篇小说《新时代》只用四五十天完成,《浮士德》第一部只用了一个月就完成,翻译速度也许是与个人能力有关,也有可能是因为稿酬的吸引。尽管误译众多,郭沫若的译诗可读性却很强。闻一多评价郭沫若翻译的《鲁拜集》,"郭君每动一笔我们总可以看出一个粗心大意不修边幅的天才乱跳乱舞于笔墨之间,一笔点成了明珠艳卉,随着一笔又泼出些马勃牛溲",某些误译之处竟然"把原诗译好了"[③]。

上一节分析了葛雷如何精心修改诗作,一步步完成作者的"自我"隐身。郭沫若的译诗诗味浓郁,情绪起伏感人,甚至催人泪下,但是如果以原文作为参照,仔细比较,我们会发现译文在使"自我"隐身、诗歌客观化方面的努力与原文几乎背道而驰,情绪上掀起了更大的波澜,使该诗俨然成了一首为自己写的挽歌。这种偏离首先体现在译者为第 24 节添加的一个注释上。

在第 24 节中,叙事者与想象中的石匠展开直接的对话,人称从第

---

① 时间根据译者序推断。参见郭沫若:《〈墓畔哀歌〉译者序》,载《沫若译诗集》,上海:新文艺出版社,1954:110-113。
② 郭沫若翻译的特点是快,《浮士德》第一部只用了一个月就译完。民初在郭沫若翻译中挑毛病的很多,主要是挑语言学上的毛病,比较有名的有孙大雨和闻一多。孙铭传即孙大雨。参见孙铭传:《论雪莱〈Naples 湾畔悼伤感书怀〉的郭译》,载《创造日汇刊》,上海:光华书局,1927:191-205;闻一多:《我默伽亚谟之绝句》,《创造季刊》,1923 年第 2 卷第 1 期评论栏:10-24。
③ 参见闻一多:《我默伽亚谟之绝句》,《创造季刊》,1923 年第 2 卷第 1 期评论栏:15。

第四章 对于《墓畔哀歌》中误译的症候阅读

三人称转为第二人称,在 24—25 两节之间出现了该诗中少有的跨行,具有前景化的效果。郭沫若基本上遵照忠实原作的精神,未对原作做出明显的改动,并且对该诗中两处跨行都添加了较长的注释。

译者加注通常给人产生的印象是:译者在此处有认真的研究和思索,通过加注帮助读者理解文本中的困难之处。注释有时也能够帮助我们了解译者当时的心理,以及翻译中认知的偏差。请看 24 节原文:

> For thee, who, mindful of th' unhonour'd dead,
> Dost in these lines their artless tale relate;
> If chance, by lonely contemplation led,
> Some kindred spirit shall inquire thy fate, —①

郭译:

> 诗人呀,你在心念着无名的死人,
> 在这些诗章中咏出了他们的情性,
> 等待那机会来时,偶被沉思导引,
> 会有同类的精神把你的生世探寻。②

此处的 thee/thy(你/你的)指向为亡者在墓碑上题诗的石匠,叙事者在这里和他展开想象中的对话,想象中在石匠死后会有同道来追寻他的身世。诗文中并未出现"石匠"的字眼,但是在第 21 节中以 the unletter'd Muse 来称呼这个文化程度不高的乡村石匠。他在石头上刻下死者的姓名、生卒年月和悼文,在他人将无名的死者遗忘的时候,

---

① 参见 Thomas Gray, "Elegy Written in a Country Churchyard," in *The Poems of Gray, Collins and Goldsmith*, ed. Roger Longsdale (New York: Longman, 1969), pp.117 - 125,引自第 135 页。斜体为引者添加。
② 参见郭沫若:《墓畔哀歌》,载《沫若译诗集》,上海:新文艺出版社,1954:110 - 129,引自第 124 页。粗体为引者添加。

187

只有他在以简单的诗歌缅怀那些故人。

郭译中的"诗人呀"语义具有模糊性,既可以指诗歌里的叙事者,孤独地徘徊在墓园里的人,也可以指题诗的石匠,但是郭沫若在此处的注释限定了一种解读:

> 此节中所含第二人称之"你"字,即诗人葛雷自道。西文中每每用此调门,把自己当作客观称呼,为我国所罕见。此节诗意为全篇之转环,以上就所见坟茔,发挥出种种想象,感叹之后,至此忽折入本身,说出自家死后,或许有好事的诗人(同类的精神)凭吊自己的遗迹。以下更借一村老口中说出自家的情性,更指出死后的墓志;读至此与读陶渊明(拟挽歌辞)诸诗可引起同样的哀感。①

于是,译文就按照郭沫若想象或梦境中的方向展开。这是一个类似陶诗当中的"娇儿索父啼,良友抚我哭"②的场景,译者竟然让叙事者想象自己死掉!译者在此如果不发白日梦,岂能从葛雷的"梦境"中梦游到陶渊明的"梦境"之中?译者的梦境和原作者的梦境发生了偏离,却与译者心灵深处另一个人的梦境相融合。葛雷努力把"我"从诗歌里写出去,译者竟然又将"我"请回来,给石匠的墓志铭变成了写给自己的墓志铭!注释清楚地揭示了郭沫若在想象力的引导之下做出的误读,从其认真做注来看,此处误译的可能性远远大于改写的可能性。而这个为自己哭悼的梦境,又在1925年演绎成一篇标题为《墓》的散文,作者写道:

---

① 引自郭沫若:《墓畔哀歌》,载《沫若译诗集》,上海:新文艺出版社,1954:129。
② 出自陶渊明《挽歌》:有生必有死,早终非命促。/昨暮同为人,今旦在鬼录。/魂气散何之?枯形寄空木。/娇儿索父啼,良友抚我哭。/得失不复知,是非安能觉!/千秋万岁后,谁知荣与辱。/但恨在世时,饮酒不得足。

第四章 对于《墓畔哀歌》中误译的症候阅读

昨朝我一人在松林里徘徊,在一株老松树下戏筑了一座砂丘。
我说,这便是我自己的坟墓了。
我便拣了一块白石来写上了我自己的名字,把来做了墓碑。
[……]
我今朝回想起来,又一人走来凭吊。
[……]
啊,死了的我昨日的尸骸哟,哭墓的是你自己的灵魂[……]①

精神分析学认为,误读背后可能有无意识的推动,弗洛伊德就分析过自己的误读②。这给翻译研究一点启示:揭示误译背后的原因可能比发现和批判误译更有意义,对误读原因阐释的过程就是揭示译者主体性的过程。原文是作者的白日梦,它在译者那里发挥着双重作用。一方面,它所包含的文字信息是译者认知的对象,变成了译者意识的一部分,这部分意识也构成了拉康说的符号秩序,它会压抑译者自己的无意识;另一方面,作为充满诱惑的匿谜能指,原文激活了译者的想象,译者希望翻译出自己的无意识。而这种翻译冲动受到原文秩序的压制,译者的白日梦经过扭曲变形,作为文本症候出现在译文中,通过误译加以体现。

弗洛伊德归纳出梦境经常采用的凝缩(condensation)、转移(displacement)、象征(symbolism)、二次校正(secondary elaboration)等几种变形的方法③。笔者发现,译文的变形与梦的变形方式也有相似之处。此处郭沫若对一个代词所指的误读,导致了整个诗歌情节的改变。所指单一的代词 Thee 变成了可以兼指两者的"诗人",指向叙

---

① 郭沫若:《路畔的蔷薇・墓》,载《沫若文集》(第七卷),北京:人民文学出版社,1959:320。
② 参见 Sigmund Freud, *The Psychopathology of Everyday Life* (Middlesex: Penguin Books, 1978).
③ 参见 Sigmund Freud, *The Interpretation of Dreams*, trans. A. A. Brill (Beijing: Foreign Language Teaching and Research Press, 1998).

事者和石匠两位诗人，一石双鸟，多个所指共用了一个能指，好像梦的凝缩作用。译文的能指"诗人"与原文的能指 Thee 看似不冲突，译者表面上没有对原文做出实质性改动，实际上已经偷梁换柱，秘密地将符号引向另一所指，引向叙事者本人。

译者在无意识的引导下改动了原文之后，似乎察觉到一些异常，于是添加注释，对如此翻译的理由加以解释，企图使这一改动合理化，这个过程好像梦的二次校正。二次校正类似理性思维。梦通过二次校正使其中荒唐的断裂的内容看起来合乎逻辑，更加连贯，实际上是利用人类的理性癖进行自我欺骗，从而加强了对无意识的伪装。译者通过注释对译文做出二次校正，运用理性和逻辑思维，使读者（也包括译者）相信将话题引向自身、在诗歌中哀鸣是葛雷的原意，而用第二人称自指是西文的传统，从而更好地隐藏了译者表达无意识的非理性行为。此外，加注的行为本身还能够造成另外一种假象，仿佛此处译文是经过译者深度研究确有把握的。而郭沫若对这一情节的改变至今在文学评论界似乎无人识破，至少无人点破，这与该注释的误导可能不无关系。

情节被改写之后，诗歌的主观性极大增强，读者可以体会到原诗与译诗在情绪上的差异。那是思考者和自怜者的差异，一个冷静，一个哀伤。原诗中，葛雷肯定村民们平凡生活的意义，这种思想在葛雷的梦境里被翻译成视觉或者是听觉的意象。如第 5 诗节：

> The breezy call of incense-breathing morn,
> The swallow twitt'ring from the straw-built shed,
> The cock's shrill clarion, or the echoing horn,
> No more shall rouse them from their lowly bed.[1]

---

[1] Thomas Gray, "Elegy Written in a Country Churchyard," in *The Poems of Gray, Collins and Goldsmith*, ed. Roger Longsdale (New York: Longman, 1969), pp. 120 - 121.

第四章 对于《墓畔哀歌》中误译的症候阅读

郭译：

> 清晨的微风吐放清芬，
> 茅檐之下燕子噪晴，
> 雄鸡啼，牛角鸣，
> 再也不能呀把他们唤醒。①

卞之琳译文：

> 香气四溢的晨风轻松的呼召，
> 燕子从茅草棚子里吐出的呢喃，
> 公鸡的尖喇叭，使山鸣谷应的猎号
> 再不能唤醒他们在地下的长眠。②

虽然是挽歌体，但是诗节前3行生动活泼地描写了墓中人生前的生活，笔触细腻，morn、swallow、shed、cock's clarion、horn等事物前后都有描写性形容词，其中 call、incense-breathing 和 cock's clarion 使用了隐喻。使用意象是梦的思维方式，葛雷在诗歌中仿佛进入梦境，他的想象力徜徉在清晨的村庄。他对于清晨景色的描写包含记忆的成分，但是一定也少不了幻想，比如使用隐喻的部分就包含幻想的成分。

而在郭译当中，隐喻被简化，声响只被普通的动词"啼""鸣"一笔带过，修饰性的形容词 shrill 和 echoing 也统统不见了，破坏了原诗作者的想象力；最后一行的叹词"呀"更增添了哀叹的口气和对死的惋惜，将诗歌信息的重点从前3行的铺陈拉向最后一行的叹息。两个译本相比

---

① 郭沫若：《墓畔哀歌》，载《沫若译诗集》，上海：新文艺出版社，1954：116。
② 卞之琳：《墓畔哀歌》，载《卞之琳译文集》中卷，合肥：安徽教育出版社，2000：72。

较,卞译在努力地有意识地临摹原文的梦境;而注重诗歌想象力的郭沫若似乎只是粗线条地再现了与"生"有关的信息,对"死"的悲伤却增加了渲染。单独看这个段落甚至会让人怀疑译者的文体识别能力,如果不借助精神分析学,此处的翻译批评则有可能停留在对译文的褒贬之上。

郭沫若主张翻译"情绪",注重诗歌的"情调"。原诗从第 5 节开始,一直到第 6、7 节都是在勾画富有生活气息的场景。虽然是挽歌体,但是在情绪上还是有悲喜的交替,存在着郭沫若所说的内在的韵律的起落,即"情绪的自然消涨"①。郭译因为保留了原文的大部分信息,并没有消灭这种情调,只是在情绪上扬时波幅比原文要小,在原诗肯定生的价值的时候,郭译更多的是在叹惋生命的离去,这也是一种比较微妙隐形的背离。郭译全文行文流畅,不与原文逐行比较很难发现。再加上郭译的标题是《墓畔哀歌》,一个"哀"字更使这一切变形都变得连贯而又能自圆其说。"诗的翻译应得是译者在原诗中所感得的情绪的复现"②,译者体会到的是陶诗里的情绪,因此对于原诗中的欢乐采取了选择性的"视而不见"。

第 14 节的翻译中也出现了类似的规律。原诗中悲喜交替式的描写,到了译文中,喜被淡化,悲被放大。该诗节后两行如下:

  Full many a flower is born to blush unseen
  And waste its sweetness on the desert air.③

---

① 郭沫若:《论诗三札》,载《郭沫若全集(文学编)》(第十五卷),北京:人民文学出版社,1990:337。
② 郭沫若:《古书今译的问题》,载《郭沫若全集(文学编)》(第十五卷),北京:人民文学出版社,1990:166。
③ Thomas Gray, "Elegy Written in a Country Churchyard." in *The Poems of Gray, Collins and Goldsmith*, ed. Roger Longsdale (New York: Longman, 1969), p.127.

郭译：

　　有许多花的清芬在荒天之中
　　自谢自开，无人过问，飘零。①

卞译：

　　世界上多少花吐艳而无人知晓，
　　把芳香白白地散发给荒凉的空气。②

　　诗行中的 blush 是一个隐喻，它可以用来形容羞怯的脸红，带有色彩感，卞译用"吐艳"来表现。而郭译中再次用非隐喻的表达来代替隐喻，轻描淡写地处理成了记事性的"开"。同样，花的香气 sweetness 在郭译和卞译中也有浓淡的差异，分别处理成了"清芬"和"芳香"。似乎这些意象对译者都产生不了强烈的刺激。最有趣的是，"清芬"一词在这一首译诗里是二度出现。第 5 节的 incense-breathing 和第 14 节的 sweetness 两个不相同的词在同一首译诗里都被译成了"清芬"！对于诗歌来说，如果不是为了修辞需要，同一个词汇两度使用，并不是一个高明的选择。

　　"清芬"是郭沫若作品中爱用的一个词。1920 年，《学灯》的编辑宗白华在给郭沫若的信中写道："我很希望《学灯》栏中每天发表你一篇新诗，使《学灯》栏有一种清芬，有一种自然 Natur[sic]的清芬。"③ 1929 年，郭沫若发表自传体小说《漂流三部曲》，主人公"爱牟一路吮

---

① 郭沫若：《墓畔哀歌》，载《沫若译诗集》，上海：新文艺出版社，1954：120。
② 卞之琳：《墓畔哀歌》，载《卞之琳译文集》中卷，合肥：安徽教育出版社，2000：74。
③ 郭沫若，田汉，白宗华：《三叶集》，载郭沫若《郭沫若全集（文学编）》（第十五卷），北京：人民文学出版社，1990：12。

吸着梅花的清芬，静聆着流泉的幽韵，他的一心好象起了几分出尘的逸想"①。而这里吮吸着清芬的爱牟正像《墓畔哀歌》里的这位"每当正午之时谛听流泉泄韵"（郭译第26节第4行）的诗人。

　　这个翻译的心理过程已经无法通过当事人得到求证。笔者只能猜想，花香（incense 和 sweetness）激发了译者的联想，郭沫若联想到对他来说有着丰富含义的"清芬"。这个能指同样指向多个所指，指向花香，呼应原文的能指，同时指向一些受到压抑的潜在的意义（latent meaning），比如在无意识当中指向译者的自我。"花"和"清芬"作为梦中的场景只是提供了一个与无意识的连接点。如果不熟悉他的其他作品，不知道他和宗白华的这封通信，根本无法看出这些花朵与他本人有什么关联。无意识的愿望可能就躲在这些伪装的后面。译者借"清芬"，让自己做一个隐形人，出现在"自谢自开，无人过问，飘零"这样一唱三叹式的诗句里。

　　除了通过窜改人称代词的所指，以及借用"清芬"的多义性让自己在译文里显身，郭译还越俎代庖，替作者对一些事件做出价值评判。请看第8节后两行：

　　　　Let not Ambition mock their useful toil,
　　　　Their homely joys, and destiny obscure;②

郭译：

　　　　莫使野心家嘲笑他们的苦辛，

----

① 郭沫若：《漂流三部曲》，载：《郭沫若全集（文学编）》（第九卷），北京：人民文学出版社，1985：263。
② Thomas Gray. "Elegy Written in a Country Churchyard," *The Poems of Gray, Collins and Goldsmith*, ed. Roger Longsdale (New York: Longman, 1969), p.122.

第四章　对于《墓畔哀歌》中误译的症候阅读

他们的贫乐,他们的暗淡的命运;①

卞译:

"雄心"别嘲讽他们实用的操劳,
家常的欢乐、默默无闻的运命;②

郭译看似逐行直译,实际上对原文作了一些十分有趣的改变。Toil 之前的褒义修饰语 useful 被省略。homely 此处也是褒义词,与原诗第 6 节对农家的天伦之乐的描写相呼应,却被郭译成了"贫乐"。"苦"与"贫"是译者对于这种生活的印象。译文看似保留了原文的基本立场——贫苦人民不应当受到野心家的嘲笑,实则没有真心欣赏贫贱的生活。葛雷曾经拒绝了桂冠诗人的荣誉,而郭沫若却不能这么洒脱。贫穷是这一时期让郭沫若痛恨的生活现实。

当原文的符号秩序压抑了译者的不同的价值观的时候,译者通常可以有两种相对的选择,一种如同梁启超的"豪杰译",大刀阔斧地改写原文,一种选择屈从原文秩序,对译文展开自我审查。新文化运动以后的译者已经与早期的林纾、梁启超等译者不同,他们更加强调直译,反对随意窜改原文的文化态度,但即使这样,也不能保证译文不在无意识中被改写。郭沫若没有选择在译文中一吐为快,但是他的心声不甘归入沉寂,终究通过对译文的细微的改变吐泻出来。"他们的苦辛,/他们的贫乐,他们的暗淡的命运"读起来非常顺口,通顺连贯的译文掩盖了翻译中出现的问题。

译者的自怜在诗的末尾达到顶峰。第 30 节墓志铭的前两行是"Here rests his head upon the lap of Earth/ A youth to Fortune and

---

① 郭沫若:《墓畔哀歌》,载《沫若译诗集》,上海:新文艺出版社,1954:117-118。
② 卞之琳:《墓畔哀歌》,载《卞之琳译文集》中卷,合肥:安徽教育出版社,2000:73。

195

to Fame unknown",郭沫若译成"一个薄命的青年全无名望,/息着头颅在这儿地之膝上;"①葛雷笔下一个没有财产没有名望的年轻石匠,变成了郭译里指向作者本人的"一个薄命的青年","薄命的"当然是无中生有的添加。

而在第31节的后两行里,我们听到了译者的恸哭:

> He gave to Misery all he had, a tear,
> He gained from Heaven ('twas all he wish'd) a friend.②

郭译:

> 哀矜之人他雪与一切的泪浆,
> 他博得了一个友人在那天上。③

卞译:

> 他给了"坎坷"全部的所有,一滴泪;
> 从上苍全得了所求,一位朋友。④

清贫的石匠全部的所有就是一滴眼泪,而其所求也甚少,他把眼泪交给"苦难",换取的是天堂里的爱。葛雷从宗教意义上进一步肯定这种人生。郭译似乎一下子变成了一个英文极差的译者,竟然将原文的"all he had, a tear"误读成了"一切的泪浆"(all tears),"一滴眼泪"变

---

① 郭沫若:《墓畔哀歌》,载《沫若译诗集》,上海:新文艺出版社,1954:126。
② Thomas Gray, "Elegy Written in a Country Churchyard," in *The Poems of Gray, Collins and Goldsmith*, ed. Roger Longsdale (New York: Longman, 1969), p.140. 原文斜体。
③ 郭沫若:《墓畔哀歌》,载《沫若译诗集》,上海:新文艺出版社,1954:127。
④ 卞之琳:《墓畔哀歌》,载《卞之琳译文集》中卷,合肥:安徽教育出版社,2000:77。

成了眼泪的汪洋大海。专有名词 Misery（苦难，卞译为"坎坷"）变成了修饰语，于是，石匠变成了"哀矜之人"。在他的误读中，原文语序被颠覆，译者的想象使语词重新组合。读者仿佛听到了诗人在墓园里的恸哭，而只有死亡能够结束由"贫""苦"带来的一切烦恼，结束"薄命"的人生；如果不能死亡，那就在幻想当中死掉一次。这个诗人不是葛雷，不是石匠，而是躲在葛雷的面具背后哭泣、在翻译里做着白日梦的郭沫若。译者悄悄地将自己的情感、想象、境遇都写进了翻译，从而在诗歌的末尾将悲怆推向顶峰。脱离原文，译诗依然具有独立的生命力，它强大的感染力，可使读者掩卷长泣。

4.5 误译、自我中心主义与翻译冲动

译文逃不了背叛的宿命。但是造成译文与原文偏离的原因多种多样。有的是受译者所在时代的诗学主张的影响。比如郭沫若将葛雷的格律诗翻译成自由体,这是一种背离,但这种背离不是因为误读造成,是译者按照民初流行的自由体诗歌的主张,对译文进行的有意识的干预。

本章分析的译文在情节、情调上的背离,在很大程度上与译者的无意识有关。如图 4-1 所示,译者使用的能指与原文的能指具有很大的相似性,尤其是"玛甘泪""甘泪卿""你",它们与原文相比,都可以算得上是忠实的翻译。但是汉语可以一字多义,它们与译者本人创作的诗歌、书信、散文、具有自传性质的小说等文本之间存在秘密的互文性,因而与原文能指之间存在实质上的背离。译者还通过突出或者淡化原诗的一些细节,对译文做出秘密的微妙的编辑。于是,在原文的符号秩序之下,译者悄悄地做起了自己的白日梦,通过"泪""你""清芬""一切的泪浆"等编写自己的故事。译文部分地完成了翻译原文信息的任务,同时悄悄地翻译出了译者自己的欲望。这反映的是一种明显的与翻译他者的冲动相互抗衡的自我中心主义。此时作为症候的误译指向的无意识不仅有翻译冲动,还有与翻译冲动相对的译者的自我中心主义。

原文	Margreta Gretchen	Thou, Thee(他指)	incense sweetness	all he had, a tear
译文	玛甘泪 甘泪卿	你 (自指)	清芬	一切的泪浆
	ME	ME	ME	ME

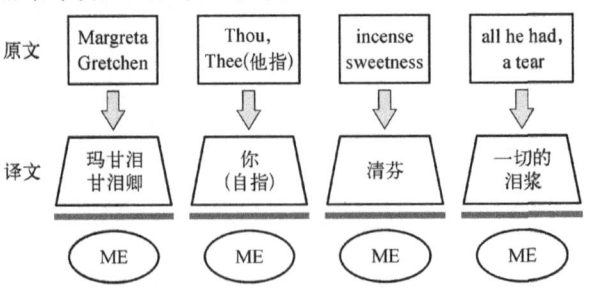

图 4-1:译者将自己的白日梦安放到译文中

第四章　对于《墓畔哀歌》中误译的症候阅读

　　这些误译之处的共同特点，就是尽管背离了原文，却保留着与原文的相似度，套用本雅明的一个比喻：译文只是与原文在相切的点上轻轻地接触，就在语言的自由流变中遵照忠实法则追寻自己的路径而去①。在译文中，译者的白日梦与作者的白日梦也可以是这样，只在短暂的相交后，各循自己的道路而去。

　　至此，结合三四两章的研究，可以对第二章提出的翻译冲动的临时定义做一些补充：与翻译冲动相抗衡的是民族中心主义和译者的自我中心主义。这两种力量都会造成文本的变形和误译。

---

① Walter Benjamin, "The Task of the Translator," in *The Translation Studies Reader*, ed. Lawrence Venuti (London: Routledge, 2000), p.22.

第五章 结 论

5.1 内容回顾

前四章的文字指向同一个目标,即探索翻译冲动研究的可能性。第一章是寻找精神分析学和翻译研究合作的理论基础。研究表明,精神分析学是广义的翻译研究,精神分析学者除了关心广义的翻译,也关心狭义的语际翻译。两个学科的学者已经开始相互关注,有很好的跨学科合作发展的前景。

作为"宇宙进化中产生的最复杂类型的事件"[1],人类的语际翻译是弗洛伊德无所不在的"翻译场"中的一种。借助精神分析学,翻译研究可以尝试将语际翻译放在翻译场中考察,放在移情的场景中,放在译者与作者、读者、批评家的无声的话语中,从主体间的关系出发,研究译者在语言中异化的困境,将译者看成异化的主体,而不只是供研究者观察的客体。这些都是来自精神分析学的启示,运用精神分析学视角将

---

[1] I. A. Richards, "Towards a Theory of Translating," in *Studies in Chinese Thought*, ed. Arthur F. Wright (Chicago: University of Chicago Press, 1953), pp.247 - 262,引自第250页。

给当下的翻译研究带来新颖的发现。

第二章首先对国际上两个学科已有的合作进行细致的调查。从20世纪50年代到现在，精神分析学视角下的翻译研究已经取得了一些成果，有精神分析学者的贡献，比如法国的亚伯拉罕和拉普朗什、加拿大的马奥尼；有翻译学科研究者的贡献，比如法国的贝尔曼、美国的韦努蒂和根茨勒。归纳起来，精神分析学视角在以下翻译学研究领域中存在优势：翻译过程中他者的作用，或者说翻译过程中的主体间关系；误译背后的无意识研究；翻译变形（可译性）研究。

第二章接着指出一个富有潜能的新的研究方向：翻译冲动研究。翻译冲动属于无意识，研究翻译冲动必须从症候入手。于是，第二章详细研究了精神分析学意义上的"冲动"、贝尔曼所说的"翻译冲动"、拉普朗什提出的"翻译冲动"、精神分析学上所说的"症候"，以及韦努蒂的翻译研究中的"症候阅读"，重新界定了翻译冲动以及翻译冲动研究中的症候阅读法。

第三、四章是对这个新方向的探索，使用的是症候阅读法，通过症候，研究翻译冲动。第三章阅读的症候包含三类：一是清末民初层出不穷的语言运动；二是母语写作中出现的"异"样表达；三是翻译文本出现的干扰母语秩序的"异"样表达。第三章的叙述以三类语言运动（废除文言、废除汉字、白话文欧化）为脉络，覆盖三种症候的案例研究。在纷繁的表象背后——黄遵宪造新字的主张，梁启超等人新学诗中的翻译词汇，章士钊的古文欧化句法，傅斯年的白话欧化句法，黄遵宪的杂合体改良新诗，梁启超的杂合文体，各种以假名、罗马字、速记符号等面目出现的拼音文字——涌动着相似的追求：为汉语引进新异的能指和能指符号，为翻译"异"、为翻译受压抑者(the repressed)开道。

废除文言、废除汉字、汉语欧化等，都是对民族中心主义和对既定语言规范的反抗与反叛。在这些看似匪夷所思的极端主张与非理性的诉求背后，发挥着动能作用的是翻译冲动。翻译冲动因为"异"的诱惑而产生，由清末民初强烈的文化移情造成。在翻译西方的"异"时，翻译冲动与母语的语言规范发生冲突,一方面不断地检验、挑战、撼动旧的语言规范,另一方面不断地激发译入语的潜能,促使其不断地增加能指。因此它兼具破坏性与建设性。

第四章从第四类症候,即从译本中的误译着手,对郭沫若翻译的托马斯·葛雷的《墓畔哀歌》展开症候阅读。郭沫若的多处误译有着共同的特征,即使用与原文貌合神离的能指,充分利用汉字能指的多义性,在翻译原文信息的同时,翻译出译者的欲望,在译文中写入自己的白日梦。译者被异化的欲望突破了原文秩序,造成误译,形成文本症候。

这样从结构上看,第三、四章在研究方法上形成互补。两章从不同的症候类型出发,研究受到压抑的无意识(如图 5-1)。第三章集合多个案例,旨在突出同一个时代背景下各个案例之间的共性和差异。第四章是个案研究,在译本研究之外,辅以个人历史研究。第三章的三类症候指向翻译冲动,同时也揭示了与翻译冲动相抗衡的民族中心主义。而第四章中的症候误译则指向与翻译冲动相对的译者的自我中心主义。

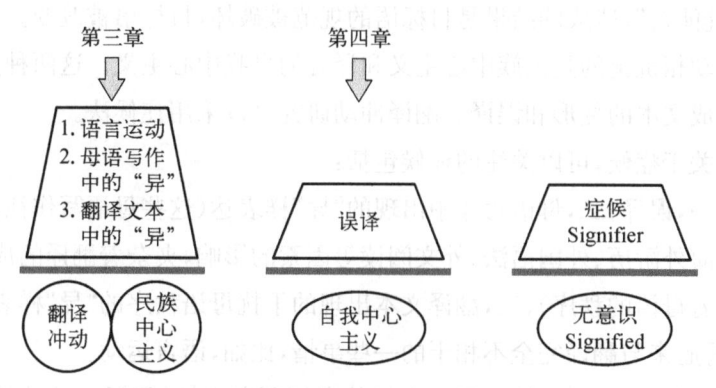

图 5-1:翻译中的民族中心主义与自我中心主义

第三、四章的研究表明,民族中心主义以及译者的自恋,是两股自我中心主义的力量,它与引进"异"的翻译冲动相抗衡,是造成译文变形和误译的重要原因。而这两种自我中心主义力量的影响几乎是无法彻底消除的,因此译文也无法改变叛逆的宿命。

5.2 重要观点

本书在探讨翻译研究借鉴精神分析学研究的可能性,以及借鉴的领域和方法之后,抓住翻译冲动的概念做了一些有益的探索,得到了一些有趣的发现。首先,是对翻译冲动与症候的概念加以明确和完善。

关于翻译冲动:

每个译者都有的翻译的欲望,它是译者在面对充满诱惑的他者时产生的一种心理反应,与翻译任务、翻译收入,以及翻译带来的名誉等等无关。翻译冲动的强弱随着移情的强弱发生变化。在译者认为他者的语言或者文化优于母语时,译者对于翻译的欲望就会越发强烈,就会一译再译,不断地挑战不可译,不断地增添、改变译文中的能指,去俘获"匿谜能指",造成的结果是目标语的规范被破坏,目标语被改变。与翻译冲动相抗衡的是民族中心主义和译者的自我中心主义。这两种力量会造成文本的变形和误译。翻译冲动研究可以采用症候法。

关于症候,可以关注的症候包括:

一,误译;二,母语写作中出现的"异"样表达(这些母语写作往往受到了海外游历、外国语法、外文阅读等因素的影响,夹杂着翻译的成分,干扰着母语的秩序);三,翻译文本出现的干扰母语秩序的"异"样表达;四,看起来与翻译完全不相干的一些事情,比如,语言运动。

此外,本书通过清末民初大量的案例研究,对于翻译中的移情、翻译冲动的双向作用和母语规范都有新的认识。

关于移情:

● 晚清开始到民初与"异"大幅度的接触,引发了对西方的移情,激活了翻译冲动,掀起了翻译和语言运动的高潮。

● 移情是对他者的爱,所以在翻译中,它是一种与民族中心主义、自我中心主义抵抗的力量。

● 移情能给译者增添对抗母语规范的力量,赋予他们成为仓颉的勇气,鼓励他们巴别塔式的梦想。清末的拼音文字方案热是最典型的例证。

● 相反,民族中心主义,以及译者自我中心主义会造成译文的变形以及误译。傅斯年反对在国语罗马字中夹入外文词汇,是民族中心主义的表现。而本书中分析的郭沫若的误译,指向的是译者的自恋以及被异化的欲望。

● 翻译冲动的强烈程度往往与移情的强烈程度相关。黄遵宪的移情比林鍼要明显,翻译冲动也比林鍼要强烈。所以同在一个移情的时代里,翻译冲动有差别地体现在不同个体的身上。翻译冲动的强弱没法直接量化,但是可以借鉴译者的翻译立场等指标来判断其强弱,比如译者是否反对母语引进新的能指,由译者引进的新能指对母语规范的冲击和改变有多大等。

关于翻译冲动的双向作用:

● 翻译冲动既具有破坏力,也具有建设力。在梁启超等人的新学诗中表现的是其破坏性的一面,翻译冲动使得文字佶不可读,而在章士钊欧化的古文里,周作人欧化的白话文里,翻译冲动表现的是其建设性的一面。如何在满足翻译冲动与维持语言的艺术性、可读性之间取得平衡,即如何升华翻译冲动,通常是译者关心的问题。

关于母语规范:

● 在翻译成为头等大事的年代,是否能够接受翻译的检验成了母语是否完备的标准。

● 如何保留母语的纯净度是一个伪命题,在与"异"的接触中,对"异"的移情中,语言都会不断地添加新的能指,新的字、词、句法,呈现出杂合的特点,开放的语言无法保证自己的纯净度。

● 清末民初的翻译冲动促使汉语不断地制造新字、新词汇,引进外来词汇,外来的语法,甚至要引进外来的文字符号替代汉字,简而言之,就是不断增加新的能指,以及新的能指符号,目标是修改甚至不惜彻底颠覆语言规范。

● 由翻译冲动造成的语言变化,与母语规范以及维持母语规范的民族中心主义力量不断发生冲突。清末民初时,这两者冲突剧烈,表现为频繁发生的语言运动。

● 清末民初的译者不断思索如何引进"异"的问题。从黄遵宪的诗体改良的方案,到梁启超的新文体,到章士钊的甲寅文体,到清末民初的各种拼音文字方案等,是中国"译者"对于西方匿谜信息不断的翻译与再翻译。因此汉语也在清末民初的一次次"翻译"中经历了飞速演变的过程。

5.3　研究意义与未来的路

运用精神分析学的成果来研究一个时代的翻译与文化心理，这是一个新鲜大胆的尝试。尽管国际上从 20 世纪 50 年代开始就已经有了借用该视角研究的先例，但是总的来说，所取得的研究成果零散、不成系统。无论与国际翻译学主流研究视角，比如语言学视角、文化学视角，还是当下流行视角，比如社会学视角、认知心理学视角相比起来，精神分析学视角都是一个绝对的冷门。

但是，翻译的精神分析学依然有可能成为一个博大精深的研究领域。精神分析学与翻译学的"亲缘"关系（参见第一章），以及它对于人类主体性的独特领悟，使我们能够关注和深入其他视角不能轻易抵达的领域。比如，可以研究译者的无意识、译者作为异化的主体对翻译的影响等。以本次研究为例，涉及的无意识包括翻译冲动、民族中心主义、译者的自我中心主义。无意识无法直接研究，途径之一是通过症候阅读。

因此，本书的研究始终沿着两条路线展开，一条探索清末民初翻译心理的经线，一条探索精神分析学在翻译研究中的运用前景的纬线，从症候入手，关注了其他视角容易忽略的语言运动、母语写作中的"异"样表达、翻译文本中的"异"样表达、误译等，指出背后的翻译冲动，重新评估一些被低估的译者的价值，比如章士钊；重新评估了一些语言运动的价值，比如清末的切音字运动；重新评估翻译对于民族语言发展的价值，既具有破坏力又具有建设性；重新评估翻译对于译者的心理疏导功能。虽然在两条线路上都不可能穷尽，但是在经纬交汇处的一些发现可以推动两个领域的发展。

当然，如何将精神分析学视角下的翻译研究继续下去，是一个很大的课题,是一部专著无法完成的任务。未来之路,该怎么走,我们可以不停地尝试,可以开拓的空间非常辽阔。下面列举出一些我们可以努力的方向:

　　首先是汉译外活动中的翻译冲动。到目前为止,本书的研究以及国内外其他同类研究关注的都是将外语转成母语的翻译,基本都未涉及译者将母语作品译成外语的翻译活动。而中国目前正在强调中华文化走出去,并且开始投入大量的人力、物力,这使得汉译外的实践变成了一个必要的研究课题。而历史上也确实有华人作家汉译外的成功案例,比如林语堂翻译的《浮生六记》。通过研究,可以揭示外译方向的翻译冲动与外语译入母语的翻译冲动有何不同,会对目前的翻译冲动研究起到很好的拓展和补充作用。

　　其次,可以拓宽研究的理论框架。本书借鉴的精神分析学说主要来自弗洛伊德、拉康、拉普朗什等。西方精神分析学理论流派众多,其他精神分析学说对翻译研究是否有借鉴作用,比如荣格、温尼科特(Donald Winnicott)的学说。加强与精神分析学专家的合作,有利于尽快开发跨学科合作的潜能。

　　此外,还可以拓展区域研究、个体研究的广度与深度。西方文艺复兴时期也是一个翻译事业兴旺的年代,胡适等废除文言提倡白话的主张,灵感也来自文艺复兴时欧洲各国方言对于拉丁文统治的胜利。西方世界的语言运动与翻译冲动的关系怎样?与中国清末民初的翻译冲动有多少异同?日本也有从中国引进"异"、引进能指符号的历史,是否可以加以研究,补充我们对于翻译冲动的认识?本书研究的个案是郭沫若的翻译,有无数的个体译者可以成为后续研究的对象。更多的案例放在一起,就有可能综合出更有说服力的观察结果。

　　贝尔曼曾经号召世界各地的语言学家、诗学家、精神分析学者都根据自己的经验,共同研究民族中心主义如何造成译文的变形①。翻译的精神分析学研究是一个博大的领域,能够吸纳更多更加丰富的学术力量,包括世界各地的翻译界学者、精神分析学者、比较文学学者、语言学家等,也是本书作者的愿望。

---

① Antoine Antoine, "Translation and the Trial of the Foreign," in *The Translation Studies Reader*, ed. Lawrence Venuti (London: Routledge, 2000), pp.284-297.

参考文献

APPIAH K A. Thick translation[J]. Callaloo, 1993,16(4):808-819.

ARROJO R. Literature as fetishism: some consequences for a theory of translation[J]. Meta, 1996,41(2):208-216.

ARROJO R. Translation, transference, and the attraction to otherness—Borges, Menard, Whitman [J]. Diacritics, 2004, 34(3/4):31-53.

ARROJO R. Fictional translators: rethinking translation through literature[M]. New York: Routledge, 2018.

BASILE E. Responding to the enigmatic address of the other: a psychoanalytical approach to the translator's labor[J]. New voices in translation studies, 2005(1):12-30.

BASS A. On the history of a mistranslation and the psychoanalytic movement[M]//GRAHAM J F. Difference in translation. Ithaca and London: Cornell University Press, 1985:102-141.

BASSNETT S. Forward by Susan Bassnett[M]//GENTZLER E. Translation and rewriting in the age of post-translation studies. London and New York: Routledge, 2017:ix.

BENJAMIN A. The unconscious: structuring as a translation[M]// FLETCHER J, STANTON M. Jean Laplanche: seduction, translation and the drives. London: Institute of Contemporary Arts, 1992:137 – 157.

BENJAMIN W. The task of the translator[M]//VENUTI L. The translation studies reader. New York: Routledge, 2000:15 – 25.

BERMAN A. The experience of the foreign: culture and translation in Romantic Germany[M]. Albany: State University of New York Press, 1992.

BERMAN A. Toward a translation criticism: John Donne[M]. Kent: The Kent University Press, 2009.

BERMAN A. Translation and the trial of the foreign[M]//VENUTI L. The translation studies reader. London: Routledge, 2000:284 – 297.

BIRKSTED-BREEN D. Editorial: is translation possible? [J]. The international journal of psychoanalysis, 2010(4):687 – 694.

BLOOM H. The anxiety of influence: a theory of poetry[M]. 2nd ed. New York: Oxford University Press, 1997.

BORGES J L. Pierre Menard, author of the Quixote[M]//YATES D, IRBY J. Labyrinths: selected stories and other writings. New York: Penguin Books, 1976:62 – 71.

BREUER J, FREUD S. Studies on hysteria[M]//FREUD S. The standard edition of the complete psychological works of Sigmund Freud, Volume II (1893—1895). London: The Hogarth Press Limited, 1955.

CARROLL L. Alice's adventures in wonderland & Through the looking glass and what Alice found there[M]. ZHAO Y (trans.). Beijing: The Commercial Press, 1988.

CHENG O Y F. A Lacanian perspective on literature, translation and the reader's (inter-)subjectivity: read my text and tell me who you are[D/OL]. Hong Kong: Lingnan University, 2012[2019 – 01 –

02]. DOI: 10.14793/eng_etd.7.

COSTELLO G C. Symptoms of depression[M]. New York: John Wiley & Sons, INC., c1993.

DUMAS A. The three musketeers[M]. London, Melbourne and Toronto: Dent, 1906.

EAGLETON T. Literary theory: an introduction[M]. Oxford: Blackwell Publishers Inc., 1996.

ELIOT T S. Tradition and the individual talent[M]//Selected essays: 1917-1932. London: Faber and Faber Limited, 1932:13-34.

ELLIS F H. Gray's elegy: the biographical problem in literary criticism[J]. PMLA, 1951(6):971-1008.

ETTINGER B. The feminine/prenatal weaving in matrixial subjectivity-as-encounter[J]. Psychanalytic dialogues: the international journal of relational perspectives, 1997,7(3):367-405.

FLETCHER J. The letter in the unconscious: the enigmatic signifier in the work of Jean Laplanche[M]//FLETCHER J, STANTON M. Jean Laplanche: seduction, translation and the drives. London: Institute of Contemporary Arts, 1992:93-120.

FLOTOW L V. Contested gender in translation: intersectionality and metramorphics[J]. Palimpsestes, 2009(22):245-256.〈https://doi.org/10.4000/palimpsestes.211〉.

FREUD S. The ego and the id[M]. New York: The Hogarth Press Ltd., 1950.

FREUD S. Totem and taboo[M]. New York: Norton, 1950.

FREUD S. Fragment of an analysis of a case of hysteria[M]//The standard edition of the complete psychological works of Sigmund Freud. Volume VII (1901—1905). London: The Hogarth Press, 1953:3-124.

FREUD S. Three essays on the theory of sexuality[M]//The standard edition of the complete psychological works of Sigmund Freud. Volume VII (1901—1905). London: The Hogarth Press, 1953:125-248.

FREUD S. Instincts and their vicissitudes[M]//The standard edition of the complete psychological works of Sigmund Freud. Volume XIV (1914—1916). London: The Hogarth Press, 1957:109-140.

FREUD S. Leonard Da Vinci and a memory of his childhood[M]//The standard edition of the complete psychological works of Sigmund Freud. Volume XI (1910). London: The Hogarth Press, 1957:57-138.

FREUD S. The "uncanny"[M]//On creativity and the unconscious: papers on the psychology of art, literature, love, religion. New York: Harper & Row, 1958:122-161.

FREUD S. The dynamics of transference[M]//The standard edition of the complete psychological works of Sigmund Freud. Volume XII (1911—1913). London: The Hogarth Press, 1958:97-108.

FREUD S. The Moses of Michelangelo[M]//NELSON B. On creativity and the unconscious. New York: Harper & Row, 1958:11-41.

FREUD S. The relation of the poet to day-dreaming[M]//NELSON B. On creativity and the unconscious. New York: Harper & Row, 1958:44-54.

FREUD S. The theme of the three caskets[M]//NELSON B. On creativity and the unconscious. New York: Harper & Row, 1958:63-75.

FREUD S. A childhood recollection from Goethe's *Dichtung und Wahrheit (Poetry & Truth)*[M]//NELSON B. On creativity and the unconscious. New York: Harper & Row, 1958:111-121.

FREUD S. Inhibitions, symptoms and anxiety[M]//The standard edition of the complete psychological works of Sigmund Freud. Volume XX (1925—1926). London: The Hogarth Press, 1959.

FREUD S. Group psychology and the analysis of the ego[M]. New York: Bantam Books, 1960.

FREUD S. Civilization and its discontents[M]. New York: Norton, 1961/1962.

FREUD S. Analysis terminable and interminable[M]//The standard edition of the complete psychological works of Sigmund Freud. Volume XXIII (1937—1939). London: The Hogarth Press, 1964: 216-253.

FREUD S. Jokes and their relation to the unconscious[M]. London: Penguin Books, 1978.

FREUD S. The psychopathology of everyday life[M]. Middlesex: Penguin Books, 1978.

FREUD S. Periodicity and self-analysis[M]//MASSON J M. The complete letters of Sigmund Freud to Wilhelm Fliess. Cambridge & London: Harvard University Press, 1985: 207-263.

FREUD S. Interpretation of dreams[M]. Beijing: Foreign Language Teaching and Research Press, 1998.

FROTA M P. The unconscious inscribed in the translated text[J]. Doletiana, 2007(1): 1-11[2021-05-13]. http://webs2002.uab.es/doletiana/1Documents/1Frota.pdf.

GAVRONSKY S. The translator: from piety to cannibalism[J]. SubStance, 1977, 16(6/7): 53-62.

GENTZLER E. An international and interdisciplinary view: translation studies in China[J]. Journal of Foreign Languages, 2005(4): 44-55.

GENTZLER E. Translation, poststructualism, and power[M]//

GENTZLER E, TYMOCZKO M. Translation and power. Beijing: Foreign Language Teaching and Research Press, 2007:195-218.

GENTZLER E. Translation and identity in the Americas: new directions in translation theory[M]. London & New York: Routledge, 2008.

GENTZLER E. Translation studies: pre-discipline, discipline, interdisicipline, and post-discipline[J]. International journal of society, culture & language, 2014,2(2):13-24.

GENTZLER E. Translation and rewriting in the age of post-translation Studies[M]. London and New York: Routledge, 2017.

GRAY T. Elegy written in a country churchyard[M]//LONGSDALE R. The poems of Gray, Collins and Goldsmith. New York: Longman, 1969:117-135.

HAYES J C. Look but don't read: Chinese characters and the translating drive from John Wilkins to Peter Greenaway[J]. Modern Language Quarterly, 1999,60(3):353-377.

HERMANS T. Cross-cultural translation studies as thick translation[J]. Bulletin of the school of oriental and African studies, 2003, 66(3):380-389.

HOLMS J. The name and nature of translation studies[M]//VENUTI L. The translation studies reader. New York: Routledge, 2000:172-185.

INGRAM S. Translation studies and psychoanalytic transference[J]. TTR, 2001,14(1):95-114.

JAKOBSON R. On linguistic aspect of translation[M]//Language in literature. Cambridge & London: The Belknap Press of Harvard University Press, 1987:428-435.

JAKOBSON R. Two aspects of language and two types of aphasic disturbances[M]//Language in literature. Cambridge & London: The Belknap Press of Harvard University Press, 1987:95-114.

KNUTSON S, MEZEI K, MARLATT D, et al. Vers-ions con-verse: a sequence of translations[J]. Tessera, 1989, 6:16-23.

LACAN J. The four fundamental concepts of psychoanalysis[M]. London: Vintage, 1994.

LACAN J. The function and field of speech and language in psychoanalysis [M]//Ecrits: a selection. W. W. Norton & Company, 2002:197-268.

LAPLANCHE J, PONTALIS J. The language of psycho-analysis [M]. New York: Norton, 1973.

LAPLANCHE J. A short treatise on the unconscious [M]// FLETCHER J. Essays on otherness. London: Routledge, 1999: 84-116.

LAPLANCHE J. Implantation, intromission[M]//FLETCHER J. Essays on otherness. London: Routledge, 1999:133-137.

LAPLANCHE J. Interpretation between determinism and hermeneutics: a restatement of the problem[M]//FLETCHER J. Essays on otherness. London: Routledge, 1999:138-165.

LAPLANCHE J. The drive and its source-object: its fate in the transference[M]//FLETCHER J. Essays on otherness. London: Routledge, 1999:117-132.

LAPLANCHE J. The Freud museum seminar[M]//FLETCHER J, STANTON M. Jean Laplanche: seduction, translation and the drives. London: Institute of Contemporary Arts, 1992:41-63.

LAPLANCHE J. The Kent seminar [M]//FLETCHER J, STANTON M. Jean Laplanche: seduction, translation and the drives. London: Institute of Contemporary Arts, 1992:21-40.

LAPLANCHE J. The unfinished Copernican revolution[M]//FLETCHER J. Essays on otherness. London: Routledge, 1999:52-83.

LAPLANCHE J. The wall and the arcade[M]//FLETCHER J, STANTON M. Jean Laplanche: seduction, translation and the drives. London: Institute of Contemporary Arts, 1992:197-216.

LAPLANCHE J. Transference: its provocation by the analyst[M]//FLETCHER J. Essays on otherness. London: Routledge, 1999: 214-233.

LEADER D, GROVES J. Introducing Lacan[M]. New York: Totem Books, 1995.

LECERCLE J. Philosophy of nonsense: the institutions of Victorian nonsense literature[M]. London and New York: Routledge, 1994.

LECERCLE J. The violence of language[M]. London: Routledge, 1990.

MAHONY P J. Towards the understanding of translation in psychoanalysis[J]. Meta, 1982,27(1):63-71.

MAHONY P J. Psychoanalysis and discourse[M]. London: Tavistock Publications Ltd., 1987.

MAHONY P J. Hermeutics and ideology: on translating Freud[J]. Meta, 1994,39(2):316-324.

MAHONY P J. Freud and translation[J]. American Imago, 2001,58(4): 837-840.

MOYAL G. Translation terminable, interminable: Freud and Schleiermacher[M]//ST-PIERRE P, KAR P C. Translation: reflections, refractions, transformations. Amsterdam: John Benjamins B.V., 2007:229-244.

PLAENKERS T. When Freud headed for the east: aspects of a Chinese translation of his works[J]. The International Journal of

Psychoanalysis, 2003(94):993-1017.

PORTER D. Psychoanalysis and the task of the translator[J]. MLN, 1989(5):1066-1084.

QUINNEY A. Translation as transference: a psychoanalytic solution to a translation problem[J]. The translator, 2004,10(1):109-128.

RAND N T, TOTOK M. Paradeictic: translation, psychoanalysis, and the work of art in the writings of Nicolas Abraham[M]//ABRAHAM N, RAND N T, TOTOK M. Rhythms: on the work, translation and psychoanalysis. Stanford: Stanford University Press. 1995:133-154.

RICHARDS I A. Towards a theory of translating[M]//WRIGHT A F. Studies in Chinese thought. Chicago: University of Chicago Press, 1953:247-262.

ROBINSON D. The translator's turn[M]. Beijing: Foreign Language Teaching and Research Press, 2006.

SAUSSURE F D. Course in general linguistics[M]. Beijing: Foreign Language Teaching and Research Press, 2001.

SHREAD C. Metamorphosis or metramorphosis? Towards a feminist ethics of difference in translation[J]. TTR, 2007,20(2):213-242.

SIMON S. Translating Montreal: episodes in the life of a divided city [M]. Montreal: McGill-Queen's University Press, 2006.

SNELL-HORNBY M. Translation studies: an integrated approach[M]. Amsterdam: John Benjamins Publishing Company, 1988.

SNELL-HORNBY M, PÖCHHACKER F, KAINDL K. Translation studies: an interdiscipline: selected papers from the translation studies congress, Vienna, 9-12 September 1992[M]. Amsterdam: John Benjamins Publishing Company, 1994.

SNELL-HORNBY M. The turns of translation studies: new paradigms or shifting viewpoints? [M] Amsterdam: John Benjamins Publishing Company, 2006.

TSU J. Sound and script in Chinese diaspora [M]. Cambridge: Harvard University Press, 2010.

TURGENEV I, GARNETT C (Trans). Virgin Soil[M]. New York: Grove Press, 1956.

TYMOCZKO M. Translating in a postcolonial context: early Irish literature in English translation[M]. Manchester: St. Jerome, 1999.

VENUTI L. The scandals of translation: towards an ethics of difference[M]. London and New York: Routledge, 1998:11.

VENUTI L. The difference that translation makes: the translator's unconscious[M]//RICCARDI A. Translation studies: perspectives on an emerging discipline. Cambridge: Cambridge University Press, 2002:214-241.

VENUTI L. The translator's invisibility: a history of translation[M]. Shanghai: Shanghai Foreign Language Education Press, 2004.

巴金.《夜未央》后记[M]//巴金译文全集(第七卷).北京:人民文学出版社,1997:281.

卞之琳.墓畔哀歌[M]//卞之琳译文集(中卷).合肥:安徽教育出版社,2000:71-78.

斌椿.乘槎笔记·诗二种[M]//钟叔河.走向世界丛书(第一辑第一册).长沙:岳麓书社,1985:65-222.

蔡乐苏.清末民初的一百七十余种白话报刊[M]//丁守和.辛亥革命时期期刊介绍(V).北京:人民出版社,1987:493-546.

蔡锡勇.传音快字[M].北京:文字改革出版社,1956.

陈独秀.对于梁巨川先生自杀的感想[J].新青年,1919,6(1):19-20.

陈独秀.三答钱玄同[M]//陈独秀学术文化随笔.北京:中国青年出版社,1999:150-151.

陈独秀.自杀论[J].新青年,1920,7(2):1-13.

陈福康.中国译学理论史稿[M].上海:上海外语教育出版社,2000.

陈平原.20世纪中国小说史:1897-1916[M].北京:北京大学出版社,1989.

陈子展.中国近代文学之变迁·最近三十年中国文学史[M].上海:上海古籍出版社,2000.

厨川白村.苦闷的象征[M]//出了象牙之塔.鲁迅,译.北京:人民文学出版社,1988.

崔丽芳.论中国近代翻译文学中的误读现象[J].南开学报,2000(3):47-52.

大仲马.侠隐记[M].曾孟浦,译.上海:启明书局,1936.

大仲马.侠隐记[M].伍光建,译,茅盾,校注.长沙:湖南人民出版社,1982.

端木蕻良.《十五小豪杰》和我[J].民主,1995(11):24.

茀罗乙德.茀罗乙德叙传[M].章士钊,译.上海:商务印书馆,1930.

傅东华.语体文欧化[J].文学旬刊,民国十年七月十日第七号.

傅斯年.汉语改用拼音文字的初步谈[M]//傅斯年全集(第一卷).长沙:湖南教育出版社,2003:160-179.

傅斯年.一段疯话[M]//傅斯年全集(第一卷).长沙:湖南教育出版社,2003:212-214.

傅斯年.译书感言[M]//傅斯年全集(第一卷).长沙:湖南教育出版社,2003:189-196.

傅斯年.怎样做白话文[M]//傅斯年全集(第一卷).长沙:湖南教育出版社,2003:125-136.

歌德·浮士德[M].郭沫若,译.合肥:安徽人民出版社,2013.

郭沫若.雪莱的诗[J].创造季刊(雪莱纪念号),1923年第1卷第4号雪莱纪念栏:19-20.

郭沫若译.生命之科学[M].上海:商务印书馆,1934.

郭沫若.《墓畔哀歌》译者序[M]//沫若译诗集.上海:新文艺出版社,1954:110-113.

郭沫若.墓畔哀歌[M]//沫若译诗集.上海:新文艺出版社,1954:110-129.

郭沫若.创造十年[M]//沫若文集(第七卷).北京:人民文学出版社,1959:15-168.

郭沫若.创造十年续篇(1924—1926)[M]//沫若文集(第七卷).北京:人民文学出版社,1959:169-274.

郭沫若.路畔的蔷薇·墓[M]//沫若文集(第七卷).北京:人民文学出版社,1959:320.

郭沫若.漂流三部曲[M]//郭沫若全集(文学编)(第九卷).北京:人民文学出版社,1985:241-281.

郭沫若,田汉,白宗华.三叶集[M]//郭沫若全集(文学编)(第十五卷).北京:人民文学出版社,1990:1-140.

郭沫若.论诗三札[M]//郭沫若全集(文学编)(第十五卷).北京:人民文学出版社,1990:335-341.

郭沫若.批评与梦[M]//郭沫若全集(文学编)(第十五卷).北京:人民文学出版社,1990:230-241.

郭沫若.《西厢记》艺术上的批判与其作者的性格[M]//郭沫若全集(文学编)(第十五卷).北京:人民文学出版社,1990:321-327.

郭沫若.古书今译的问题[M]//郭沫若全集(文学编)(第十五卷).北京:人民文学出版社,1990:163-171.

郭沫若.序引[M]//歌德.少年维特之烦恼.郭沫若,译.北京:中国青年出版社,2012:Ⅴ-ⅩⅣ.

郭沫若.序[M]//屠格涅夫.新时代.郭沫若,译.北京:中国青年出版社,2013:Ⅴ-Ⅵ.

郭延礼."诗界革命"的起点、发展及其评价[J].文史哲,2000(2):5-12.

韩江洪.严复翻译中的误读[J].解放军外国语学院学报,2008(1):55-61.

参考文献

胡适,译.短篇小说第一集[M].上海:亚东图书馆,1919.

胡适.尝试集[M].上海:上海亚东图书馆,1920.

胡适.导言[M]//赵家璧.中国新文学大系建设理论集.上海:上海良友图书印刷公司,1935:1-32.

胡适.文学改良刍议[M]//赵家璧.建设理论集.上海:上海良友图书印刷公司,1935:34-43.

胡适.胡适译短篇小说[M].长沙:岳麓书社,1987.

胡适.论翻译[M]//胡适译短篇小说.长沙:岳麓书社,1987:194-196.

胡适.译者自序[M]//胡适译短篇小说.长沙:岳麓书社,1987:1-4.

胡适.建设的文学革命论[M]//胡适文集(第二卷).北京:北京大学出版社,1998:44-57.

胡适.五十年来中国之文学[M]//胡适文集(第三卷).北京:北京大学出版社,1998:200-265.

胡适.中国新文学运动小史[M]//胡适文集(第一卷).北京:北京大学出版社,1998:106-139.

黄嘉德.翻译论集[M].上海:西风社,1940.

黄遵宪.日本杂事诗歌广注[M].长沙:湖南人民出版社,1981.

黄遵宪.人境庐诗草[M].钱仲联,笺注.北京:中国青年出版社,2000.

黄遵宪.都踊歌[M]//人境庐诗草.钱仲联,笺注.北京:中国青年出版社,2000:189-192.

黄遵宪.黄遵宪全集(上)[M].北京:中华书局,2005.

黄遵宪.日本国志(下)[M].天津:天津人民出版社,2005.

黄遵宪.致严复函[M]//黄遵宪全集(上).北京:中华书局,2005:434-436.

康有为.康序[M]//人境庐诗草.北京:中国青年出版社,2000:18.

劳乃宣.简字丛录[M]//简字谱录.北京:文字改革出版社,1957:163-260.

黎锦熙.汉字革命军前进的一条大路[M]//黎锦熙语言学论文集.北

京:商务印书馆,2004:26-64.
李剑波.清代诗学话语[M].长沙:岳麓书社,2007.
梁启超.饮冰室诗话[M].北京:人民文学出版社,1959.
梁启超.亡友夏穗卿先生[M]//饮冰室合集(第五卷第四十四册).北京:中华书局,1989.
梁启超.夏威夷游记[M]//饮冰室合集(第七卷,专集22—29).北京:中华书局,1996:185-196.
梁启超.十五小豪杰[M]//梁启超全集(第十九卷).北京:北京出版社,1999:5664-5687.
梁启超.清代学术概论[M].北京:中华书局,2010.
林岗.海外经验与新诗的兴起[J].文学评论,2004(4):21-29.
林鍼.西海纪游草[M]//钟叔河.走向世界丛书(第一辑第一册).长沙:岳麓书社,1985:9-63.
刘半农.《我行雪中》译者导言[J].新青年,1918年第4卷第5号:433.
刘进才.语言运动与中国现代文学[M].北京:中华书局,2007.
刘孟扬.弁言[M]//刘孟扬.中国音标字书.北京:文字改革出版社,1957:1-4.
刘孟扬.中国音标字书[M].北京:文字改革出版社,1957.
刘师培.论中土文字有益于世界[M]//刘师培辛亥革命前文选.上海:中西书局,2012:398-400.
刘师培.中国文字流弊论[M]//刘师培辛亥前文选.上海:中西书局,2012:154-157.
卢戆章.一目了然初阶[M].北京:文字改革出版社,1956.
卢戆章.中国第一快切音新字原序[M]//.卢戆章.一目了然初阶.北京:文字改革出版社,1956:1-8.
卢戆章.北京切音教科书[M].北京:文字改革出版社,1957.
卢戆章.中国字母北京切音合订[M].北京:文字改革出版社,1957.
鲁迅.关于翻译的通信[M]//鲁迅全集·二心集(第四卷).北京:人民

文学出版社,2005:379.

鲁迅.玩笑只当它玩笑(上)[M]//鲁迅论争集.陈漱渝,编.北京:中国社会科学出版社,1998:136-137.

罗家伦.近代中国文学思想之变迁[J].新潮,1920年第2卷第5号:863-888.

罗素.中国到自由之路·罗素在华演讲集[M].北京:北京大学出版社,2004.

罗新璋.翻译论集[M].北京:商务印书馆,2009.

马祖毅.中国翻译史[M].武汉:湖北教育出版社,1999.

茅盾.文学与政治的交错——回忆录[六][J].新文学史料,1980(1):165-182.

梅光迪.梅光迪文存[M].武汉:华中师范大学出版社,2011.

内田庆市.关于语言接触和"新兴语法"[J].東アジア文化交涉研究(别册),2011(7):35-43.

倪海曙.清末汉语拼音运动编年史[M].上海:上海人民出版社,1959.

潘文国.危机下的中文[M].沈阳:辽宁人民出版社,2008.

钱玄同.汉字革命[M]//钱玄同文集(第三卷).北京:中国人民大学出版社,1999:59-102.

钱玄同.注音字母与现代国音[M]//钱玄同文集(第三卷),北京:中国人民大学出版社,1999:17-48.

钱钟书.林纾的翻译[M]//林纾译著经典(第一册).林纾,译.上海:上海辞书出版社,2013:1-30.

钱仲联.前言[M]//黄遵宪,人境庐诗草.钱仲联,笺注.北京:中国青年出版社,2000:1-13.

秦婴盦.附录:论月日定名——致《民立报》记者[M]//章士钊.章士钊全集(第二卷).上海:文汇出版社,2000:295.

裘廷梁.论白话为维新之本[M]//郭绍虞(编).中国近代文论选(上).北京:人民文学出版社,1959:176-180.

凡尔纳.孤岛历险记[M].刘扳盛,译.广州:广东科技出版社,1981.

森田思轩,译.十五少年[M].东京:岩波书店,昭和十三年(1939).

沈学.盛世元音[M].北京:文字改革出版社,1956.

沈雁冰."语体文欧化"答冻蘼君[J].文学旬刊,民国十年七月十日第七号.

沈雁冰.语体文欧化之我观(一)[J].文学旬刊,民国十年七月十日第七号.

师辟伯.情为语变之原论[M].章士钊,译.上海:商务印书馆,1930.

松林武雄.精神分析与文艺[J].路易,译.文学旬刊,第57期(1922年12月1日);第58期(1922年12月11日);第59期(1922年12月21日);第60期(1923年1月1日);第61期(1923年1月11日);第62期(1923年1月21日);第64期(1923年2月11日);第66期(1923年3月1日);第68期(1923年3月21日);第71期(1923年4月22日).

苏艳.翻译中的男性自恋考察[J].外语教学,2013(1):104-108.

苏艳.西方翻译研究中的集体自恋情结[J].天津外国语大学学报,2013(2):25-30.

孙铭传.论雪莱《Naples湾畔悼伤感书怀》的郭译[J].创造日汇刊,上海:光华书局,1927:191-205.

孙应详.严复年谱[M].福州:福建人民出版社,2003.

谭嗣同.仁学[M]//谭嗣同全集(下册).北京:中华书局,1981:289-374.

汤金铭.传音快字书后[M]//蔡锡勇.传音快字.北京:文字改革出版社,1956:75-82.

陶履恭.论自杀[J].新青年,1919,6(1):12-18.

屠格涅夫.处女地[M]//巴金译.巴金译文全集(第三卷).北京:人民文学出版社,1997:3-400.

屠格涅夫.新时代[M].郭沫若,译.北京:中国青年出版社,2013.

王飚.从《日本杂事诗》到《日本国志》——黄遵宪思想发展的一段轨迹[J].东岳论坛,2005(2):75-80.

王东风.韦努蒂与鲁迅异化翻译观比较[J].中国翻译,2008(2):5-10.
王宏志."欧化":"五四"时期有关语言的讨论[M]//谢天振.翻译的理论构建与文化透视.上海:上海外语教育出版社,2000:119-139.
王剑三.语体文欧化的商榷[J].文学旬刊,民国十年七月十日第七号.
王力.中国语法理论[M]//王力文集(第一卷).济南:山东教育出版社,1984:433-506.
王力.中国文法学初探[M]//王力文集(第三卷).济南:山东教育出版社,1985:89-154.
王力.中国现代语法[M]//王力文集(第二卷).济南:山东教育出版社,1985:460-517.
王力.汉语语法史[M].北京:商务印书馆,2006.
王友贵.翻译家周作人[M].成都:四川人民出版社,2001.
王照.官话合声字母[M].北京:文字改革出版社,1957.
魏源.海国图志:师夷长技以制夷[M].郑州:中州古籍出版社,1999.
闻一多.莪默伽亚谟之绝句[J].创造季刊,1923,2(1)评论栏:10-24.
吴献书.英文汉译的理论与实践[M].上海:开明书店,1936.
吴稚晖.评前行君之《中国新语凡例》[M]//吴稚晖先生全集(第一册第二卷).上海:上海群众图书出版社,1927:102-110.
吴稚晖.书《驳中国用万国新语说》后[M]//吴稚晖先生全集(第一册第二卷).上海:上海群众图书出版社,1927:130-137.
吴稚晖.书神州日报《东学西渐篇》后[M]//吴稚晖先生全集(第一册第二卷).上海:上海群众图书出版社,1927:73-101.
吴稚晖.书苏格兰君《废除汉字议》后[M]//吴稚晖先生全集(第一册第二卷).上海:上海群众图书出版社,1927:123-129.
吴稚晖.新语问题之杂答[M]//吴稚晖先生全集(第一卷第二册).上海:上海群众图书出版社,1927:111-122.
伍蠡甫.前记[M]//伍光建.伍光建翻译遗稿.北京:人民文学出版社,1980:1-6.

西谛.翻译与创作[J].文学旬刊,民国十二年七月二日(1923.7.2).

夏晓虹.晚清的白话文运动[J].文史知识,1996(9):18-25.

熊月之.西学东渐与晚清社会[M].上海:上海人民出版社,1994.

徐朝友.越不过的门坎:文学翻译的无意识特征[J].巢湖学院学报,2002(1):76-79,107.

徐志摩.杂记:坏诗、假诗、形似诗(未完)[N].努力周报,1923(51).

严复.赫胥黎天演论[M].蒙学书局石印版本,1901.

严复.天演论[M].北京:商务印书馆,1981.

杨绛.斐多:柏拉图对话录[M].北京:中国国际广播出版社,2013.

杨绛.我们仨[M].北京:生活·读书·新知三联书店,2013.

杨琼,李文治.形声通[M].北京:文字改革出版社,1957.

郁达夫.零余者[M]//郁达夫文集(第三卷).广州 & 香港:花城出版社 & 三联书店香港分店,1982:84-90.

张京媛.中国精神分析学史料[M].台北:唐山出版社,2007.

张景华.精神分析视角下的翻译批评[J].外语研究,2011(5):70-75.

张景华.精神分析学对翻译研究的阐发[J].外语教学,2011(5):96-99.

张景华.精神分析学视角下的翻译伦理[J].天津外国语大学学报,2013(1):25-32.

张堂锜.黄遵宪的诗歌世界[M].台北:文史哲出版社,2010.

张永芳.晚清诗界革命论[M].桂林:漓江出版社,1991.

章炳麟.驳中国用万国新语说[M].北京:文字改革出版社,1957.

章士钊.行政法[M]//章士钊全集(第三卷).上海:文汇出版社,2000:213-222.

章士钊.论翻译名义[M]//章士钊全集(第一卷).上海:文汇出版社,2000:448-454.

章士钊.论译名:答李禄骥、张景芬两君[M]//章士钊全集(第二卷).上海:文汇出版社,2000:541.

章士钊.论译名——答张君礼轩[M]//章士钊全集(第二卷).上海:文

汇出版社,2000:302-304.

章士钊.论月日定名——答秦君婴盦[M]//章士钊全集(第二卷).上海:文汇出版社,2000:292-294.

章士钊.释逻辑——答马君育鹏、张君树立[M]//章士钊全集(第二卷).上海:文汇出版社,2000:210-211.

章士钊.说宪[M]//章士钊全集(第三卷).上海:文汇出版社,2000:518-524.

章士钊.中等国文典[M]//章士钊全集(第一卷).上海:文汇出版社,2000:180-356.

章太炎.与人论文书[M]//章太炎全集(第四卷).上海:上海人民出版社,1982:167-169.

赵元任.凡例[M]//刘易斯·卡洛尔.阿丽思漫游奇境记(附:阿丽斯漫游镜中世界).赵元任,译.北京:商务印书馆,1988:1.

赵元任.官话字母译音法[M]//赵元任语言学论文集.北京:商务印书馆,2002:1-20.

赵元任.国语罗马字的研究[M]//赵元任语言学论文集.北京:商务印书馆,2002:37-89.

赵元任.再论注音字母音译法[M]//赵元任语言学论文集.北京:商务印书馆,2002:90-102.

郑敏.世纪末的回顾:汉语语言变革与中国新诗创作[J].文学评论,1993(3):5-20.

郑振铎.语体文欧化问题与东华先生讨论[J].文学旬刊,民国十年七月十日第七号.

郑振铎.语体文欧化之我观(二)[J].文学旬刊,民国十年七月十日第七号.

直隶学务处.直隶学务处复文[M]//王照.官话合声字母.北京:文字改革出版社,1957:65-71.

钟叔河.走向世界:近代中国知识分子考察西方的历史[M].北京:中华

书局,2000.

周敦义.翻译名义序[M]//罗新璋编.翻译论集.北京:商务印书馆,2009:93.

周作人.古诗今译[J].新青年,1918,4(2):124-127.

周作人.空大鼓[J].新青年,1918,5(5):473-482.

周作人.人的文学[J].新青年,1918,5(6):575-584.

周作人.晚间的来客[J].新青年,1920年第7卷第5期:124-129.

周作人.汉字改革的我见[J].国语月刊(汉字改革号),1922年第1卷第7期:71-73.

周作人.国粹与欧化[M]//自己的园地.长沙:岳麓书社,1987:11-14.

周作人.圣书与中国文学[M]//知堂书话(下册).海口:海南出版社,1997:1303-1313.

周作人.域外小说集序[M]//鲁迅.译文序跋集.北京:人民文学出版社,2006:15.

祝朝伟.精神分析与翻译研究关联论[J].解放军外国语学院学报,2015(4):97-104.

樽本照雄.清末民初的翻译小说——经日本传到中国的翻译小说[M]//王宏志.翻译与创作:中国近代翻译小说论.北京:北京大学出版社,2000:171.

索 引

A

《安徽俗话报》 145
暗恐 45

B

霸权 85
白话 21,71-76,84,86,90,91,97-
 102,105,108,109,118,121,129,
 130,140-151,153-162,164-
 167,169,177,202,205,208
白日梦 170,171,177,188,189,197-
 199,203
拜物 43
贝尔曼 13,20,24-26,41,42,47,
 49-55,57-59,62,63,73,80,
 140,202,208
被压抑者的回归 37
本雅明 12,15,58-60,139,199
变形 7,25-27,35,36,41-44,47,
 50,64,78,137,139,170-172,
 184,189,192,199,202-204
 译文的变形 42,172,189,205,208
 形变 44,111,136

斌椿 76,81,93
病态 73,181
博尔赫斯 30-32
不可译 8,12,20,39,43,56,60-63,
 66,76,79,85,116,125,127,132,
 163,166,204
布鲁姆 32

C

蔡锡勇 112,115,118
残余 12,37-39,56,66,87,106,149,
 164,172,177
《草叶集》 31
超我 54,56,92,94,100,178
陈独秀 73,142,145,182
陈虬 115,117
冲动 11-14,16,17,20,25,26,33,
 40,41,50-54,56,60,62-65,82,
 90,111,139,140,166,198,202
《传音快字》 112,118
创造社 71,179
纯语言 60

D

达·芬奇 35,36

231

大仲马　150,151,154,155

道　17,32,34,36,49,52,58,66,67,77－79,82,90,96,99－101,105,108,112,114,119,120,126,130,132,133,137,145－147,151,155,161,163,166,171,173,177,178,185－188,193,194,199,202

德国式翻译　59,62

德里达　24,35－39

笛卡尔式主体　13

抵抗　9,15,16,28,29,32,33,35,41－43,47,132,179,205

压制　16,54,80,143,189

动作倒错　7,35,41,65－67

《都踊歌》　83－85,87

对母语的憎恶　53

E

俄狄浦斯　20,24,27,28,30,64

俄狄浦斯三角　27,29,30,33,35,48

二次修正　39

F

法国式翻译　59,62

翻译场　8,11,13,201

翻译冲动　1,8,9,11,13,20,21,23,26,40,47,50－58,60,62－64,66－69,72－74,76,80,86,90,93－98,100,101,105,109,116,121,127,132,140,157,162,163,166,167,169,174,189,198,199,201－208

翻译(的)分析　25,42

翻译的精神分析　25,42,207,209

翻译高潮　69,70

翻译立场　53－55,63,80,90,155,164,205

《翻译与异的考验》　42

翻译症候　1,7,14,16,20,21,23,29,34,50,64－68,74,166,169－171,177,178,180,181,189,198,202－204,207

凡尔纳　144

反民族中心主义　59

反向移情　8,9,13,26,27,29－31,33,34,47,51,54,57,63,64,73,80,82,83,90,92,93,100,109,113,125,127,139,142,160,163,166,201,202,204,205　参见　移情

反自我中心主义　59

梵文　127

非我　44,45,114

菲茨杰拉德　27

废除汉字　21,74,97,109－112,114,115,121,124,128,129,131,178,202

废除文言　21,74,75,92,110,202,208

费诺罗萨　55

弗洛伊德　6－14,16－18,20,27,28,30,32,33,35－37,39,41－43,45,47,48,50－54,56－59,61,62,64－67,94,133,165,170－172,

175,176,178,184,189,201,208

《浮士德》 177,181,186

符号 2,3,6,7,10,12,15,16,28,30,43-45,57,73,88-90,94-96,102,112-117,120-123,127,128,131,134,154,161,162,166,172,173,177,190,202,205,206,208

符号秩序 15,16,54,63,64,67,80-82,94,97,100,102,122,128,172-174,189,195,198,204

参见 秩序

父亲之名 28

傅斯年 90,129-133,136,142,143,158-162,166,202,205

G

高觉敷 48

歌德 23,169,170,174,177,179

革命 11,16,72,75,76,94,97,100-102,110,111,116,125,127-129,132,137,141,144,150,158,175,181

格义 78

葛雷 21,183-186,188,190,191,195-198,203

根茨勒 3,4,30,40,41,46,47,172,202

宫变 44-46

辜鸿铭 108

古文 74,86-90,97-102,105-109,111,116,118,141,143,146,149,150,

155-157,161,166,167,202,205

古文文法 106

古字 146,147,149,159

怪熟 45

《官话合声字母》 112,114,121,122

广义的翻译 58,67,201

规范 28,33,34,37,41,53,54,62,63,69,72,95-97,100,102,106,140,141,143,157,167,173,202-204,206

  诗学规范 69,76,86,94,95,173

  母语规范 67,97,140,163,204-206

郭沫若 21,48,70,71,131,132,160,169,174-182,184,186-198,203,205,208

国语罗马字 127-130,132,133,135,136,139,161,205

国语文学 101,129,137,157,158,161

H

《海国胜游草》 76,81

汉语拉丁化 72,104

汉语拼音 73,112,139

汉字革命 128,132,136-139

豪杰译 149,195

胡适 72,73,75,76,84,86,90-92,97-101,105,109,110,112,116,141,142,150,151,157,158,208

幻想 7,36,39,40,44,45,94,145,

170,171,176,182,191,197

黄遵宪 74-76,81-90,93,95,96,100,103,111,154,166,202,205,206

惠特曼 31,179

J

集体无意识 39

纪年 96,105,122

纪游诗 67,77,81

《甲寅》 103,150

甲寅文体 98,108,206

《甲寅杂志》 102,107,108

《简字丛录》 114

教会 92,112,117,118,128

接续词 106,147

精神分裂 34,47

精神分析 6-8,13,14,16-18,23,25,28,35,39,42,44,46-49,55,57,59,61,64,65,72,172,175

精神分析师 6,9,18,29,35,44,47,49,50,171

   分析家 25

   分析师 7,13-15,19,29,57,171

精神分析学 1,4,6-8,10,11,13,14,16-20,23-28,30,32,33,35,41,43,44,47-55,58,59,63-65,69,74,88,103,132,160,164,169-171,175,176,178,181,189,192,201,202,204,207-209

镜像 15,93

鸠摩罗什 90

句法 18,37,38,42,55,85,86,107,108,142,147,149,157,160,165-167,202,205

K

可译性 26,39,41,202

恐惑 45,46

跨学科 1,3-6,20,47,201,208

狂欢 90,94,96,97

L

拉康 6,9,10,12-17,20,28,30,31,38,43,44,47,51,52,54,57,68,73,96,172,173,189,208

拉普朗什 8,11-13,17,18,20,24,39,40,47,50-52,55-63,66,73,86,163,202,208

来世 60

莱布尼茨 55

劳乃宣 114,115

勒赛克勒 37,106,164

黎锦熙 128,129

李石曾 124

李文治 117,119-121,123,132

梁启超 73-75,82,84,86,91-99,108,110,112,119,122,143-150,155,159,166,195,202,205,206

林纾 69-71,97,98,102,141,150,

155,156,195

林则徐 76

林鍼 76-83,90,93,96,100,154,165,205

刘孟扬 113,114,121-123,132

刘师培 111,112,136

卢戆章 112-115,117,118

鲁迅 48,71,86,98,102,142,160,175

罗家伦 108

逻辑 102-105,108,109,142,190

M

《马氏文通》 106

茅盾 150,151,154,155,162,163

媒婆 160

梦 7,10,14,27,35,38,41,44,55,64,102,104,105,112,113,117,120,123,125,126,132,133,136,139,157,165,170-175,180,182,188-192,194,205

迷恋 36,55,127,136,139

民族身份 40,47,110,124,126,128-133,162,164

民族心理 73,122

民族语言 47,73,75,128,155,207

名学 4,49,88,103

模仿 12,28,31,33,71,83,87,100,126,130,142,149,160,162,167

母本 17,27

母语的危机 79

母语规范 67,97,140,163,204-206
　　参见 规范

母语秩序 21,96,202,204

《墓畔哀歌》 21,169,182,187,188,191-196,203

N

奶娘 160

内在的他者 12,13,20,26,30,31,35,39,40,43,44,46,55-57,59,63-65,93,113,116,121,123,125-127,132,133,136,160,161,166,173,198,202,204　　参见 他者

能指 11-16,39,40,43,56,57,61,63,68,74,76,79,80,82,85,88-90,93,97,100,101,103,106,113,116,127,132,134,136,143,145,154,163,166,174,177,189,190,194,198,202-206,208

倪海曙 115,123

匿迷能指 11-16,39,40,43,56,57,61,63,68,74,76,79,80,82,85,88-90,93,97,100,101,103,106,113,116,127,132,134,136,143,145,154,163,166,174,177,189,190,194,198,202-206,208
　　参见 能指

扭曲 7,9,17,26-28,41,42,45,55,72,73,92,172,189

女性主义 4,40,44,46,49

诺瓦利斯 52,58

O

欧化 21,72,74,101,102,105,107 - 109,139 - 143,148,149,158 - 166,202,205

P

庞德 27,33,34
培根 55,103
《普通语言学教程》 116

Q

前意识 61
钱玄同 129,133,135 - 139,142
钱钟书 141,163,173
《墙与拱廊》 52,58
切音运动 72,74
切音字 104,112 - 115,118,119,123,125,207
《清末汉语拼音运动编年史》 115,123
情绪 84,178,186,190,192
去翻译 38,56,61,63,66,82,163
权威 17,27 - 29,33,54,80,100,116,117,129,141,167
全盘输入 158
缺失 38

R

认同 4,26,31 - 34,76,132,162,175,176,178,179
《日本杂事诗》 76,81 - 83
荣格 36,48,208
乳母 142
三角关系 27,33 - 35,48
《三叶集》 176,177,182,193
散文 42,79,86,87,131,157,158,188,198
删节 143,149,151,152,154,155,158
《少年维特之烦恼》 174,179,181
社会秩序 21
深译 77,80
沈学 90,112,113,115 - 117,119,120,123,132
审查 11,12,41,42,90,93,95,96,115,139,170,173,195
升华 27,62,63,86,162,205
生本能 17,51
《盛世元音》 112,113,119,120,132
诗界革命 72,74,90,91,96,100
诗体改良 74,82,166,206
诗学规范 69,76,86,94,95,173
　参见　规范
诗学话语 80,87
施莱尔马赫 53
施莱格尔 52
《十五小豪杰》 144 - 146,149
世界语 72,110,111,124 - 129,135,136

弑母　72,73

嗜创癖　62

受压抑者　61,63-67,142,202

术语　25,27,28,33,34,39,40,51-53,60,62,64,89,102-105,133

死本能　17,51

《苏报》　102,103

俗话翻译　143,149,155

俗语　74,100,101,111,120,142,149

所指　14-16,43,68,74,78,93,122,185,189,190,194

索绪尔　116

T

他者　12,13,20,26,30,31,35,39,40,43,44,46,55-57,59,63-65,93,113,116,121,123,125-127,132,133,136,160,161,166,173,198,202,204

他者性　45,46

谈话治疗　176

谭嗣同　91,93,95,110-112,125,126

替换　27,56,57

《天外归帆草》　76

田汉　176,177,182,193

同文馆　112

桐城古文　98,105

屠格涅夫　169,179-181

吞并　59,66

W

万国新语　74,123,124,126-128

王炳耀　117

王力　106,149,163,165

王实甫　175

王照　112,114-116,121,122

危机　73,76,99,157,173

韦努蒂　27,28,33,34,36-40,42,43,49,50,59,66,67,85,86,171,172,177,202

伪翻译　84

魏源　76,77

文法　100,106,108,142,160-163,165

文化霸权　28,85

《文学旬刊》　160,162,175

文学研究社　71,175

文言　71-73,75,76,80-82,85-87,90,97-102,105,110,118,120,140,142-151,154,157-159,166,167

闻一多　186

无意识　6-14,16,20,23,25-29,33,35-44,47,48,50,51,56-58,61,64-68,74,81,106,133,136,137,163,169-172,175,177,180,189,190,194,195,198,202,203,207

吴稚晖　123-129,132

伍光建　70,150-155,157,164

误译　16,21,26-29,35-39,41,47,
　　51,65-68,169,171,186,188,
　　189,198,199,202-205,207

X

《西海纪游草》　76,77,79,80
《侠隐记》　150,151,153-155
《夏威夷游记》　95,96
夏曾佑　91,93,95
相遇型主体　44,45
象征　15,43,44,96,102,128,157,
　　162,172,175,189
小说界革命　70,72,75
《新潮》　108,129,142,143,159
新词汇　17,18,61,97,147,166,205
《新民丛报》　88,144
新诗　72,75,79-83,90,91,93,95,
　　110,166,169,177,193,202
《新时代》　179,180,182,186
《新世纪》　123-125,128
新文化运动　48,71,72,74,97,102,
　　104,157,158,162,164,195
新文体　75,90,98,99,149,166,206
新学　91,92,94,120,137,166,202,
　　205
形变　44,111,136
《形声通》　120,121,132
徐继畬　76,77
《续侠隐记》　150
宣泄　31,175,176

《学灯》　71,193

Y

压缩　10,14
压抑　7-9,11,12,14,16,21,29,32,
　　33,35,37-39,41,43,45-48,50,
　　51,54-57,63-65,67,68,74,87,
　　93,101,106,116,117,121,130,
　　166,170,172,173,176,182,189,
　　194,195,203
压抑者　100
压制　16,54,80,143,189
阉割　43,45
严复　48,69,71,77,82,88-90,97-
　　99,101-104,111,116,141,155
言文合一　75,110
杨绛　173
杨琼　120,121,132
姚鼐　105,107
耶稣会士　55
《一目了然初阶》　112-114,118
移情　8,9,13,26,27,29-31,33,34,
　　47,51,54,57,63,64,73,80,82,
　　83,90,92,93,100,109,113,125,
　　127,139,142,160,163,166,201,
　　202,204,205
移置　8,10,27
异　11,13,15,16,20,25,33,35,38,
　　40-48,50,53-56,62,63,66,67,
　　72-74,76,77,79-89,92,93,95-

97,100,101,103,105,108,109,
112-114,116,118-120,122,
123,125,126,128,131-133,135,
139-141,143,145,147,149,151,
154,155,157,162,164-167,178,
180,182,190,193,201-208

《异的体验:浪漫主义德国的文化与翻译》 24,50

"异"样表达 67,68,74,202,204,207

抑郁 176,178,181,182

译音情结 128,132,133

《译者的隐身》 43

意识 6,7,9,11,14,17,27,29,34,
38,42,43,58,61,64-66,82,95,
106,115,117,131,132,136,137,
142,163,170-172,189,192,198

意识形态 17,25,32,33,35,43,53-55,66,115

音标文字 112,116,117,120,124,
126,127,129,132,139,161

音译 77,89-94,101,102,104,105,
109,116-118,120,123,132-135,137-139,177

音韵 112,127,136

《饮冰室诗话》 82,84,91,92,145

隐喻 8-10,14,32,50,78,147,171,
172,191,193

婴儿 11-13,15,45,56,57,61,63,
66,73,160,173

影响的焦虑 32

拥有知识的主体 **参见** 主体

游记 78,79

游戏 17,93,164

诱惑 12,13,39,40,56,57,63,64,
76,80,83,93,96,140,166,174,
177,181,189,202,204

语法 37,66,67,105-107,109,139,
146,148,149,161,163,165,204,
205

语际翻译 6,10,11,13,16,18,19,
36,40,41,52,56-58,61,63,73,
83,127,163,171,201

语误 39

语言的纯净度 42

语言与文字分离 144

语言运动 21,67-69,72-75,97,
105,110,140,166,169,202,204,
206-208

《域外小说集》 98

欲望 9,10,15,16,21,31,33,36,38,
39,41,43,44,53,57,63,65,93,
94,160,172,173,182,185,198,
203-205

原文秩序 21,174,189,195,203

原字 137-139

Z

杂合 97,131,132,143,146,149,
166,202,205

造字 88,89,111,120,123,124

239

憎恶 161

《战争与和平》 179

张东荪 48,107

章士钊 48,73,74,97-99,101-109,116,132,141,153,161,165,166,175,202,205-207

章太炎 125-127,141

赵元任 105,129,133-136,164,165

《枕边书》 55

郑敏 72,92

郑振铎 160,162

症候 见 症候

症候阅读法 50,68,74,202

秩序 15,16,54,63,64,67,80-82,94,97,100,102,122,128,172-174,189,195,198,204

    原文秩序 21,174,189,195,203

    社会秩序 21

    母语秩序 21,96,202,204

《中等国文典》 105,106

《中国切音新字》 115

《中国音标字书》 113,114,122,123

中国语法 67,149,165

中间地带 35

种族中心主义 25,28,42,43,66

周氏兄弟 98

周作人 71,75,98,130,156,158,161,162,164,165,173,205

朱光潜 48

朱文熊 117

主仆关系 27

主体 11-15,26,32-34,40,41,44,45,52-54,56,57,65,69,80,94,127,132,162,163,167,170,173,181,184,185,189,201,207

    拥有知识的主体 30,31,73

    笛卡尔式主体 13

    相遇型主体 44,45

主体的异化 13

主体间 14,15,20,27,35,41,201,202

注音 73,114,117,120,124,127,130,133-135

转喻 10,14,32,44

子宫 44-46

自悼 186

自我 11-13,15-17,33-35,40,54,56,59,73,92-97,115,127,128,131,133,162,169-172,178,181,183-186,190,194,195

自我中心主义 11,59,62,198,199,203-205,207

自由联想 13,14

字形 111,115,122,130,135-137,161

宗白华 176,177,182,193,194

组合 81,85,87,106,148,197

图书在版编目(CIP)数据

清末民初的翻译冲动与症候：精神分析学视角 / 张洁著. —南京：南京大学出版社，2021.10
 ISBN 978-7-305-24435-3

Ⅰ.①清… Ⅱ.①张… Ⅲ.①翻译－语言学史－研究－中国－近代 Ⅳ.①H159-092

中国版本图书馆CIP数据核字(2021)第082624号

出版发行　南京大学出版社
社　　址　南京市汉口路22号　　邮　　编　210093
出 版 人　金鑫荣

书　　名 清末民初的翻译冲动与症候：精神分析学视角
著　　者　张　洁
责任编辑　徐　熙　　　　　　　编辑热线　025(83592401)

照　　排　南京开卷文化传媒有限公司
印　　刷　苏州市古得堡数码印刷有限公司
开　　本　718×960　1/16　印张 15.5　字数 210千
版　　次　2021年10月第1版　2021年10月第1次印刷
ISBN 978-7-305-24435-3
定　　价　85.00元

网　　址：http://www.njupco.com
官方微博：http://weibo.com/njupco
官方微信号：njupress
销售咨询热线：(025)83594756

* 版权所有，侵权必究
* 凡购买南大版图书，如有印装质量问题，请与所购
　图书销售部门联系调换